中学校学習指導要領(平成29年告示)解説

社会編

平成29年7月

文部科学省

まえがき

　文部科学省では，平成29年3月31日に学校教育法施行規則の一部改正と中学校学習指導要領の改訂を行った。新中学校学習指導要領等は平成33年度から全面的に実施することとし，平成30年度から一部を移行措置として先行して実施することとしている。

　今回の改訂は，平成28年12月の中央教育審議会答申を踏まえ，

① 教育基本法，学校教育法などを踏まえ，これまでの我が国の学校教育の実績や蓄積を生かし，子供たちが未来社会を切り拓くための資質・能力を一層確実に育成することを目指すこと。その際，子供たちに求められる資質・能力とは何かを社会と共有し，連携する「社会に開かれた教育課程」を重視すること。

② 知識及び技能の習得と思考力，判断力，表現力等の育成のバランスを重視する平成20年改訂の学習指導要領の枠組みや教育内容を維持した上で，知識の理解の質を更に高め，確かな学力を育成すること。

③ 先行する特別教科化など道徳教育の充実や体験活動の重視，体育・健康に関する指導の充実により，豊かな心や健やかな体を育成すること。

を基本的なねらいとして行った。

　本書は，大綱的な基準である学習指導要領の記述の意味や解釈などの詳細について説明するために，文部科学省が作成するものであり，中学校学習指導要領第2章第2節「社会」について，その改善の趣旨や内容を解説している。

　各学校においては，本書を御活用いただき，学習指導要領等についての理解を深め，創意工夫を生かした特色ある教育課程を編成・実施されるようお願いしたい。

　むすびに，本書「中学校学習指導要領解説社会編」の作成に御協力くださった各位に対し，心から感謝の意を表する次第である。

　平成29年7月

文部科学省初等中等教育局長

髙　橋　道　和

目次

- 第1章 総　説 ……………………………………………………… 1
  - 1 改訂の経緯及び基本方針 ……………………………………… 1
    - (1) 改訂の経緯 ………………………………………………… 1
    - (2) 改訂の基本方針 …………………………………………… 2
  - 2 社会科改訂の趣旨及び要点 …………………………………… 5
    - (1) 改訂の趣旨 ………………………………………………… 6
    - (2) 改訂の要点 ………………………………………………… 10

- 第2章 社会科の目標及び内容 …………………………………… 23
  - 第1節 教科の目標 …………………………………………… 23
  - 第2節 各分野の目標及び内容 ……………………………… 29
    - 1 地理的分野の目標，内容及び内容の取扱い ……… 29
      - (1) 目標 …………………………………………………… 29
      - (2) 内容 …………………………………………………… 37
      - (3) 内容の取扱い ………………………………………… 77
    - 2 歴史的分野の目標，内容及び内容の取扱い ……… 83
      - (1) 目標 …………………………………………………… 83
      - (2) 内容 …………………………………………………… 87
      - (3) 内容の取扱い ………………………………………… 121
    - 3 公民的分野の目標，内容及び内容の取扱い …… 126
      - (1) 目標 …………………………………………………… 126
      - (2) 内容 …………………………………………………… 132
      - (3) 内容の取扱い ………………………………………… 165

- 第3章 指導計画の作成と内容の取扱い ……………………… 169
  - 1 指導計画の作成上の配慮事項 ……………………………… 169
  - 2 内容の取扱いについての配慮事項 ………………………… 176
  - 3 教育基本法第14条及び第15条に関する事項の取扱い …… 180

● 参考資料
　● 参考資料1：小・中学校社会科において育成を目指す
　　　　　　　資質・能力 …………………………………… 182
　● 参考資料2：小・中学校社会科における内容の枠組み
　　　　　　　と対象 ………………………………………… 184
　● 参考資料3：社会的事象等について調べまとめる技能
　　　　　　　……………………………………………………… 186
　● 参考資料4：社会科に関係する教材や資料集等について
　　　　　　　……………………………………………………… 188

● 付　録 ……………………………………………………………… 189
　● 付録1：学校教育法施行規則（抄） ……………………… 190
　● 付録2：中学校学習指導要領　第1章　総則 …………… 195
　● 付録3：中学校学習指導要領　第2章　第2節　社会 …… 202
　● 付録4：小学校学習指導要領　第2章　第2節　社会 …… 219
　● 付録5：中学校学習指導要領　第3章　特別の教科　道徳
　　　　　……………………………………………………………… 231
　● 付録6：「道徳の内容」の学年段階・学校段階の一覧表 …… 236

第1章　総説

● 1　改訂の経緯及び基本方針

(1) 改訂の経緯

　今の子供たちやこれから誕生する子供たちが，成人して社会で活躍する頃には，我が国は厳しい挑戦の時代を迎えていると予想される。生産年齢人口の減少，グローバル化の進展や絶え間ない技術革新等により，社会構造や雇用環境は大きく，また急速に変化しており，予測が困難な時代となっている。また，急激な少子高齢化が進む中で成熟社会を迎えた我が国にあっては，一人一人が持続可能な社会の担い手として，その多様性を原動力とし，質的な豊かさを伴った個人と社会の成長につながる新たな価値を生み出していくことが期待される。

　こうした変化の一つとして，人工知能（AI）の飛躍的な進化を挙げることができる。人工知能が自ら知識を概念的に理解し，思考し始めているとも言われ，雇用の在り方や学校において獲得する知識の意味にも大きな変化をもたらすのではないかとの予測も示されている。このことは同時に，人工知能がどれだけ進化し思考できるようになったとしても，その思考の目的を与えたり，目的のよさ・正しさ・美しさを判断したりできるのは人間の最も大きな強みであるということの再認識につながっている。

　このような時代にあって，学校教育には，子供たちが様々な変化に積極的に向き合い，他者と協働して課題を解決していくことや，様々な情報を見極め知識の概念的な理解を実現し情報を再構成するなどして新たな価値につなげていくこと，複雑な状況変化の中で目的を再構築することができるようにすることが求められている。

　このことは，本来，我が国の学校教育が大切にしてきたことであるものの，教師の世代交代が進むと同時に，学校内における教師の世代間のバランスが変化し，教育に関わる様々な経験や知見をどのように継承していくかが課題となり，また，子供たちを取り巻く環境の変化により学校が抱える課題も複雑化・困難化する中で，これまでどおり学校の工夫だけにその実現を委ねることは困難になってきている。

　こうした状況を踏まえ，平成26年11月には，文部科学大臣から新しい時代にふさわしい学習指導要領等の在り方について中央教育審議会に諮問を行った。中央教育審議会においては，2年1か月にわたる審議の末，平成28年12月21日に

「幼稚園，小学校，中学校，高等学校及び特別支援学校の学習指導要領等の改善及び必要な方策等について（答申）」（以下「中央教育審議会答申」という。）を示した。

　中央教育審議会答申においては，"よりよい学校教育を通じてよりよい社会を創る"という目標を学校と社会が共有し，連携・協働しながら，新しい時代に求められる資質・能力を子供たちに育む「社会に開かれた教育課程」の実現を目指し，学習指導要領等が，学校，家庭，地域の関係者が幅広く共有し活用できる「学びの地図」としての役割を果たすことができるよう，次の6点にわたってその枠組みを改善するとともに，各学校において教育課程を軸に学校教育の改善・充実の好循環を生み出す「カリキュラム・マネジメント」の実現を目指すことなどが求められた。

　①「何ができるようになるか」（育成を目指す資質・能力）
　②「何を学ぶか」（教科等を学ぶ意義と，教科等間・学校段階間のつながりを踏まえた教育課程の編成）
　③「どのように学ぶか」（各教科等の指導計画の作成と実施，学習・指導の改善・充実）
　④「子供一人一人の発達をどのように支援するか」（子供の発達を踏まえた指導）
　⑤「何が身に付いたか」（学習評価の充実）
　⑥「実施するために何が必要か」（学習指導要領等の理念を実現するために必要な方策）

　これを踏まえ，平成29年3月31日に学校教育法施行規則を改正するとともに，幼稚園教育要領，小学校学習指導要領及び中学校学習指導要領を公示した。小学校学習指導要領は，平成30年4月1日から第3学年及び第4学年において外国語活動を実施する等の円滑に移行するための措置（移行措置）を実施し，平成32年4月1日から全面実施することとしている。また，中学校学習指導要領は，平成30年4月1日から移行措置を実施し，平成33年4月1日から全面実施することとしている。

(2) 改訂の基本方針

　今回の改訂は中央教育審議会答申を踏まえ，次の基本方針に基づき行った。
　①今回の改訂の基本的な考え方
　　ア　教育基本法，学校教育法などを踏まえ，これまでの我が国の学校教育の実践や蓄積を生かし，子供たちが未来社会を切り拓くための資質・能力を

一層確実に育成することを目指す。その際，子供たちに求められる資質・能力とは何かを社会と共有し，連携する「社会に開かれた教育課程」を重視すること。
　イ　知識及び技能の習得と思考力，判断力，表現力等の育成のバランスを重視する平成20年改訂の学習指導要領の枠組みや教育内容を維持した上で，知識の理解の質を更に高め，確かな学力を育成すること。
　ウ　先行する特別教科化など道徳教育の充実や体験活動の重視，体育・健康に関する指導の充実により，豊かな心や健やかな体を育成すること。

②育成を目指す資質・能力の明確化

　中央教育審議会答申においては，予測困難な社会の変化に主体的に関わり，感性を豊かに働かせながら，どのような未来を創っていくのか，どのように社会や人生をよりよいものにしていくのかという目的を自ら考え，自らの可能性を発揮し，よりよい社会と幸福な人生の創り手となる力を身に付けられるようにすることが重要であること，こうした力は全く新しい力ということではなく学校教育が長年その育成を目指してきた「生きる力」であることを改めて捉え直し，学校教育がしっかりとその強みを発揮できるようにしていくことが必要とされた。また，汎用的な能力の育成を重視する世界的な潮流を踏まえつつ，知識及び技能と思考力，判断力，表現力等をバランスよく育成してきた我が国の学校教育の蓄積を生かしていくことが重要とされた。

　このため「生きる力」をより具体化し，教育課程全体を通して育成を目指す資質・能力を，ア「何を理解しているか，何ができるか（生きて働く「知識・技能」の習得）」，イ「理解していること・できることをどう使うか（未知の状況にも対応できる「思考力・判断力・表現力等」の育成）」，ウ「どのように社会・世界と関わり，よりよい人生を送るか（学びを人生や社会に生かそうとする「学びに向かう力・人間性等」の涵養）」の三つの柱に整理するとともに，各教科等の目標や内容についても，この三つの柱に基づく再整理を図るよう提言がなされた。

　今回の改訂では，知・徳・体にわたる「生きる力」を子供たちに育むために「何のために学ぶのか」という各教科等を学ぶ意義を共有しながら，授業の創意工夫や教科書等の教材の改善を引き出していくことができるようにするため，全ての教科等の目標及び内容を「知識及び技能」，「思考力，判断力，表現力等」，「学びに向かう力，人間性等」の三つの柱で再整理した。

③「主体的・対話的で深い学び」の実現に向けた授業改善の推進

　子供たちが，学習内容を人生や社会の在り方と結び付けて深く理解し，これからの時代に求められる資質・能力を身に付け，生涯にわたって能動的に学び

第1章
総説

続けることができるようにするためには,これまでの学校教育の蓄積を生かし,学習の質を一層高める授業改善の取組を活性化していくことが必要であり,我が国の優れた教育実践に見られる普遍的な視点である「主体的・対話的で深い学び」の実現に向けた授業改善（アクティブ・ラーニングの視点に立った授業改善）を推進することが求められる。

今回の改訂では「主体的・対話的で深い学び」の実現に向けた授業改善を進める際の指導上の配慮事項を総則に記載するとともに,各教科等の「第3　指導計画の作成と内容の取扱い」において,単元や題材など内容や時間のまとまりを見通して,その中で育む資質・能力の育成に向けて,「主体的・対話的で深い学び」の実現に向けた授業改善を進めることを示した。

その際,以下の6点に留意して取り組むことが重要である。

ア　児童生徒に求められる資質・能力を育成することを目指した授業改善の取組は,既に小・中学校を中心に多くの実践が積み重ねられており,特に義務教育段階はこれまで地道に取り組まれ蓄積されてきた実践を否定し,全く異なる指導方法を導入しなければならないと捉える必要はないこと。

イ　授業の方法や技術の改善のみを意図するものではなく,児童生徒に目指す資質・能力を育むために「主体的な学び」,「対話的な学び」,「深い学び」の視点で,授業改善を進めるものであること。

ウ　各教科等において通常行われている学習活動（言語活動,観察・実験,問題解決的な学習など）の質を向上させることを主眼とするものであること。

エ　1回1回の授業で全ての学びが実現されるものではなく,単元や題材など内容や時間のまとまりの中で,学習を見通し振り返る場面をどこに設定するか,グループなどで対話する場面をどこに設定するか,児童生徒が考える場面と教師が教える場面をどのように組み立てるかを考え,実現を図っていくものであること。

オ　深い学びの鍵として「見方・考え方」を働かせることが重要になること。各教科等の「見方・考え方」は,「どのような視点で物事を捉え,どのような考え方で思考していくのか」というその教科等ならではの物事を捉える視点や考え方である。各教科等を学ぶ本質的な意義の中核をなすものであり,教科等の学習と社会をつなぐものであることから,児童生徒が学習や人生において「見方・考え方」を自在に働かせることができるようにすることにこそ,教師の専門性が発揮されることが求められること。

カ　基礎的・基本的な知識及び技能の習得に課題がある場合には,その確実な習得を図ることを重視すること。

④各学校におけるカリキュラム・マネジメントの推進

　各学校においては，教科等の目標や内容を見通し，特に学習の基盤となる資質・能力（言語能力，情報活用能力（情報モラルを含む。以下同じ。），問題発見・解決能力等）や現代的な諸課題に対応して求められる資質・能力の育成のためには，教科等横断的な学習を充実することや，「主体的・対話的で深い学び」の実現に向けた授業改善を，単元や題材など内容や時間のまとまりを見通して行うことが求められる。これらの取組の実現のためには，学校全体として，児童生徒や学校，地域の実態を適切に把握し，教育内容や時間の配分，必要な人的・物的体制の確保，教育課程の実施状況に基づく改善などを通して，教育活動の質を向上させ，学習の効果の最大化を図るカリキュラム・マネジメントに努めることが求められる。

　このため総則において，「生徒や学校，地域の実態を適切に把握し，教育の目的や目標の実現に必要な教育の内容等を教科等横断的な視点で組み立てていくこと，教育課程の実施状況を評価してその改善を図っていくこと，教育課程の実施に必要な人的又は物的な体制を確保するとともにその改善を図っていくことなどを通して，教育課程に基づき組織的かつ計画的に各学校の教育活動の質の向上を図っていくこと（以下「カリキュラム・マネジメント」という。）に努める」ことについて新たに示した。

⑤教育内容の主な改善事項

　このほか，言語能力の確実な育成，理数教育の充実，伝統や文化に関する教育の充実，体験活動の充実，外国語教育の充実などについて総則や各教科等において，その特質に応じて内容やその取扱いの充実を図った。

● 2　社会科改訂の趣旨及び要点

　今回の中学校社会科の改訂は，中央教育審議会答申を踏まえて行われたものである。この中央教育審議会答申では，小・中・高等学校を含めた「社会科，地理歴史科，公民科の内容の見直し」について示されており，そこからは今回の中学校社会科の改訂の趣旨及び要点についても読み取ることができる。なお，以下，枠内に中央教育審議会答申の記述を示すとともに，それを踏まえた今回の中学校社会科の改訂の方向性を示している。ただし，中央教育審議会答申のいずれの引用においても，そこに示された別添資料についてはここでは掲載を割愛しているので，必要に応じて中央教育審議会答申の別添資料を確認されたい。

(1) 改訂の趣旨
①社会科の成果と課題

> (1) ① 現行学習指導要領の成果と課題
>
> ○ 社会科，地理歴史科，公民科においては，社会的事象に関心を持って多面的・多角的に考察し，公正に判断する能力と態度を養い，社会的な見方や考え方を成長させること等に重点を置いて，改善が目指されてきた。一方で，主体的に社会の形成に参画しようとする態度や，資料から読み取った情報を基にして社会的事象の特色や意味などについて比較したり関連付けたり多面的・多角的に考察したりして表現する力の育成が不十分であることが指摘されている。また，社会的な見方や考え方については，その全体像が不明確であり，それを養うための具体策が定着するには至っていないことや，近現代に関する学習の定着状況が低い傾向にあること，課題を追究したり解決したりする活動を取り入れた授業が十分に行われていないこと等も指摘されている。
>
> ○ これらの課題を踏まえるとともに，これからの時代に求められる資質・能力を視野に入れれば，社会科，地理歴史科，公民科では，社会との関わりを意識して課題を追究したり解決したりする活動を充実し，知識や思考力等を基盤として社会の在り方や人間としての生き方について選択・判断する力，自国の動向とグローバルな動向を横断的・相互的に捉えて現代的な諸課題を歴史的に考察する力，持続可能な社会づくりの観点から地球規模の諸課題や地域課題を解決しようとする態度など，国家及び社会の形成者として必要な資質・能力を育んでいくことが求められる。

　ここに示されたのは，平成20年改訂の学習指導要領における小・中・高等学校を通した社会科，地理歴史科，公民科の成果と課題である。課題として示された，「主体的に社会の形成に参画しようとする態度や，資料から読み取った情報を基にして社会的事象の特色や意味などについて比較したり関連付けたり多面的・多角的に考察したりして表現する力の育成が不十分であること」については，同じく課題として示された，「課題を追究したり解決したりする活動を取り入れた授業が十分に行われていない」状況と併せて改善していくことが必要である。また，ここに示された成果と課題を踏まえた改善の方向性は，後掲する中学校社会科の改訂の基本的な考え方と軌を一にするものであり，今回改訂された学習指導要領及び本解説において反映されている。

なお，同じく課題として示されている「社会的な見方や考え方については，その全体像が不明確であり，それを養うための具体策が定着するには至っていないこと」に関しては，今回の改訂において社会科のみならず全ての教科等において各教科等を学ぶ本質的な意義の中核をなすものが「見方・考え方」であり，教科等の学習と社会をつなぐものである，として整理がなされていることに留意が必要である。「社会的な見方や考え方」については，今回改めて「社会的な見方・考え方」として整理され，答申において以下のようにまとめられた。

> (1) ③　社会科，地理歴史科，公民科における「見方・考え方」
> ○「社会的な見方・考え方」は，課題を追究したり解決したりする活動において，社会的事象等の意味や意義，特色や相互の関連を考察したり，社会に見られる課題を把握して，その解決に向けて構想したりする際の視点や方法であると考えられる。そこで，小学校社会科においては，「社会的事象を，位置や空間的な広がり，時期や時間の経過，事象や人々の相互関係などに着目して捉え，比較・分類したり総合したり，地域の人々や国民の生活と関連付けたりすること」を「社会的事象の見方・考え方」として整理し，中学校社会科，高等学校地理歴史科，公民科においても，校種の段階や分野・科目の特質を踏まえた「見方・考え方」をそれぞれ整理することができる。その上で，「社会的な見方・考え方」をそれらの総称とした。(別添3‒4，別添3‒5を参照)
> ○　こうした「社会的な見方・考え方」は，社会科，地理歴史科，公民科としての本質的な学びを促し，深い学びを実現するための思考力，判断力の育成はもとより，生きて働く知識の習得に不可欠であること，主体的に学習に取り組む態度や学習を通して涵養される自覚や愛情等にも作用することなどを踏まえると，資質・能力全体に関わるものであると考えられる。

これを踏まえ，中学校社会科における「社会的な見方・考え方」は，各分野の特質に応じて整理した。地理的分野では「社会的事象の地理的な見方・考え方」として，「社会的事象を位置や空間的な広がりに着目して捉え，地域の環境条件や地域間の結び付きなどの地域という枠組みの中で，人間の営みと関連付けて」，歴史的分野では「社会的事象の歴史的な見方・考え方」として，「社会的事象を時期，推移などに着目して捉え，類似や差異などを明確にしたり事象同士を因果関係などで関連付けたりして」，その上で公民的分野では「現代社会の見方・考え方」として，「社会的事象を政治，法，経済などに関わる多

様な視点（概念や理論など）に着目して捉え，よりよい社会の構築に向けて，課題解決のための選択・判断に資する概念や理論などと関連付けて」働かせるものとされ，小・中・高等学校の学校種を超えて社会科，地理歴史科，公民科を貫く「社会的な見方・考え方」の構成要素として整理した。

なお，「見方・考え方」を働かせる際に着目する視点は，地理的分野における位置や分布など，歴史的分野における時期や年代など，公民的分野における対立と合意，効率と公正など，多様にあることに留意することが必要である。したがって，各分野の学習における追究の過程においても，これらの視点を必要に応じて組み合わせて用いるようにすることも大切である。

②社会科の改訂の基本的な考え方

中学校社会科の改訂に当たっては，既述のとおり，上記の平成20年改訂の学習指導要領における成果と課題を基に，今回の改訂において育成を目指す資質・能力が三つの柱として明確に整理されたことを踏まえ，その基本的な考え方を，次の3点に集約することができる。

(ア) 基礎的・基本的な「知識及び技能」の確実な習得

「社会に開かれた教育課程」を掲げる今回の改訂において，社会とのつながりを意識した「生きる力」の育成については，引き続きその充実が求められている。今回，資質・能力の育成に関わる議論が重ねられる中で，従前の学習指導要領では，それぞれ教えるべき内容に関する記述を中心に，教科等の内容の枠組みごとに身に付けることが目指される知識などが十分に整理されることなく示されているとの指摘があった。これは裏を返せば，今後の学習活動においては「何を理解しているか・何ができるか」にとどまることなく，「理解していること・できることをどう使うか」を意識した指導が求められていることを意味している。

この点に関して，教育基本法第5条第2項において「社会において自立的に生きる基礎を培う」と規定した義務教育の目標に鑑み，基礎的・基本的な「知識及び技能」を，子供たちの未来において，生きて働くものとして確実な習得を図ることが必要である。すでに平成20年の中央教育審議会答申等を受けて作成された「中学校学習指導要領解説　社会編」においては，基礎的・基本的な「知識及び技能」に関しては，「系統性に留意しながら，主として，①社会の変化や科学技術の進展等に伴い，社会的な自立等の観点から子どもたちに指導することが必要な知識・技能，②確実な習得を図る上で，学校や学年間等であえて反復（スパイラル）することが効果的な知識・技能，等に限って，内容事項として加えることが適当である旨の提言がなされている」と示されており，引き続きこのことに留意することが大切である。

基礎的・基本的な「知識及び技能」については，単に理解しているか，できるかだけでなく，それらを生きて働かせてどう使うか，どのように社会・世界と関わり，よりよい人生を送るかといった，三つの柱で示された資質・能力の育成全体を見通した上で，その確実な習得が求められる。

(イ)「社会的な見方・考え方」を働かせた「思考力，判断力，表現力等」の育成

2の(1)の①において示したとおり，「社会的な見方・考え方」は資質・能力の育成全体に関わるものであると考えられる。また，課題を追究したり解決したりする活動において，社会的事象等の意味や意義，特色や相互の関連を考察したり，社会に見られる課題を把握して，その解決に向けて構想したりする際の「視点や方法（考え方）」であると考えられることを踏まえれば，「思考力，判断力，表現力等」の育成に当たって重要な役割を果たすものであると捉えられる。

社会科の学習においては，社会的事象について考察する中で「知識及び技能」の習得につながったり，社会に見られる課題を把握して，その解決に向けて構想する中で，よりよい社会の実現を視野に課題を主体的に解決しようとする態度が育まれ，「学びに向かう力，人間性等」が涵養されたりすることを考えれば，「社会的な見方・考え方」を働かせた「思考力，判断力，表現力等」の育成は，「知識及び技能」の習得，「学びに向かう力，人間性等」の涵養とともに資質・能力の三つの柱を育成に資することが期待されるため，このように改訂の基本的な考え方に挙げている。

特に，今回の中央教育審議会における審議では，「社会的な見方・考え方」を学校種や分野等の特質を踏まえて整理する中で，中学校社会科における三分野において，それぞれの特質に応じた視点の例や，視点を生かした考察や構想（選択・判断）に向かう「問い」の例なども整理されてきた。単元など内容や時間のまとまりを見通した「問い」を設定し，「社会的な見方・考え方」を働かせることで，社会的事象等の意味や意義，特色や相互の関連等を考察したり，社会に見られる課題を把握してその解決に向けて構想したりする学習を一層充実させることが求められる。

(ウ) 主権者として，持続可能な社会づくりに向かう社会参画意識の涵養やよりよい社会の実現を視野に課題を主体的に解決しようとする態度の育成

中央教育審議会答申では，各教科等の具体的な教育内容の改善については，教育基本法第2条（教育の目標）や学校教育法第21条（義務教育の目標）などの規定を踏まえて提言が行われている。特に教育基本法及び学校教育法に規定されている「公共の精神に基づき，主体的に社会の形成に参画し，その発展に寄与する態度を養うこと」は，中学校社会科学習の究極の目標であ

る，公民としての資質・能力の基礎の育成と密接に関わるものである。

また，同様に「伝統と文化を尊重」することについても教育基本法及び学校教育法に規定されている。

さらに，教育基本法の第15条（宗教教育）には，宗教に関する一般的な教養は，教育上尊重されなければならない旨が示されている。今回の改訂においては，教育基本法等を十分に踏まえ，社会参画や様々な伝統や文化，宗教に関する学習を重視する観点から，各分野の特質に配慮して引き続き社会参画，伝統や文化，宗教に関する学習の充実を図っている。

今回の中央教育審議会答申において，主体的に社会に参画しようとする態度についての課題が指摘される中，公職選挙法の改正に伴い選挙権年齢が満20歳以上から満18歳以上に引き下げられたことなども踏まえ，選挙権をはじめとする政治に参加する権利を行使する良識ある主権者として，主体的に政治に参加することについての自覚を深めることなど，これからの社会を創り出していく子供たちが，社会や世界に向き合い関わり合い，自らの人生を切り拓（ひら）いていくことが強く求められている。社会科においては，従前の学習指導要領から一貫して重視されてきた，課題の発見，解決のための「思考力，判断力，表現力等」とも相まって，身近な地域社会から地球規模に至るまでの課題の解決の手掛かりを得ることが期待されている。そのような理念に立つ持続可能な開発のための教育（ESD）や主権者教育などについては，引き続き社会科の学習において重要な位置を占めており，現実の社会的事象を扱うことのできる社会科ならではの「主権者として，持続可能な社会づくりに向かう社会参画意識の涵（かん）養やよりよい社会の実現を視野に課題を主体的に解決しようとする態度の育成」が必要であり，子供たちに平和で民主的な国家及び社会の形成者としての自覚を涵（かん）養することが求められる。

(2) 改訂の要点

今回の改訂では，知・徳・体にわたる「生きる力」を子供たちに育むために「何のために学ぶのか」という各教科等を学ぶ意義を共有しながら，授業の創意工夫や教科書等の教材の改善を引き出していくことができるよう，全ての教科等の目標及び内容が，「知識及び技能」，「思考力，判断力，表現力等」，「学びに向かう力，人間性等」の三つの柱で再整理された。

①目標の改善

上記の整理を受け，教科の目標は，育成を目指す資質・能力を三つの柱により明確にしつつ，学校教育法第30条第2項の規定等を踏まえ，全体に関わる柱

書に示された目標に加えて，(1)として「知識及び技能」を，(2)として「思考力，判断力，表現力等」を，(3)として「学びに向かう力，人間性等」を示し，目標とすることとされた。また，(1)から(3)までに示す資質・能力の育成を目指すに当たり，生徒がどのような学びの過程を経験することが求められるか，さらには，そうした学びの過程において，質の高い深い学びを実現する観点から，各教科等の特質に応じた物事を捉える視点や考え方を働かせることが求められる。また，教科の目標では，どのような学びの過程を通して，どのような資質・能力を育成することを目指すのかを一体的に示すこととされ，社会科においても，中央教育審議会答申において次のような目標の在り方が示された。

> (1) ② 課題を踏まえた社会科，地理歴史科，公民科の目標の在り方
> ○ これを踏まえ，社会科，地理歴史科，公民科における教育目標は，従前の目標の趣旨を勘案して「公民としての資質・能力」を育成することを目指し，その資質・能力の具体的な内容を「知識・技能」，「思考力・判断力・表現力等」，「学びに向かう力・人間性等」の三つの柱で示し，別添3-1のとおり整理する。
>   その際，高等学校地理歴史科，公民科では，広い視野に立ち，グローバル化する国際社会に主体的に生きる平和で民主的な国家及び社会の有為な形成者に必要な公民としての資質・能力を，小・中学校社会科ではその基礎をそれぞれ育成することが必要である。
> ○ 資質・能力の具体的な内容としては，「知識・技能」については，社会的事象等に関する理解などを図るための知識と社会的事象等について調べまとめる技能として，「思考力・判断力・表現力等」については，社会的事象等の意味や意義，特色や相互の関連を考察する力，社会に見られる課題を把握して，その解決に向けて構想する力や，考察したことや構想したことを説明する力，それらを基に議論する力として，また，「学びに向かう力・人間性等」については，主体的に学習に取り組む態度と，多面的・多角的な考察や深い理解を通して涵養される自覚や愛情などとして，それぞれ校種の段階や分野・科目ごとの内容に応じて整理することができる。(別添3-2，別添3-3を参照)

中学校社会科における目標については，小学校社会科との接続はもちろん，高等学校地理歴史科や公民科との接続も踏まえ，学校種の違いによる発達段階や分野の特質に応じて，柱書と三つの資質・能力からなる目標を設定した。その際，従前からの学習指導要領における目標の趣旨を引き継ぎつつ，社会の変

化に伴い，中学校社会科学習に求められる状況などを踏まえ，改善を図ることとした。

具体的には，小・中学校の一貫性の観点から，社会科が目指す究極のねらいに当たる文言については，小学校，中学校とも「グローバル化する国際社会に主体的に生きる平和で民主的な国家及び社会の形成者に必要な公民としての資質・能力の基礎」という共通の文言にし，「知識及び技能」，「思考力，判断力，表現力等」，「学びに向かう力，人間性等」に関わる(1)から(3)までの目標においては，各分野の特質を表す規定となるよう整理した。

②内容構成の改善

各教科等の内容については，その項目ごとに生徒が身に付けることが期待される資質・能力を三つの柱に沿って示すこととしつつも，「学びに向かう力，人間性等」については，教科及び分野目標において全体としてまとめて示し，項目ごとには内容を示さないことを基本とし，記述することとした。また，この他にも以下の中央教育審議会答申で示された「教育課程の示し方の改善」を踏まえ，記載の体裁を整えることとした。

---

(2) ① 教育課程の示し方の改善

ⅰ）資質・能力を育成する学びの過程についての考え方

○ 三つの柱に沿った資質・能力を育成するためには，課題を追究したり解決したりする活動の充実が求められる。社会科においては従前，小学校で問題解決的な学習の充実，中学校で適切な課題を設けて行う学習の充実が求められており，それらの趣旨を踏襲する。

○ そうした学習活動を充実させるための学習過程の例としては，大きくは課題把握，課題追究，課題解決の三つが考えられる。また，それらを構成する活動の例としては，動機付けや方向付け，情報収集や考察・構想，まとめや振り返りなどの活動が考えられる。（別添3－6を参照）

ⅱ）指導内容の示し方の改善

○ 社会科，地理歴史科，公民科の内容については，三つの柱に沿った資質・能力や学習過程の在り方を踏まえて，それらの趣旨を実現するため，次の二点から教育内容を整理して示すことが求められる。

○ 視点の第一は，社会科における内容の枠組みや対象に関わる整理である。小学校社会科では，中学校社会科の分野別の構成とは異なり，社会的事象を総合的に捉える内容として構成されている。そのため教員は，指導している内容が社会科全体においてどのような位置付けにあるか，中学校社会科とどのようにつながるかといったことを意識しづらいとい

う点が課題として指摘されている。そのことを踏まえ，小・中学校社会科の内容を，㋐地理的環境と人々の生活，㋑歴史と人々の生活，㋒現代社会の仕組みや働きと人々の生活という三つの枠組みに位置付ける。また，㋐，㋑は空間的な広がりを念頭に地域，日本，世界と，㋒は社会的事象について経済・産業，政治及び国際関係と，対象を区分する。

○　視点の第二は，「社会的な見方・考え方」に基づいた示し方の改善である。「社会的な見方・考え方」は社会的事象等を見たり考えたりする際の視点や方法であり，時間，空間，相互関係などの視点に着目して事実等に関する知識を習得し，それらを比較，関連付けなどして考察・構想し，特色や意味，理論などの概念等に関する知識を身に付けるために必要となるものである。これらのことを踏まえて，学習指導要領の内容について，例えば「社会的な見方・考え方」と概念等に関する知識との関係などを示していくことが重要である。

このうち，中学校社会科に直接関連することとしては，大項目をA，B，C…の順で示し，それを構成する中項目を(1)，(2)，(3)…，さらに必要に応じてそれを細分した小項目等を①，②，③…の順で示した。また，今回，分野間で共通して内容のまとまりとなる中項目においてア，イを置き，それぞれ原則的に「知識及び技能」，「思考力，判断力，表現力等」の順に，それぞれの事項におけるねらいを記載した。

③内容の改善・充実

内容の改善・充実に関わっては，次のとおり学校種を超えて求められる前段部分と，小・中学校の学校種・分野ごとに示された後段部分に分け，その具体像が中央教育審議会答申に示された。

(2)　②ⅱ）教育内容の見直し
○　社会に見られる課題を把握して，その解決に向けて構想する力を養うためには，現行学習指導要領において充実された伝統・文化等に関する様々な理解を引き続き深めつつ，将来につながる現代的な諸課題を踏まえた教育内容の見直しを図ることが必要である。具体的には，日本と世界の生活・文化の多様性の理解や，地球規模の諸課題や地域的な諸課題の解決について，例えば，我が国の固有の領土について地理的な側面や国際的な関係に着目して考えるなど，時間的・空間的など多様な視点から考察する力を身に付けるなどのグローバル化への対応，持続可能な社会の形成，情報化等による産業構造の変化やその中での起業，防災・安

全への対応や周囲が海に囲まれ，多くの島々からなる海洋国家である我が国の国土の様子，主権者教育において重要な役割を担う教科として選挙権年齢の18歳への引き下げに伴い財政や税，社会保障，雇用，労働や金融といった課題への対応にも留意した政治参加，少子高齢化等による地域社会の変化などを踏まえた教育内容の見直しを図ることが必要である。（別添3-17を参照）

○　小学校社会科においては，世界の国々との関わりや政治の働きへの関心を高めるよう教育内容を見直すとともに，自然災害時における地方公共団体の働きや地域の人々の工夫・努力等に関する指導の充実，少子高齢化等による地域社会の変化や情報化に伴う生活や産業の変化に関する教育内容を見直すなどの改善を行う。

○　中学校社会地理的分野においては，「世界の諸地域の学習」において地球規模の課題等を主題として取り上げた学習を充実させるとともに，防災・安全教育に関して空間情報に基づく危険の予測に関する指導を充実させるなどの改善を行う。

同じく歴史的分野においては，我が国の歴史的事象に間接的な影響を与えた世界の歴史の学習についても充実させるとともに，民主政治の来歴や人権思想の広がりなどの動きを取り上げるなどの改善を行う。

更に公民的分野においては，防災情報の発信・活用に関する指導，情報化など知識基盤社会化による産業や社会の構造的な変化やその中での起業に関する扱い，選挙権年齢引き下げに伴う政治参加等に関する指導を充実させるなどの改善を行う。

このうち，中学校社会科としては，前段部分では，学校種及び分野間の関連付けを図りながら，適宜各分野に振り分けるとともに，後段部分では，分野ごとにそれぞれ関連する記載事項を反映させ，その具体化を図ることとした。

④学習指導の改善充実等

(2) ③　学習・指導の改善充実や教育環境の充実等
ⅰ)「主体的・対話的で深い学び」の実現
(「主体的な学び」の視点)

・主体的な学びについては，児童生徒が学習課題を把握しその解決への見通しを持つことが必要である。そのためには，単元等を通した学習過程の中で動機付けや方向付けを重視するとともに，学習内容・活動に応じた振り返りの場面を設定し，児童生徒の表現を促すようにする

ことなどが重要である。

(「対話的な学び」の視点)

- 対話的な学びについては,例えば,実社会で働く人々が連携・協働して社会に見られる課題を解決している姿を調べたり,実社会の人々の話を聞いたりする活動の一層の充実が期待される。しかしながら,話合いの指導が十分に行われずグループによる活動が優先し内容が深まらないといった課題が指摘されるところであり,深い学びとの関わりに留意し,その改善を図ることが求められる。
- また,主体的・対話的な学びの過程で,ICTを活用することも効果的である。

(「深い学び」の視点)

- これらのことを踏まえるとともに,深い学びの実現のためには,「社会的な見方・考え方」を用いた考察,構想や,説明,議論等の学習活動が組み込まれた,課題を追究したり解決したりする活動が不可欠である。具体的には,教科・科目及び分野の特質に根ざした追究の視点と,それを生かした課題(問い)の設定,諸資料等を基にした多面的・多角的な考察,社会に見られる課題の解決に向けた広い視野からの構想(選択・判断),論理的な説明,合意形成や社会参画を視野に入れながらの議論などを通し,主として用語・語句などを含めた個別の事実等に関する知識のみならず,主として社会的事象等の特色や意味,理論などを含めた社会の中で汎用的に使うことのできる概念等に関わる知識を獲得するように学習を設計することが求められる。このような観点から,例えば特に小・中学校における主権者教育の充実のため,モデル事業による指導法の改善や単元開発の実施,新しい教材の開発・活用など教育効果の高い指導上の工夫の普及などを図ることも重要である。

ⅱ) 教材や教育環境の充実

○ 教育の改善・充実のためには,教材の在り方を次のように見直すことが求められる。

- 小学校社会科においては,これまで第4学年から配布されていた「教科用図書 地図」を第3学年から配布するようにし,グローバル化などへの対応を図っていくこと
- 授業において,新聞や公的機関が発行する資料等を一層活用すること
- 高等学校地理歴史科の歴史系科目では,教材で扱われる用語が膨大になっていることが指摘されていることから,歴史用語について,研究

> 者と教員との対話を通じ,「社会的事象の歴史的な見方・考え方」等も踏まえ,地理歴史科の科目のねらいを実現するために必要な概念等に関する知識を明確化するなどして整理すること
> - 地理系科目においては,地理情報システム(GIS)の指導に関わり,教育現場におけるGIS活用を普及するための環境整備や広報等とともに,活用可能なデータ情報の一元的整理・活用が求められること
>
> ○ 教育環境の充実のために次のような条件整備が求められる。
> - 教科の内容に関係する専門家や関係諸機関等と円滑な連携・協働を図り,社会との関わりを意識して課題を追究したり解決したりする活動を充実させること
> - 博物館や資料館,図書館などの公共施設についても引き続き積極的に活用すること
> - 教員を対象にした研修の充実を進めること
> - 地理歴史科及び公民科科目と大学入学者選抜との関係について,高大接続システム改革会議の最終報告の趣旨を踏まえた出題の検討が望まれること

 「主体的・対話的で深い学び」については,方式化された授業の方法や技術ではなく,授業改善の考え方として捉えるべきことが議論されてきた。これまで言語活動の充実などの形で教科を超えて図られてきた学習活動の改善が,引き続き「社会的な見方・考え方」を働かせる中で,社会科ならではの「問い」として設定され,社会的事象に関わる課題を追究したり解決したりする活動が取り入れられることによって実現することが求められる。このことに関しては,「教材や教育環境の充実」として示された,「新聞や公的機関が発行する資料等」や「博物館や資料館,図書館などの公共施設」の活用の推進とともに,「第3 指導計画の作成と内容の取扱い」の項において具体的に示すこととしており,各分野に共通する留意事項として位置付けることとした。

 これら(2)の①から③までに示されたことを踏まえ,各分野の改訂の要点を整理すると,それぞれ次のとおりまとめられる。

〔地理的分野〕

 地理的分野における改訂の要点は,主に次の5点である。

 ア 世界と日本の地域構成に関わる内容構成の見直し

 「世界と日本の地域構成」については,従前の「世界の様々な地域」,「日本の様々な地域」の二つの大項目からなる内容構成を見直し,両大項目の最初に置かれた「世界の地域構成」,「日本の地域構成」を統合して新たな

大項目を設け，それを地理的分野の学習の冒頭に位置付けることとした。

　この「世界と日本の地域構成」を学習の冒頭に位置付けたのは，世界及び日本の地域構成に関する学習を関連付け，世界と日本の地理的認識の座標軸を形成することを意図したものである。また，そこでの学習で小学校の地理的な学習内容を振り返るとともに，地図の読図や作図などの地理的技能の基本を身に付けることによって，地理学習の楽しさや有用性を確認することができ，その後の「世界の様々な地域」，「日本の様々な地域」の学習を円滑に展開し，地理的技能の育成の一層の充実を達成するよう意図したものでもある。

イ　地域調査に関わる内容構成の見直し

　地域調査については，従前の世界の様々な地域又は国を対象とする「世界の様々な地域の調査」，生徒の生活舞台を対象とする「身近な地域の調査」という，対象地域によって異なる二つの中項目からなる内容構成を見直し，生徒の生活舞台を主要な対象地域とした，観察や野外調査，文献調査などの実施方法を学ぶ「地域調査の手法」と，地域の将来像を構想する「地域の在り方」の二つの中項目に分け，再構成することとした。

　このことは，対象地域のスケールの違いによって項目を分けるのではなく，技能の習得を中心とする学習と，地域の地理的な課題の解決を中心とする学習との目的の違いによって項目を分けることで，学習のねらいを明確にし，その確実な実施を意図したものである。

ウ　世界の諸地域学習における地球的課題の視点の導入

　今回の改訂では，中央教育審議会答申の中で，「持続可能な社会づくりの観点から地球規模の諸課題や地域課題を解決しようとする態度など，国家及び社会の形成者として必要な資質・能力を育んでいくことが求められ」ている。また，学校教育法の義務教育の目標の中に示された，「進んで外国の文化の理解を通じて，他国を尊重し，国際社会の平和と発展に寄与する態度を養うこと」については，その重要性はますます高まってきている。

　そこで，グローバル化が引き続き進展し，また環境問題等の地球的課題が一層深刻化する現状においては，世界の諸地域の多様性に関わる基礎的・基本的な知識を身に付け，世界全体の地理的認識を養うとともに，世界各地で見られる地球的課題について地域性を踏まえて適切に捉えることが大切であることから，地球的課題の視点を「世界の諸地域」における追究の視点として位置付けることを意図したものである。

エ　日本の諸地域学習における考察の仕方の柔軟化

中学校社会科の地理的分野学習の中心であった日本の諸地域に関する学習は，平成20年改訂によって，日本全体について任意に地域区分した上で，各地域の特色ある事象を中核に，それを他の事象と有機的に関連付けて地域的特色を捉えることとなった。今回もこの趣旨を継承し，項目ごとに羅列的な扱いに陥ることのないよう，また，学習する地域に関する事実的な知識を覚えることのみに主眼が置かれることのないよう，考察の仕方に重点を置いた「日本の諸地域」学習を引き継ぐこととした。

その際，平成20年改訂では，指定された七つの考察の仕方に対して，七地方区分された日本各地域を当てはめるという組合せが一般的であったが，このたびは適切に地域区分された日本の各地域を前提に，その地域的な特色を捉えるのに適切な考察の仕方を，指定された四つの考察の仕方，あるいは必要に応じて中核となる事象を設定する考察の仕方を，適宜選択して組み合わせて結び付けるようにした。このことによって，地域の特色を明らかにするための中核となる事象を，従前よりも柔軟に設定することができ，諸地域の単なる地誌的な知識の習得に偏重した学習に陥ることなく，より動態地誌的な考え方の趣旨に沿った展開ができるよう意図したものである。

オ　日本の様々な地域の学習における防災学習の重視

平成20年改訂以降，未曾有の災害である東日本大震災を経て，なお継続する地震被害，さらに全国各地で生起する台風や集中豪雨等による河川の決壊，土砂崩れなど，頻発する自然災害に対応した人々の暮らしの在り方を考えることは，我が国で生活する全ての人々にとって欠くことのできない「生きる力」である。

そこで，大項目「日本の様々な地域」にあっては，それを構成する四つの中項目を通して，我が国の自然災害や防災の実態などを踏まえた学習が可能となるように，適宜，自然災害やそこでの防災の事例が取り上げられるような構成としている。例えば，「日本の地域的特色と地域区分」では，その前提となる日本全体としての自然環境，自然災害，防災の取組の概観を，「日本の諸地域」では地域レベルでのそれらの具体的な特色を，さらに「地域調査の手法」，「地域の在り方」では，調査手法，地域構想のいずれに視点を置くかの違いはあるものの，いずれの学習においても事例対象として生徒の生活圏における自然災害や防災を取り上げ，学習を深めることが可能となるよう意図したものである。

〔歴史的分野〕

歴史的分野における改訂の要点は，主に次の5点である。

ア　歴史について考察する力や説明する力の育成の一層の重視

　　各中項目のイの(ｱ)に「社会的事象の歴史的な見方・考え方」を踏まえた課題（問い）の設定などに結び付く着目する学習の視点を示し，類似や差異を明確にし，因果関係などで関連付ける等の方法により考察したり，表現したりする学習について示した。

　　また，各中項目のイの(ｲ)に，「各時代を大観して，時代の特色を多面的・多角的に考察し，表現」する学習を明示した。平成20年改訂では内容の(1)「歴史のとらえ方」の中項目ウにおいて，「学習した内容を活用してその時代を大観し表現する活動を通して，各時代の特色をとらえさせる」と示されてきた。今回の改訂では，中項目ごとにこれらを示し，「まとめ」としての学習を行うことを一層明確にしたものである。

イ　歴史的分野の学習の構造化と焦点化

　　(1)，(2)…の中項目内のアに示した「知識及び技能を身に付ける」学習と，イに示した「思考力，判断力，表現力等を身に付ける」学習との関係や，それらの各事項に示した歴史に関わる個別的な事象同士の関係を明確にするために，学習内容と学習の過程を構造的に示した。歴史的分野における「理解」については，平成20年改訂においても「思考や表現の過程などを踏まえて学習内容を十分に分かりながら身に付けること」と示されてきたが，今回の改訂ではこの趣旨を一層明確にするために，各中項目のイの(ｱ)に，「理解」に向かう学習の過程における考察や表現等を示したものである。

　　従前も学習内容の構造化や焦点化については示してきたところであるが，今回の改訂では，学習の過程を含めて構造的に示すことによって，大項目，中項目及び各事項のねらいに基づいた学習が展開し，アに示す「知識及び技能を身に付ける」学習と，イに示す「思考力，判断力，表現力等を身に付ける」学習を有機的に結び付けて，課題追究的な学習の実現を図った。また，学習の構造化と学習のねらいを明確にすることによって，学習の際に扱うべき歴史に関わる諸事象の精選を図ることとしたものである。

ウ　我が国の歴史の背景となる世界の歴史の扱いの一層の充実

　　グローバル化が進展する社会の中で，我が国の歴史の大きな流れを理解するために，世界の歴史の扱いについて，一層の充実を図った。

　　平成20年改訂においても，我が国の歴史に関わる事象に影響を与えた世界の動きについては一層の関連付けを図って学習するように示してきたが，今回の改訂では，高等学校地理歴史科に「歴史総合」が設置されることを受け，我が国の歴史に間接的な影響を与えた世界の歴史についても充

実させた。例えば，元寇(げんこう)をユーラシアの変化の中で捉える学習や，ムスリム商人などの役割と世界の結び付きに気付かせる学習など，広い視野から背景を理解できるよう工夫したものである。

エ　主権者の育成という観点から，民主政治の来歴や人権思想の広がりなどについての学習の充実

民主政治の来歴や，現代につながる政治制度や人権思想の広がりについての学習の充実を図った。例えば，古代の文明の学習では民主政治の来歴を，近代の学習では政治体制の変化や人権思想の発達や広がりを，現代の学習では，男女普通選挙の確立や日本国憲法の制定などを取り扱うこととした。

オ　様々な伝統や文化の学習内容の充実

我が国の様々な伝統や文化について学ぶことは，これまでも歴史的分野で重視されてきたねらいの一つである。今回の改訂においても，歴史的分野の目標の(2)で，「伝統と文化の特色」などを考察すること，目標の(3)で「国家及び社会並びに文化の発展や人々の生活の向上に尽くした歴史上の人物と現在に伝わる文化遺産を尊重しようとすることの大切さについての自覚などを深め」ることが示されている。内容のＡの「(2)身近な地域の歴史」において，具体的な事柄を通して受け継がれてきた伝統や文化への関心を高めることや，各中項目における伝統や文化の特色の理解につながる学習とともに，新たに内容のＢの(2)や(3)において，「琉球(りゅうきゅう)の文化」や「アイヌの文化」についても触れることとし，学習内容の一層の充実を図った。

〔公民的分野〕

公民的分野における改訂の要点は，主に次の６点である。

ア　現代社会の特色，文化の継承と創造の意義に関する学習の一層の重視

現代日本の社会に対する関心を高め，以後の学習のより一層の理解を図るため，現代社会の特色についての学習，伝統や文化に関する学習，宗教に関する一般的な教養について，次のような内容の改善を図った。

(ｱ)　内容のＡの「(1)私たちが生きる現代社会と文化の特色」において，現代日本の社会の特色として少子高齢化，情報化，グローバル化などが見られること，これらが現在と将来の政治，経済，国際社会に与える影響について多面的・多角的に考察し，表現できるようにした。その際，情報化については，人工知能の急速な進化などによる産業や社会の構造的な変化などと関連付けたり，災害時における防災情報の発信・活用などの具体的事例を取り上げたりすることとした。

(イ) さらに同じ中項目において,現代社会における文化の意義や影響について理解できるようにするとともに,我が国の伝統と文化を扱い,文化の継承と創造の意義について多面的・多角的に考察し,表現できるようにした。

(ウ) 内容のDの「(1)世界平和と人類の福祉の増大」で,国際社会における文化や宗教の多様性について取り上げることとした。

イ 現代社会を捉える枠組みを養う学習の一層の充実

今回の学習指導要領改訂では,「社会的な見方・考え方」については分野の特質を踏まえてその名称などが整理され,公民的分野においては「現代社会の見方・考え方」と示された。内容のAの「(2)現代社会を捉える枠組み」で,従前に引き続き,現代社会を捉え,多面的・多角的に考察,構想する際に働かせる概念的な枠組みの基礎として,対立と合意,効率と公正などを取り上げ,現代社会を捉える枠組みを養う学習の一層の充実を図った。

ウ 現代社会の見方・考え方を働かせる学習の一層の充実

内容のAの「(2)現代社会を捉える枠組み」を以後の大項目の学習に生かすとともに,経済,政治,国際社会に関わる現代の社会的事象について考察,構想したり,その過程や結果を適切に表現したりする際に働かせる視点(概念など)として,「分業と交換,希少性など」,「個人の尊重と法の支配,民主主義など」,「協調,持続可能性など」を新たに示し,課題の特質に応じた視点(概念など)に着目して考察したり,よりよい社会の構築に向けて,その課題の解決のための選択・判断に資する概念などを関連付けて構想したりするなど,現代社会の見方・考え方を働かせる学習の一層の充実を図った。

エ 社会に見られる課題を把握したり,その解決に向けて考察,構想したりする学習の重視

社会に見られる課題を把握したり,その解決に向けて考察,構想したりする学習については次のように改善を図った。

(ア) 内容のAの「(2)現代社会を捉える枠組み」では,社会生活における物事の決定の仕方,契約を通した個人と社会との関係,きまりの役割について多面的・多角的に考察し,表現できるようにした。

(イ) 内容のBの「(1)市場の働きと経済」では,個人や企業の経済活動における役割と責任について多面的・多角的に考察し,表現できるようにした。その際,起業について触れるとともに,経済活動や起業などを支える金融などの働きについて取り扱うこととした。また,社会生活にお

ける職業の意義と役割について多面的・多角的に考察し，表現できるようにした。その際，仕事と生活の調和という観点から労働保護立法についても触れることとした。

(ウ) 内容のBの「(2)国民の生活と政府の役割」では，少子高齢社会における社会保障の意義について理解できるようにした。また，財政及び租税の役割について，財源の確保と配分という観点から，財政の状況や少子高齢社会など現代社会の特色を踏まえて財政の持続可能性と関連付けて多面的・多角的に考察し，表現できるようにした。

(エ) 内容のCの「(1)人間の尊重と日本国憲法の基本的原則」で，我が国の政治が日本国憲法に基づいて行われていることの意義について多面的・多角的に考察し，表現できるようにした。

(オ) 内容のCの「(2)民主政治と政治参加」で，民主政治の推進と，公正な世論の形成や選挙など国民の政治参加との関連について多面的・多角的に考察，構想し，表現できるようにした。

オ 国家間の相互の主権の尊重と協力，国家主権，国連における持続可能な開発のための取組に関する学習の重視

内容のDの「(1)世界平和と人類の福祉の増大」で，世界平和の実現と人類の福祉の増大のためには，国際協調の観点から，国家間相互の主権の尊重と協力，各国民の相互理解と協力及び国際連合をはじめとする国際機構などの役割が大切であることを理解できるようにした。その際，領土（領海，領空を含む。）と国家主権を関連させて取り扱ったり，国際連合における持続可能な開発のための取組についても触れたりして，基本的な事項を理解できるようにした。

カ 課題の探究を通して社会の形成に参画する態度を養うことの一層の重視

内容のDの「(2)よりよい社会を目指して」で，持続可能な社会を形成することに向けて，社会的な見方・考え方を働かせて課題を探究し，自分の考えを説明，論述できるようにした。この中項目は，従前に引き続き社会科のまとめという位置付けとし，公民的分野はもとより，地理的分野，歴史的分野などの学習の成果を生かし，これからのよりよい社会の形成に主体的に参画する態度を養うこととした。

また，この中項目における学習活動も含め，分野全体を通して，課題の解決に向けて習得した知識を活用して，事実を基に多面的・多角的に考察，構想したことを説明したり，論拠を基に自分の意見を説明，論述したりすることにより，「思考力，判断力，表現力等」を養うこととし，言語活動に関わる学習を一層重視した。

第2章　社会科の目標及び内容

第1節　教科の目標

> 社会的な見方・考え方を働かせ，課題を追究したり解決したりする活動を通して，広い視野に立ち，グローバル化する国際社会に主体的に生きる平和で民主的な国家及び社会の形成者に必要な公民としての資質・能力の基礎を次のとおり育成することを目指す。

　教科目標のこの部分は，中学校社会科で育成を目指す目標のうち柱書として示された箇所であり，以降示された，「知識及び技能」，「思考力，判断力，表現力等」，「学びに向かう力，人間性等」という，育成を目指す資質・能力の三つの柱に沿った目標とともに，従前の目標の趣旨を継承するものとなっている。

　この柱書は，前段と後段の二段階で構成されている。前段は「社会的な見方・考え方を働かせ，課題を追究したり解決したりする活動を通して」という部分で，中学校社会科を含む社会科，地理歴史科，公民科の特質に応じた学び方を示している。

　社会的な見方・考え方については，第1章の2において示したとおり，社会科，地理歴史科，公民科の特質に応じた見方・考え方の総称であり，社会的事象等の意味や意義，特色や相互の関連を考察したり，社会に見られる課題を把握して，その解決に向けて構想したりする際の「視点や方法（考え方）」であると考えられる。そして，**社会的な見方・考え方を働かせる**とは，そうした「視点や方法（考え方）」を用いて課題を追究したり解決したりする学び方を表すとともに，これを用いることにより児童生徒の「社会的な見方・考え方」が鍛えられていくことを併せて表現している。

　こうした「社会的な見方・考え方を働かせ」ることは，社会科，地理歴史科，公民科としての本質的な学びを促し，深い学びを実現するための思考力，判断力の育成はもとより，生きて働く知識の習得に不可欠であること，主体的に学習に取り組む態度にも作用することなどを踏まえると，資質・能力全体に関わるものであると考えられるため，柱書に位置付けられている。

　また，中学校社会科における「社会的な見方・考え方」は，地理的分野における「社会的事象の地理的な見方・考え方」，歴史的分野における「社会的事象の歴史的な見方・考え方」，その上に立つ公民的分野における「現代社会の見方・

考え方」を総称しての呼称であり，第1章の2において示したとおりである。

　次に，**課題を追究したり解決したりする活動**については，単元など内容や時間のまとまりを見通して学習課題を設定し，諸資料や調査活動などを通して調べたり，思考・判断・表現したりしながら，社会的事象の特色や意味などを理解したり社会への関心を高めたりする学習などを指している。こうした学習は，従前から「適切な課題を設けて行う学習」として，その充実が求められており，「課題を追究したり解決したりする活動」はそれと趣旨を同じくするものである。そこでは，主体的・対話的で深い学びが実現されるよう，生徒が社会的事象等から学習課題を見いだし，課題解決の見通しをもって他者と協働的に追究し，追究結果をまとめ，自分の学びを振り返ったり新たな問いを見いだしたりする方向で充実を図っていくことが大切である。

　三つの柱に沿った資質・能力を育成するためには，生徒が課題を追究したり解決したりする活動の一層の充実が求められる。それらはいずれも「知識及び技能」を習得・活用して思考・判断・表現しながら課題を解決する一連の学習過程において効果的に育成されると考えられるからである。そのため「課題を追究したり解決したりする活動を通して」という文言が目標に位置付けられている。

　次に，後段は「広い視野に立ち，グローバル化する国際社会に主体的に生きる平和で民主的な国家及び社会の形成者に必要な公民としての資質・能力の基礎を次のとおり育成することを目指す」という部分で，「広い視野に立ち」という部分を除けば，小学校及び中学校の社会科の共通のねらいであり，小学校及び中学校における社会科の指導を通して，その実現を目指す究極的なねらいを示している。

　広い視野に立ちについては，従前を引き継ぎ，社会科の学習が目指している多面的・多角的に事象を捉え，考察することに関わる意味と，国際的な視野という空間的な広がりに関わる意味の二つが含まれている。小学校社会科から中学校社会科へと接続していく過程で，中学校社会科は分野別の構造になっており，社会的事象を多面的・多角的に考察することや複数の立場や意見を踏まえて構想（選択・判断）することなどが求められている。また，学習対象も小学校以上に世界へと広がりを見せる。こうした点を踏まえて，中学校社会科においては，その特質である各分野ならではの視野，国内外の社会的事象等を取り扱う地球的な視野をもつことが期待されている。

　グローバル化する国際社会に主体的に生きる平和で民主的な国家及び社会の形成者に必要な公民としての資質・能力の基礎を次のとおり育成することを目指すの部分は，目標の(1)から(3)までにそれぞれ示された資質・能力を育成することが，「グローバル化する国際社会に主体的に生きる平和で民主的な国家及び社会の形成者」に必要とされる「公民としての資質・能力の基礎」を育成することに

つながることを示している。

なお、ここでいう「公民としての資質・能力の基礎」とは、小・中学校社会科の目標に一貫した表現であり、社会科の究極のねらいを示している。このうちの「公民としての資質・能力」が、平成21年改訂の高等学校学習指導要領公民科の目標に示されている「平和で民主的な国家・社会の有為な形成者として必要な公民としての資質を養う」ことの趣旨を一層明確にするとともに、人、商品、資本、情報、技術などが国境を越えて自由に移動したり、組織や企業など国家以外の様々な集合体の役割が増大したりしてグローバル化が一層進むことが予測されるこれからの社会において、教育基本法、学校教育法の規定を踏まえ、国家及び社会の形成者として必要な資質・能力を育成することの大切さへの意識をもつことを期待してこのような表現へと整理したものである。

また、これまで「小学校学習指導要領解説　社会編」で「公民的資質」として説明してきた、「平和で民主的な国家及び社会の形成者としての自覚をもち、自他の人格を互いに尊重し合うこと、社会的義務や責任を果たそうとすること、社会生活の様々な場面で多面的に考えたり、公正に判断したりすること」などの態度や能力や、「高等学校学習指導要領解説　公民編」で「公民としての資質」として説明してきた、「現代の社会について探究しようとする意欲や態度、平和で民主的な国家・社会の有為な形成者として、社会についての広く深い理解力と健全な批判力とによって政治的教養を高めるとともに物心両面にわたる豊かな社会生活を築こうとする自主的な精神、真理と平和を希求する人間としての在り方生き方についての自覚、個人の尊厳を重んじ各人の個性を尊重しつつ自己の人格の完成に向かおうとする実践的意欲」を基盤とし、「これらの上に立って、広く、自らの個性を伸長、発揮しつつ文化と福祉の向上、発展に貢献する能力と、平和で民主的な社会の実現、推進に向けて主体的に参加、協力する態度」などは、「平和で民主的な国家及び社会の有為な形成者に必要な資質・能力」であると考えられることから、今後も「公民としての資質・能力」に引き継がれるものである。

> (1) 我が国の国土と歴史、現代の政治、経済、国際関係等に関して理解するとともに、調査や諸資料から様々な情報を効果的に調べまとめる技能を身に付けるようにする。

我が国の国土と歴史、現代の政治、経済、国際関係等については、中学校社会科で扱う学習対象を示し、それらに**関して理解する**とは、単に知識を身に付けることではなく、基礎的・基本的な知識を確実に習得しながら、既得の知識と関連

付けたり組み合わせたりしていくことにより，学習内容の深い理解と，個別の知識の定着を図るとともに，社会における様々な場面で活用できる，概念などに関する知識として獲得していくことをも示している。

調査や諸資料から様々な情報を効果的に調べまとめる技能を身に付けるについては，調査活動や諸資料の活用など手段を考えて課題の解決に必要な社会的事象に関する情報を収集する技能，収集した情報を社会的な見方・考え方を働かせて読み取る技能，読み取った情報を課題解決に向けてまとめる技能を身に付けることを意味している。

これらの技能は，単元など内容や時間のまとまりごとに全てを身に付けようとするものではなく，資料の特性等とともに情報を収集する手段やその内容に応じて様々な技能や留意すべき点が存在すると考えられる。そのため，小学校の社会科での学習を踏まえるとともに，高等学校の地理歴史科，公民科での学習を視野に，中学校社会科の学習において生徒が身に付けることが目指される技能を繰り返し活用し，その習熟を図るように指導することが大切である（巻末の参考資料を参照）。

> (2) 社会的事象の意味や意義，特色や相互の関連を多面的・多角的に考察したり，社会に見られる課題の解決に向けて選択・判断したりする力，思考・判断したことを説明したり，それらを基に議論したりする力を養う。

社会的事象の意味や意義，特色や相互の関連を多面的・多角的に考察…する力については，社会的事象個々の仕組みや働きを把握することにとどまらず，その果たしている役割や事象相互の結び付きなども視野に，様々な側面，角度から捉えることのできる力を示している。このうちの「多面的・多角的に考察」するとは，学習対象としている社会的事象自体が様々な側面をもつ「多面性」と，社会的事象を様々な角度から捉える「多角性」とを踏まえて考察することを意味している。

社会に見られる課題の解決に向けて選択・判断…する力については，現実社会において生徒を取り巻く多種多様な課題に対して，「それをどのように捉えるのか」，「それとどのように関わるのか」，「それにどのように働きかけるのか」といったことを問う中で，それらの課題の解決に向けて自分の意見や考えをまとめることのできる力を意味している。

このことに関連して，中学校社会科においては，学習指導要領の内容において「選択・判断」とともに「構想」の表記を用いている箇所があることに留意する

必要がある。これは，平成24年12月に文部科学省に設置され，平成26年3月に論点整理を取りまとめた「育成すべき資質・能力を踏まえた教育目標・内容と評価の在り方に関する検討会」における検討の方向性を踏まえるとともに，今回の中央教育審議会答申の第1部の第2章「2030年の社会と子供たちの未来」において，「(前略)このような時代だからこそ，子供たちは，変化を前向きに受け止め，私たちの社会や人生，生活を，人間ならではの感性を働かせてより豊かなものにしたり，現在では思いもつかない新しい未来の姿を構想し実現したりしていくことができる」と示されたことなどを受けて，社会科，地理歴史科，公民科においては，中央教育審議会答申の第2部の第2章「各教科・科目等の内容の見直し」の2「社会，地理歴史，公民」において，「『社会的な見方・考え方』は，課題を追究したり解決したりする活動において，社会的事象等の意味や意義，特色や相互の関連を考察したり，社会に見られる課題を把握して，その解決に向けて構想したりする際の視点や方法であると考えられる」と示されたことを踏まえている。このような中央教育審議会答申の記載を踏まえ，中学校学習指導要領社会科においては，各分野にわたりその内容において「…について多面的・多角的に考察，構想し，表現すること」などと示している。

思考・判断したことを説明したり，それらを基に議論したりする力については，考察，構想（選択・判断）したことを，資料等を適切に用いて論理的に示したり，その示されたことを根拠に自分の意見や考え方を伝え合い，自分や他者の意見や考え方を発展させたり，合意形成に向かおうとしたりする力であると捉えられる。

> (3) 社会的事象について，よりよい社会の実現を視野に課題を主体的に解決しようとする態度を養うとともに，多面的・多角的な考察や深い理解を通して涵養される我が国の国土や歴史に対する愛情，国民主権を担う公民として，自国を愛し，その平和と繁栄を図ることや，他国や他国の文化を尊重することの大切さについての自覚などを深める。

社会的事象について，よりよい社会の実現を視野に課題を主体的に解決しようとする態度については，社会的事象について主体的に調べ分かろうとして学習上の課題を意欲的に解決しようとする態度や，よりよい社会の実現に向けて，多面的・多角的に考察，構想（選択・判断）したことを社会生活に生かそうとする態度などを意味している。

我が国の国土や歴史に対する愛情，国民主権を担う公民として，自国を愛し，その平和と繁栄を図ることや，他国や他国の文化を尊重することの大切さについ

ての自覚については，いずれも我が国の国土と歴史，現代の政治，経済，国際関係等についての多面的・多角的な考察や深い理解を通して涵養されるものであり，既述の資質・能力を含む三つの柱に沿った資質・能力の全てが相互に結び付き，養われることが期待される。

第2節　各分野の目標及び内容

● 1　地理的分野の目標，内容及び内容の取扱い

(1) 目標

　地理的分野の目標は，社会科の目標構成と同様に，柱書として示された目標と，「知識及び技能」，「思考力，判断力，表現力等」，「学びに向かう力，人間性等」の資質・能力の三つの柱に沿った，それぞれ(1)から(3)までの目標から成り立っている。そしてこれら(1)から(3)までの目標を有機的に関連付けることで，柱書として示された目標が達成されるという構造になっている。

> 　社会的事象の地理的な見方・考え方を働かせ，課題を追究したり解決したりする活動を通して，広い視野に立ち，グローバル化する国際社会に主体的に生きる平和で民主的な国家及び社会の形成者に必要な公民としての資質・能力の基礎を次のとおり育成することを目指す。

　この柱書における**社会的事象の地理的な見方・考え方**については，今回の中央教育審議会答申を踏まえ，「社会的事象を，位置や空間的な広がりに着目して捉え，地域の環境条件や地域間の結び付きなどの地域という枠組みの中で，人間の営みと関連付けること」とし，考察，構想する際の「視点や方法（考え方）」として整理した。

　今回の改訂においては，全ての教科，科目，分野等を学ぶ本質的な意義を，各教科等の特質に応じた「見方・考え方」として整理した。その過程において，中学校社会科の地理的分野と高等学校地理歴史科の地理領域科目に固有の「見方・考え方」について，改めて「社会的事象の地理的な見方・考え方」として整理している。このことについては，平成20年改訂時に「中学校学習指導要領解説　社会編」の中で，以下のとおり「地理的な見方や考え方」について詳細に整理してきたところであり，基本的に今回改訂においてもその趣旨を引き継ぐものである。

（　参　考　）

> 　平成20年版「中学校学習指導要領解説　社会編」における「地理的な見方や考え方」の基本
> 「地理的な見方」の基本

> どこに，どのようなものが，どのように広がっているのか，諸事象を位置や空間的な広がりとのかかわりでとらえ，地理的事象として見いだすこと。また，そうした地理的事象にはどのような空間的な規則性や傾向性がみられるのか，地理的事象を距離や空間的な配置に留意してとらえること。
>
> 「地理的な考え方」の基本
> 　そうした地理的事象がなぜそこでそのようにみられるのか，また，なぜそのように分布したり移り変わったりするのか，地理的事象やその空間的な配置，秩序などを成り立たせている背景や要因を，地域という枠組みの中で，地域の環境条件や他地域との結び付きなどと人間の営みとのかかわりに着目して追究し，とらえること。

　その上で，**社会的事象の地理的な見方・考え方を働かせ，課題を追究したり解決したりする活動を通して**については，地理的分野の学習において主体的・対話的で深い学びを実現するために，社会的事象の地理的な見方・考え方に根ざした追究の視点とそれを生かして解決すべき課題（問い）を設定する活動が不可欠であることを意味している。また，**社会的事象の地理的な見方・考え方を働かせ**については，地理的分野の学習の特質を示している。すなわち，事象の意味や意義，特色や相互の関連を考えたり，地域に見られる課題を把握して，その解決に向けて選択・判断したりするということであり，また，それを用いることによって生徒が獲得する知識の概念化を促し，理解を一層深めたり，課題を主体的に解決しようとする態度などにも作用したりするということである。

　こうした「社会的事象の地理的な見方・考え方」については，平成20年改訂時の「地理的な見方や考え方」についても，分野の最終的な目標として「地理的な見方や考え方の基礎を培い」と示しつつ，学習の全般を通じて培うものとして「系統性に留意して計画的に指導すること」（内容の取扱い）と説明していたところである。今回の改訂においてはこれらの趣旨を踏まえつつ，改めて柱書において明示したものである。

　課題を追究したり解決したりする活動を通して，広い視野に立ち，グローバル化する国際社会に主体的に生きる平和で民主的な国家及び社会の形成者に必要な公民としての資質・能力の基礎を次のとおり育成することを目指すについては，社会科及び各分野に共通する表現である。

　地理的分野においては，地理ならではの「社会的事象の地理的な見方・考え方を働かせ」て，以下の(1)から(3)までの資質・能力を育成することにより，「グローバル化する国際社会に主体的に生きる平和で民主的な国家及び社会の形成者

に必要な」我が国の国土及び世界の諸地域に関する地理的認識を養うことが求められる。

> (1) 我が国の国土及び世界の諸地域に関して,地域の諸事象や地域的特色を理解するとともに,調査や諸資料から地理に関する様々な情報を効果的に調べまとめる技能を身に付けるようにする。

目標の(1)は,地理的分野の学習を通じて育成される資質・能力のうち,「知識及び技能」に関わるねらいを示している。

我が国の国土及び世界の諸地域に関してについては,平成20年改訂の趣旨を引き継いで,中学校社会科の地理的分野が我が国の国土と世界の諸地域の両方を学習対象とすることを示している。ここで言う「国土」とは,山地,平野,海岸などの自然物からなる土地それ自体だけを指すのではなく,そこに居住し生活する人々及び社会の実態や,人間の土地への対応の仕方を含めたものである。

地域の諸事象や地域的特色を理解するについては,後述する「多面的・多角的に考察したり,地理的な課題の解決に向けて公正に選択・判断したりする」学習過程を前提に,地域に関わる諸事象や特色を理解することを意味している。「地域的特色」は,大きく見ると,地域の環境条件,他地域との結び付き及びそこに居住してより豊かな生活を実現するために努力している人々の営みとの関わりの中で生み出され,地域の環境条件,他地域との結び付き,人々の営みが相互に影響を及ぼしながら地域的特色は形成され,変容している。よって,視野の狭い学習により,単に地理的な知識を詰め込むのではなく,広い視野に立ち,地域に関わる諸事象や特色を理解することが大切である。

調査や諸資料から地理に関する様々な情報を効果的に調べまとめる技能を身に付けるについては,情報を収集する技能,情報を読み取る技能,情報をまとめる技能の三つの技能に分けて考えることができる(後掲の「(3)内容の取扱い」及び巻末の参考資料を参照)。

これらについて地理的分野の学習に即して言えば,情報を収集する技能に関わっては,情報技術革新や情報化の進展により地理情報(地域に関する情報)が増大し多様化する現代において,多種多様な資料を容易に得ることができるようになっている。しかし,それらの中には,地理的分野の学習に結び付かないような高度な情報や詳細過ぎる情報なども少なくない。また,情報量には地域的な偏りがあるばかりでなく,学校周辺の社会的事象に関する情報などのように,生徒自身が現地で観察するなどして収集するのが適切な情報もある。こうした点に考慮して,課題の解決に向けて有用な情報を適切に収集する技能を高めることを求

めている。

　また，情報を読み取る技能に関わって，地理的分野の学習で用いられる資料には，地図や統計，写真など様々あるが，その中でも最も重要な役割を果たしているのが地図である。現代のように地域間の交流の盛んな時代においては，社会的事象を位置や空間的な広がりなどを考慮して地図上で捉えることは効果的であり大切である。また，地域の変容が激しくなっている現代では，新旧の地図を比較し関連付ける学習は，地域の変容の軌跡を捉え，地域の課題や将来像などについて考える上でも大切である。

　さらに，情報をまとめる技能に関わっては，上記の読図力とともに，特に地理情報を地図にまとめて主題図を作成する作図力などの地理的技能を，地理学習の全般にわたってしっかり身に付けさせるよう工夫することも大切である。

　以上に述べた，情報を収集したり，読み取ったり，まとめたりする多様な技能については，既述のとおり，資料の特性とともに収集する手段やその内容に応じてそれぞれに指導上の留意点が考えられるため，一度にそれらの技能の全てを養おうとするのではなく，生徒の習熟の様子を踏まえて着実に身に付くよう，繰り返し指導する機会を設けることが大切である。

---

(2) 地理に関わる事象の意味や意義，特色や相互の関連を，位置や分布，場所，人間と自然環境との相互依存関係，空間的相互依存作用，地域などに着目して，多面的・多角的に考察したり，地理的な課題の解決に向けて公正に選択・判断したりする力，思考・判断したことを説明したり，それらを基に議論したりする力を養う。

　目標の(2)は，地理的分野の学習を通じて育成される資質・能力のうち，「思考力，判断力，表現力等」に関わるねらいを示している。

　地理的分野において養われる思考力，判断力とは，社会的事象の地理的な見方・考え方を用いて，地理に関わる事象の意味や意義，特色や相互の関連を多面的・多角的に考察する力，地理的な課題を把握して，解決に向けて学習したことを基に複数の立場や意見を踏まえて選択・判断できる力を意味している。

　位置や分布，場所，人間と自然環境との相互依存関係，空間的相互依存作用，地域などについては，社会的事象を「地理に関わる事象」として捉える際の，社会に見られる課題を「地理的な課題」として考察する際の視点である。よって，それらの視点に着目することで，社会的事象を地理に関わる事象，すなわち地理的な事象として見いだしたり，社会に見られる課題を「地理的な課題」として考察したりすることを可能にするものである。

「位置や分布，場所，人間と自然環境との相互依存関係，空間的相互依存作用，地域など」については，これまでの地理学習においても重視されてきた視点である。これらは従前の「地理的な見方や考え方」においても，主要な視点として組み込まれていたが，今回，教科を超えて深い学びを実現するための各教科等の特質に応じた「見方・考え方」を整理する中で，それを構成する地理ならではの視点として明示することとした。その際，上記の五つの用語を視点として例示したのは，国際地理学連合地理教育委員会によって地理教育振興のためのガイドラインとして制定された地理教育国際憲章(1992)において，それらが地理学研究の中心的概念として示されたことによる。

なお，以下に，同憲章の関連部分を，その訳文をもって示すが，これらの視点はあくまでも中心的な視点であり，例えば，「位置」には「絶対的位置」と「相対的位置」があるように，中心的な視点の下位にもさらに様々な視点が考えられ，また，複数の中心的な視点にまたがる視点も考えられる。実際の授業では，多様な視点が存在することに留意しつつ，それらの視点を授業のねらいに即して用いることが大切である。

（参　考）

1）位置や分布

　人間と場所は，この地表面においてそれぞれ異なる絶対的位置と相対的位置とを有している。これらの位置は，財と人間と情報の流れで結び合わされており，地表面上での分布とパターンを説明してくれる。また，人間と場所の位置に関する知識は，地元，地域，国家，地球上でのそれぞれの相互依存関係を理解するための前提条件となる。

2）場所

　場所は，自然的にも人文的にも多様な特徴を示す。自然的特徴に含まれるものには，地形，土壌，気候，水，植生，動物，人間生活，などがある。また，人間は，それぞれの信念や哲学にしたがい，文化，集落，社会・経済システム，あるいは生活様式などを発展させる。場所の自然的特徴に関する知識，あるいは人々の環境への関心や行為は，人間と場所の相互依存関係を理解するための基礎となる。

3）人間と自然環境との相互依存関係

　人間は，自然環境を多様に利用する。また，様々な働きかけにより，多様な文化景観を造り出す。人間は，一方で自然諸要素の影響を受けるとともに，他方で，身の周りの環境を調和の取れた景観に変えたり，ときには不調和な景観へと変化させる。つまり，空間における複雑な相互

依存関係への理解が，環境計画や環境管理，あるいは環境保護にとって大変重要なものとなる。

4）空間的相互依存作用

資源は，一般にこの地球上に不均等に分布する。資源の自給自足ができる国など存在しえない。また，場所は，資源や情報を交換するために，運輸・通信システムにより結ばれている。さらに，空間的相互依存作用に立ち入ってみると，財や情報の交換，あるいは人口移動による人々の協力を理解することにつながる。また，空間的相互依存作用を探求することは，現代の問題を浮き彫りにしたり，地域的，国家的あるいは国際的な相互依存作用や協力関係の改善へのアイデアを提起したり，あるいは，貧困と富裕並びに人類の福祉への深い理解をもたらしてくれる。

5）地域

ある地域は，固有の要素により特徴づけられた一定の空間的ひろがりをもつ区域である。例えば，政治的要素からみれば，国家や都市が，自然的要素では，気候や植生地帯が，さらに社会・経済的要素からは，開発の進んだ国々と低開発諸国などが区分される。地域は，空間的にも時間的にも躍動的なものである。地域は，研究のための，あるいは変貌をとげる環境としての基礎単位として取り扱うことができる。地理学者は，地域をいろいろと異なった規模，つまり地域社会，国家，大陸，地球規模で研究の対象とする。地域のもつ統合的システムは，一つの地球的生態系の概念へと導かれる。地球システムの中の異なる地域の構造と発展過程の理解は，人々の地域的，国家的アイデンティティ及び国際的立場を明らかにするための基礎となる。

また，これらの視点は，上述のように社会的事象の地理的な見方・考え方を働かせた具体的な授業の中で，主要な問いとしても用いられるものである。このような地理的分野の学習における社会的事象の地理的な見方・考え方や「視点」と「問い」との関わりについては，これまでも触れてきたところであるが，改めて地理的分野の学習におけるそれらの関係を示せば，以下のことが考えられる。

㋐「位置」や「分布」について

多面的な性質をもつ社会的事象の中から，位置や分布に関わる事象は地理的分野の主要な学習対象となる。「それはどこに位置するのか，それはどのように分布するのか」という問いは，事象の所在を問う，地理学習において欠かすことができない問いである。

例えば、「どのような位置関係にあるのか」という問いは、位置の規則性を見いだすことにもなり、「なぜそこに位置するのか」、「なぜそのような分布の規則性、傾向性を示すのか」という問いに発展するなど深い学びに結び付くものと考えられる。

④「場所」について

「それはどのような場所なのか」を問うことで、その場所の地域的特色が明らかになる。そうした追究を通してそれぞれの場所の特質が浮かび上がり、さらに他の場所との比較の中で、そうした事象は、そこでしか見られないのかという地方的特殊性と、他の地域にも見られるのかという一般的共通性を探ることとも結び付く。

なお、地域の規模により、こうした一般的共通性や地方的特殊性は異なってくる。例えば、日本では、水田はほぼ全国に分布する一般的共通性を有する土地利用といえるが、世界では水田は東、東南アジアなどに集中して分布する地方的特殊性を有する土地利用であり、一般的共通性をもつ土地利用とは言えないことなどが事例として挙げられる。

⑰「人間と自然環境との相互依存関係」について

「そこでの生活は、周囲の自然環境からどのような影響を受けているか」、「そこでの生活は、周囲の自然環境にどのような影響を与えているか」、そうした問いから明らかになるのは、人々の生活と自然環境との密接な関わりである。人々の生活は自然からの制約を受けることで、それに対応して伝統的な生活様式を確立してきたし、それに対応して生活に関わる技術を発展させてきた。一方で、人々は自然環境に働きかけ、自然環境を改変するなどして自然環境に影響を与えてもきた。それらの関わりについて「なぜそのような影響を受けているのか」、「なぜそのような影響を与えているのか」を考えることは「どのような自然の恩恵を求めるのか」、「どのように自然に働きかけるのか」など、人間と自然環境との関係について考える出発点となる。人間と自然環境との相互依存関係について考えることは、地域的特色を理解したり、地域の環境開発や環境保全を考えたりする際の重要な基礎となる。

㊤「空間的相互依存作用」について

人や資源、財、情報などあらゆるものは、地球上に不均等に分布している。このため、全ての場所は交通や通信等によって他の場所や地域と結び付いている。「そこは、それ以外の場所とどのような関係をもっているのか」という問いは、その結び付きにおいて見られる地域間の相互依存や協力、競合などの様々な関係を浮き彫りにする。また、「なぜ、そのような結び付きをしているのか」という問いは、空間的な関係性の要因を考察することにより、人や資

源，財，情報などの不均等な分布を地域的に理解し，地域的特色の形成を明らかにするだけでなく，今後の地域の開発や地域間の関係改善への課題を見いだし，地域の将来像を構想することにもつながる問いである。

㋖「地域」について

　意味のある空間的範囲という地域の捉え方をすることで，その地域の特色は明確になり，そこに関わる人々の生活との関わりが捉えやすくなる。「その地域は，どのような特徴があるのか」，「この地域と他の地域ではどこが異なっているのか」という問いを通して，地域の特色を明らかにすることができる。「なぜ，ここ（この地域）はそのようになったのか」という問いでは，この地域が，分布パターンからどのような一般的共通性の下，場所の特徴からどのような地方的特殊性をもち，人々の生活と自然環境がどのように関わり，他地域とどのように結び付き，それらの関係がどのように変容しながら，現在の地域が形成されたのかを考察することができる。

　地域を捉える際には，現在の地域だけでなく，変容してきた，変容していく地域も視野に入れ，過去，現在，将来を見通す観点も必要である。地域は空間的にも時間的にも可変的な存在である。どのような事象を対象として空間的に捉えようとするのか，その目的により，対象となる地域の規模は異なってくる。

　また，地域に関しては，「どのような地域にすべきか」という問いもよく投げかけられるところである。そのために私たちは将来どのような意思決定をし，どのような行動をすべきなのかといったことを見据え，地理的な課題を，そうした問いを通して捉え，多面的・多角的に考察し，構想（選択・判断）する力を養うことが大切である。

---

(3) 日本や世界の地域に関わる諸事象について，よりよい社会の実現を視野にそこで見られる課題を主体的に追究，解決しようとする態度を養うとともに，多面的・多角的な考察や深い理解を通して涵養される我が国の国土に対する愛情，世界の諸地域の多様な生活文化を尊重しようとすることの大切さについての自覚などを深める。

　目標の(3)は，地理的分野の学習を通じて育成される資質・能力のうち，「学びに向かう力，人間性等」に関わるねらいを示している。

　日本や世界の地域に関わる諸事象について，よりよい社会の実現を視野にそこで見られる課題を主体的に追究，解決しようとする態度を養うについては，教科目標の「社会的事象について，よりよい社会の実現を視野に課題を主体的に解決しようとする態度を養う」を受けて，日本や世界の様々な地理的な事象に生徒自

らが関心をもって学習に取り組むことができるようにするとともに，学習を通して更に関心が喚起されるよう指導を工夫する必要性を示している。

　例えば，地域調査などの具体的な活動を通して，まだ見ぬ地域を知ったり，知るための学び方や調べ方を学んだりすることは，成長期の生徒にとって，本来，楽しいことであり，学びがいのあることである。しかし，実際には，知識を詰め込む学習に陥ったり，人間の営みとの関連付けが不十分だったりすることが少なくなく，その実施の割合も高くない。それだけに，例えば，景観の観察といった比較的実施に負担が少なく，視覚的に捉える活動を取り入れるなど，現代の日本や世界の地理的な事象を取り扱う地理学習の特質を生かして，作業や体験を伴う学習や課題を設定し追究する学習などを工夫し，生徒の社会参画意識の涵養を視野に主体的な学習を促すことが必要である。

　我が国の国土に対する愛情，世界の諸地域の多様な生活文化を尊重しようとすることの大切さについての自覚については，グローバル化が進み，国際理解の必要性が増している現代において重要な資質・能力であり，地理的分野において育成することが期待される「学びに向かう力，人間性等」である。こうした愛情や自覚などを「深める」には，「多面的・多角的な考察や深い理解」を通した日々の学習の積み重ねによって醸成されるものであることに留意する必要がある。

(2) 内容

　上記の目標を達成するため，地理的分野の内容は次の大項目Aから大項目Cまでで構成している。このうち大項目Aでは世界と日本の地域構成の基本的な枠組みの理解を，大項目Bでは世界の諸地域に関する地理的認識を，大項目Cでは我が国の国土に関する地理的認識を，それぞれ主な学習内容としている。

A　世界と日本の地域構成

　この大項目は，地理的分野の学習の導入として小学校の学習成果を踏まえ，世界と日本の地域構成を主な学習対象とし，世界と日本の地域構成を大観し理解する学習を通して，地域の諸事象や地域的特色を理解する際の座標軸となる視座を養うことをねらいとしている。このねらいを達成するため，この大項目は「(1) 地域構成」という一つの中項目で構成している。

A　世界と日本の地域構成
(1) 地域構成
　次の①と②の地域構成を取り上げ，位置や分布などに着目して，課題

を追究したり解決したりする活動を通して，以下のア及びイの事項を身に付けることができるよう指導する。

① 世界の地域構成　　② 日本の地域構成

ア　次のような知識を身に付けること。

(ｱ) 緯度と経度，大陸と海洋の分布，主な国々の名称と位置などを基に，世界の地域構成を大観し理解すること。

(ｲ) 我が国の国土の位置，世界各地との時差，領域の範囲や変化とその特色などを基に，日本の地域構成を大観し理解すること。

イ　次のような思考力，判断力，表現力等を身に付けること。

(ｱ) 世界の地域構成の特色を，大陸と海洋の分布や主な国の位置，緯度や経度などに着目して多面的・多角的に考察し，表現すること。

(ｲ) 日本の地域構成の特色を，周辺の海洋の広がりや国土を構成する島々の位置などに着目して多面的・多角的に考察し，表現すること。

（内容の取扱い）

(3) 内容のAについては，次のとおり取り扱うものとする。

ア　(1)については，次のとおり取り扱うものとする。

(ｱ) 日本の地域構成を扱う際には，都道府県の名称と位置のほかに都道府県庁所在地名も取り上げること。

(ｲ) 「領域の範囲や変化とその特色」については，我が国の海洋国家としての特色を取り上げるとともに，竹島や北方領土が我が国の固有の領土であることなど，我が国の領域をめぐる問題も取り上げるようにすること。その際，尖閣諸島については我が国の固有の領土であり，領土問題は存在しないことも扱うこと。

(ｳ) 地球儀や地図を積極的に活用し，学習全体を通して，大まかに世界地図や日本地図を描けるようにすること。

　この中項目の構成，主なねらいや着目する視点などについては次のとおりである。

　この中項目は，地球規模と国家規模の視座から地域構成を捉えるという観点から，「①　世界の地域構成」，「②　日本の地域構成」の二つの地域構成からなる小項目で構成している。

　この中項目は，位置や分布などに関わる視点に着目して，地域構成の特色を多

面的・多角的に考察し，表現する力を育成することを主なねらいとしている。そうした学習の全体を通して，世界と日本の地域構成を大観し理解できるようにすることが求められている。

　この地理的分野の導入部分に，世界と日本の地域構成の基本的な枠組みに関する学習を位置付けるのは，それらが世界や日本の地理的認識を深める際の座標軸のような役割を果たし，地理学習への関心を高めたり，学習成果の定着を図ったりするのに効果的だからである。また，中学校での学習の導入に当たって，小学校において学習した我が国や世界の国に関する知識や関心を生かすとともに，小学校と中学校の接続が円滑に行われるようにすることもねらいとしている。

　この中項目における位置や分布に関わる視点としては，例えば，緯度と経度により世界の主な国々の所在地を捉えたり，我が国の周辺の海洋や構成する島々から領域の広がりを捉えたりすることなどが考えられる。

　なお，「知識及び技能」を身に付けることをねらいとするアに示された事項と，「思考力，判断力，表現力等」を身に付けることをねらいとするイに示された事項は，それが示された各中項目，小項目の特質に応じて互いに関連させて取り扱うことが必要であり，このことは以降の中項目，小項目においても同様である。

　この中項目のうち，「① 世界の地域構成」で身に付けたい事項については，次のとおりである。

　この小項目で身に付けたい「知識」に関わる事項として，ア(ｱ)「緯度と経度，大陸と海洋の分布，主な国々の名称と位置などを基に，世界の地域構成を大観し理解すること」が挙げられる。

　このうち，**緯度と経度**については，地球上の位置を緯度・経度を用いて表せるようにすることを意味している。また，赤道，本初子午線，北半球・南半球などの意味を理解して，地球上の位置を表す際に用いることができるようにすることを意味している。

　大陸と海洋の分布については，各種の地球儀や世界全図，大陸別の地勢図などを活用して，地球規模の位置関係を捉える手掛かりとなる六大陸と三大洋の大まかな形状と位置関係を理解できるようにすることを意味している。

　主な国々の名称と位置については，世界の地域構成を大観する上で，地球上の位置関係を捉え，表現するための手掛かりとなる国名の知識を理解できるようにすることを意味している。例えば，地理学習の基礎・基本として繰り返し定着させる必要があるという観点から，面積の広い国や狭い国，人口の多い国や少ない国，日本と関わりの深い国を取り上げることや，生活の中で生きて働く知識という観点からニュースで頻繁に扱われる国を取り上げることなどが考えられる。なお，日常生活で情報を得やすい国には地域的に偏りがあることに留意し，内容の

Bの「(1)世界各地の人々の生活と環境」や「(2)世界の諸地域」の学習，歴史的分野の学習で扱う国との関連を図りつつ，扱う国が一部の地域に偏ることがないよう取り上げることが大切である。

この小項目では様々な観点から国々を取り上げることを想定しており，地理学習の全体を通して，生徒は世界の4分の1から3分の1程度の国々の名称と位置を身に付けることが一応の目安となると考えられ，例えば，内容のBの「(2)世界の諸地域」などにおいても主な国々の名称と位置を適宜取り上げ，その知識の定着を図ることが必要である。

小学校高学年から中学校にかけては，生徒の空間的な視野が身近な空間から急速に拡大し，世界に向けて大きく広がる時期である。世界の国名などの知識を積極的に身に付け，それがより深い理解につながっていく生徒も多い一方，国名を覚えることに負担を感じる生徒も少なくない。そのような生徒一人一人の特性等に十分に配慮して授業が展開できるように，例えば，国名を単に覚えるだけの学習にならないよう，索引を使って国の位置を探すなど教科用図書「地図」（以下，解説文中では「地図帳」という。）を活用した学習活動を行ったり，人物名，山や川などの地形名などに由来する国名に着目したりするなど，生徒の関心を引き出すような活動が大切である。

世界の地域構成を大観しについては，日常生活で活用しやすいなどの観点から，州やそれらを幾つかに区分した地域などを取り上げ，世界を大きく捉えることを意味している。州を幾つかに区分した地域とは，アジア州を東アジア，東南アジアなどに区分けして捉えるといった程度の区分である。また，アジア州とヨーロッパ州にまたがるロシア連邦などを例にして二つの州にまたがる国があることに気付いたり，中東地域，ラテンアメリカなど，ニュースなどで取り上げられる地域名を手掛かりにして世界が様々な地域に分けられることに気付いたりすることも大切である。

この小項目で身に付けたい「思考力，判断力，表現力等」に関わる事項として，イ㋐「世界の地域構成の特色を，大陸と海洋の分布や主な国の位置，緯度や経度などに着目して多面的・多角的に考察し，表現すること」が挙げられる。

このうち，**大陸と海洋の分布や主な国の位置，緯度や経度などに着目して**については，例えば，大陸と海洋の分布を地球儀と世界地図上で比較することで，その違いを考察したり，地球儀の日本の位置に十字に貼ったテープをあて，東西方向へ進むとどこの国に到達するかを調べて，世界の主な国が日本とどのような位置関係にあるかを考察したりするなどの活動を通して，地球儀で地球上の位置関係や陸地面積，形状を正しく捉える学習を行うことが考えられる。また，日本の対蹠点（地球上の正反対の地点）を探す活動を通して，緯度や経度の仕組みや性

質について考察することなどが考えられる。

この中項目のうち,「② 日本の地域構成」で身に付けたい事項については,次のとおりである。

この小項目で身に付けたい「知識」に関わる事項として,ア(イ)「我が国の国土の位置,世界各地との時差,領域の範囲や変化とその特色などを基に,日本の地域構成を大観し理解すること」が挙げられる。

このうち,**我が国の国土の位置**については,緯度と経度を使って同緯度,同経度の国々に着目するなどして国土の絶対的位置(数理的位置)を捉えることの他に,様々な相対的位置(関係的位置)を取り上げることを意味している。具体的には,例えば,日本の略地図に日本の東西南北端などの領土の端を描き加えてその位置を緯度と経度を用いて捉えたり,日本をユーラシア大陸の東に位置するというように隣接する大陸や海洋,近隣の国々との位置関係によって捉えたりするなど,様々な面から取り扱うことを意味している。

世界各地との時差については,日本と世界各地との時差から地球上における我が国と世界各地との位置関係を理解できるようにすることを意味している。例えば,等時帯や日付変更線を示す地図と地球儀を見比べて時差の意味を理解したり,時差を調べたりできるようにすることや,時差のある海外の様子を衛星中継する映像を活用するなど生活場面と結び付けて時差の概念を理解できるようにすることなどを意味している。

領域の範囲や変化とその特色の中の「領域」については,領土だけでなく,領海,領空から成り立っており,それらが一体的な関係にあることを捉えることを意味している。

この小項目で身に付けたい「思考力,判断力,表現力等」に関わる事項として,イ(イ)「日本の地域構成の特色を,周辺の海洋の広がりや国土を構成する島々の位置などに着目して多面的・多角的に考察し,表現すること」が挙げられる。

このうち,**周辺の海洋の広がりや国土を構成する島々の位置などに着目して**については,例えば,我が国の国土は多数の島々からなり,広大な広がりを有する海洋国家としての特色をもっていることなどを考察できるように,日本の略地図に国土の東西南北端などの島々を描き加えたり,他の国々と領海や排他的経済水域を含めた面積で比較したりすることなどが考えられる。

「内容の取扱い」などに示された留意事項については,次のとおりである。

(ア)における**都道府県の名称と位置のほかに都道府県庁所在地名も取り上げること**(内容の取扱い)については,日本地図を使って都道府県の名称と位置を確認したり,自分の描いた略地図に位置と名称を書き込んだりするなどの学習活動を取り入れるとともに,都道府県庁所在地名も日本地図で確認したり,自然及び

社会的条件という視点から各都道府県庁所在地の共通性を探りながら調べたりするなどの学習活動が考えられる。このような学習活動を行う場合には，生徒が小学校で学習した内容を整理し確認しながら学習を進め，都道府県の名称と位置及び都道府県庁所在地名を単に覚えるだけの学習活動にならないよう配慮することが必要である。また，このことは地理学習の全体を通して行うこととし，内容のCの「(3)日本の諸地域」においても適宜取り上げ，その知識の定着を図るようにすることが必要である。

(イ)における**「領域の範囲や変化とその特色」については，我が国の海洋国家としての特色を取り上げる**（内容の取扱い）については，例えば，我が国の領土は離島を含む大小多数の島々からなり，それらは弧状に連なっていることや，他の国々と国土面積で比較したり，領海や排他的経済水域を含めた面積で比較したりするなど，我が国の海洋国家としての特色を様々な面から取り扱うことを意味している。また，我が国は四面環海の国土であるため直接他国と陸地を接していないことに着目し，国境がもつ意味について歴史的経緯を踏まえて考えたり，我が国が国際法に則（のっと）り正当に主張している立場に基づいて，当面する領土問題や海洋，海底資源の管理を含む経済水域の問題などに着目したりすることも大切である。

(イ)における**竹島や北方領土が我が国の固有の領土であることなど，我が国の領域をめぐる問題も取り上げるようにすること**（内容の取扱い）については，竹島や北方領土（歯舞（はぼまい）群島，色丹（しこたん）島，国後（くなしり）島，択捉（えとろふ）島）について，それぞれの位置と範囲を確認するとともに，我が国の固有の領土であるが，それぞれ現在韓国とロシア連邦によって不法に占拠されているため，竹島については韓国に対して累次にわたり抗議を行っていること，北方領土についてはロシア連邦にその返還を求めていること，これらの領土問題における我が国の立場が歴史的にも国際法上も正当であることなどについて的確に扱い，我が国の領土・領域について理解を深めることも必要である。また，「尖閣諸島については我が国の固有の領土であり，領土問題は存在しないことも扱うこと」（内容の取扱い）とあることから，現に我が国がこれを有効に支配しており，解決すべき領有権の問題は存在していないこと，我が国の立場が歴史的にも国際法上も正当であることを，その位置や範囲とともに理解することが必要である。

(ウ)における**地球儀や地図を積極的に活用し**（内容の取扱い）については，生徒は日本を中心に描かれた経線や緯線が直交する世界地図などに影響された世界観をもっていることが多い。そこで，世界地図については，面積の正しい地図や中心からの距離と方位の正しい地図など目的に応じた様々な地図があることを取り上げ，それらの特色に留意して読み取る学習活動を通して，適切な活用方法を

身に付けることが大切である。そこで教室に地勢や国を表す地球儀を置いたり，世界地図を教室に掲示したりして，折にふれて様々な地図を活用するなどの配慮をすることが大切である。

(ｳ)における**学習全体を通して**（内容の取扱い）については，この中項目の学習において世界や日本の略地図を描き，世界や日本を大きく捉えるとともに，この後の学習において学習した成果を整理する際にも地図を活用できるよう，ここでの学習を位置付けることが必要である。また，**世界地図**（内容の取扱い）については，赤道や本初子午線など目安となる緯線，経線を基準として，大陸の形状や大陸と海洋の位置関係が大まかに示されている程度の世界の略地図を描けるようにすることを意味している。この場合，複雑な海岸線や国境線を描く必要はなく，世界の地域構成をおよそ捉えた程度のものが考えられる。さらに，**日本地図**（内容の取扱い）については，日本の領域の広がりや東経135度の経線などに留意しつつ，日本を構成する主な島々の大まかな形状や位置関係が分かる程度の日本の略地図を描けるようにすることを意味している。

B 世界の様々な地域

この大項目は，「世界と日本の地域構成」の学習成果を踏まえ，世界の多様な地域とそこに住む人々の生活を主な学習対象とし，世界の諸地域の多様性や地域的特色を理解する学習を通して，世界の地理的認識を養うことをねらいとしている。このねらいを達成するため，この大項目は「(1)世界各地の人々の生活と環境」，「(2)世界の諸地域」の二つの中項目で構成している。

> (1) 世界各地の人々の生活と環境
> 　場所や人間と自然環境との相互依存関係などに着目して，課題を追究したり解決したりする活動を通して，次の事項を身に付けることができるよう指導する。
> 　ア　次のような知識を身に付けること。
> 　　(ｱ) 人々の生活は，その生活が営まれる場所の自然及び社会的条件から影響を受けたり，その場所の自然及び社会的条件に影響を与えたりすることを理解すること。
> 　　(ｲ) 世界各地における人々の生活やその変容を基に，世界の人々の生活や環境の多様性を理解すること。その際，世界の主な宗教の分布についても理解すること。
> 　イ　次のような思考力，判断力，表現力等を身に付けること。
> 　　(ｱ) 世界各地における人々の生活の特色やその変容の理由を，その生

活が営まれる場所の自然及び社会的条件などに着目して多面的・多
　　　角的に考察し，表現すること。

（内容の取扱い）

　(4)　内容のBについては，次のとおり取り扱うものとする。
　　ア　(1)については，世界各地の人々の生活の特色やその変容の理由と，
　　　その生活が営まれる場所の自然及び社会的条件との関係を考察するに
　　　当たって，衣食住の特色や，生活と宗教との関わりなどを取り上げる
　　　ようにすること。

　この中項目の主なねらいや着目する視点などについては次のとおりである。
　この中項目は，場所や人間と自然環境との相互依存関係などに関わる視点に着目して，世界各地の人々の生活が営まれる場所の自然的条件と社会的条件を関連付けて多面的・多角的に考察し，表現する力を育成することを主なねらいとしている。そうした学習の全体を通して，世界の人々の生活や環境の多様性，それらの相互依存関係を理解できるようにすることが求められている。
　この中項目における場所に関わる視点としては，例えば，そこで見られる気候や植生といった自然的な側面や，集落や道路といった社会的な側面などからその様子や特徴を捉えることなどが考えられる。
　また，人間と自然環境の相互依存関係に関わる視点としては，例えば，各地の気候環境が人々の衣食住に与えている影響を捉えたり，人々による地域開発が植生などに与えている影響を捉えたりすることなどが考えられる。
　この中項目で身に付けたい事項については，次のとおりである。
　この中項目で身に付けたい「知識」に関わる事項として，まず，ア(ア)「人々の生活は，その生活が営まれる場所の自然及び社会的条件から影響を受けたり，その場所の自然及び社会的条件に影響を与えたりすることを理解すること」が挙げられる。
　このうち，**その生活が営まれる場所の自然及び社会的条件から影響を受けたり，その場所の自然及び社会的条件に影響を与えたりする**については，世界各地における人々の生活が自然的条件の違いのみに留意した自然環境決定論に陥るのではなく，社会的条件の違いにも留意すること，さらに，人間社会の営みが自然環境に影響を与えることもあり，両者は相互に関係し合っているということに留意することを意味している。社会的条件としては，地域の歴史的背景や住民の民族構成などに配慮しながら，伝統的な生活様式が他の文化との接触や新しい技術

の導入，経済活動の活発化によって変容することなどを取り上げることが考えられる。

この中項目で身に付けたい「知識」に関わる事項として，また，ア(イ)「世界各地における人々の生活やその変容を基に，世界の人々の生活や環境の多様性を理解すること。その際，世界の主な宗教の分布についても理解すること」も挙げられる。

このうち，**世界各地における人々の生活やその変容**については，この中項目は世界の人々の衣食住などの生活が主な学習対象であり，また，同じ地域の過去と現在の生活を比較してその変化に着目し，人々の生活が可変的なものであることなどに気付くことを意味している。

世界の主な宗教の分布についても理解するについては，仏教，キリスト教，イスラム教などの世界的に広がる宗教の分布について分布図を用いて大まかに理解することを意味している。なお，分布図を扱う際には，分布の境界は必ずしも明確に分けられないものであることなどに留意して，その特色を読み取ることが大切である。

この中項目で身に付けたい「思考力，判断力，表現力等」に関わる事項として，イ(ア)「世界各地における人々の生活の特色やその変容の理由を，その生活が営まれる場所の自然及び社会的条件などに着目して多面的・多角的に考察し，表現すること」が挙げられる。

このうち，**その生活が営まれる場所の自然及び社会的条件などに着目して**については，世界各地における人々の生活の特色がなぜ生み出されているのか，人々の生活における変容がなぜ生じたのか，自然及び社会的条件などと関連付けることを通して，地理的な事象の意味や事象間の関係に着目することを意味している。

ここでの学習活動としては，例えば，暑い地域と寒い地域，山岳地域と島嶼(とうしょ)地域など，特色のある自然環境とそれに関係する衣食住を事例として取り上げ，写真や映像資料などを用いて人々の生活の工夫や，伝統的生活と現代の変化を捉えるといった学習活動や，同じような自然的条件の地域を幾つか取り上げ，共通点や地域によって異なる点を探すといったことなどが考えられる。また，人々の衣食住と自然環境との相互の関連について，両者を矢印で結び付けて，理由を問いながらその関係を図や文章で可視化していくといったことなどが考えられる。

その際，気候や地形，民族などの分布を表した様々な主題図を活用するとともに，取り上げた事例を主題図上に位置付け，様々な事例を比較するといった作業的な活動が取り入れられることが大切である。

「内容の取扱い」などに示された留意事項については，次のとおりである。

衣食住の特色（内容の取扱い）については，世界には様々な自然環境や文化があり，人々の生活がそれらの影響を受けているということが可視化され，捉えやすいのが衣食住の特色であることを意味している。そのため，学習活動としては，まずは人々の衣食住の特徴を通して，その場所における生活の特色を捉え，自然及び社会的条件との関係について考察を深めるといったことなどが考えられる。

生活と宗教との関わり（内容の取扱い）については，世界には様々な宗教があり宗教と関わりの深い生活が営まれていること，同じ地域でも宗教その他の社会的条件による生活の違いが見られることなどに着目することを意味している。

また，人々の生活を中心とした文化の学習については，一つの事例が生活全体あるいは地域全体の特徴として捉えられる過度な一般化を招きやすい。そのことに留意し，文化を固定的なものと捉えたり，特定の民族に対する固定観念をもったりする学習とならないようにすることが必要である。特に，地域の人々の生活はそれぞれの地域の地理的諸条件の下に成り立っているということ，他地域の人々の生活を理解するのに，自分たちの生活を絶対視して捉えてはいけないということに留意して，多様な文化を尊重する態度を身に付けることが必要である。

---

(2) 世界の諸地域

次の①から⑥までの各州を取り上げ，空間的相互依存作用や地域などに着目して，主題を設けて課題を追究したり解決したりする活動を通して，以下のア及びイの事項を身に付けることができるよう指導する。

① アジア　　　② ヨーロッパ　　　③ アフリカ
④ 北アメリカ　　⑤ 南アメリカ　　　⑥ オセアニア

ア　次のような知識を身に付けること。
　(ア) 世界各地で顕在化している地球的課題は，それが見られる地域の地域的特色の影響を受けて，現れ方が異なることを理解すること。
　(イ) ①から⑥までの世界の各州に暮らす人々の生活を基に，各州の地域的特色を大観し理解すること。

イ　次のような思考力，判断力，表現力等を身に付けること。
　(ア) ①から⑥までの世界の各州において，地域で見られる地球的課題の要因や影響を，州という地域の広がりや地域内の結び付きなどに着目して，それらの地域的特色と関連付けて多面的・多角的に考察し，表現すること。

（内容の取扱い）

> イ (2)については，次のとおり取り扱うものとする。
> (ｱ) 州ごとに設ける主題については，各州に暮らす人々の生活の様子を的確に把握できる事象を取り上げるとともに，そこで特徴的に見られる地球的課題と関連付けて取り上げること。
> (ｲ) 取り上げる地球的課題については，地域間の共通性に気付き，我が国の国土の認識を深め，持続可能な社会づくりを考える上で効果的であるという観点から設定すること。また，州ごとに異なるものとなるようにすること。

　この中項目の構成，主なねらいや着目する視点などについては次のとおりである。

　この中項目は，世界の諸地域の基礎的・基本的な知識を定着させるという観点，また汎用性が高いという観点から，「① アジア」，「② ヨーロッパ」，「③ アフリカ」，「④ 北アメリカ」，「⑤ 南アメリカ」，「⑥ オセアニア」の六つの州からなる小項目で構成している。

　この中項目は，空間的相互依存作用や地域などに関わる視点に着目して，世界の各地域で見られる地球的課題の要因や影響をその地域的特色と関連付けて多面的・多角的に考察し，表現する力を育成することを主なねらいとしている。そうした学習の全体を通して，世界の各州の地域的特色やそこで見られる地球的課題と地域的特色の関係を理解できるようにすることが求められている。

　この中項目における空間的相互依存作用に関わる視点としては，例えば，ある州で見られる地球的課題の要因や影響を，その州の地域の広がりや地域内の結び付きから捉えることなどが考えられる。

　また，地域に関わる視点としては，例えば，ある州で見られる地球的課題を，州としての地域的特色や変容の過程から捉えることなどが考えられる。

　この中項目で身に付けたい事項については，次のとおりである。

　この中項目で身に付けたい「知識」に関わる事項として，まず，ア(ｱ)「世界各地で顕在化している地球的課題は，それが見られる地域の地域的特色の影響を受けて，現れ方が異なることを理解すること」が挙げられる。

　このうち，**地球的課題**については，グローバル化する国際社会において，人類全体で取り組まなければならない課題，例えば，持続可能な開発目標（SDGs）などに示された課題のうちから，生徒が地理的な事象として捉えやすい地球環境問題や資源・エネルギー問題，人口・食料問題，居住・都市問題などに関わる課

題を取り上げることを意味している。

地域的特色の影響を受けて，現れ方が異なることについては，世界各地に見られる地球的課題は地球上の各地で現れる普遍的な課題ではあるが，各地域の地域的特色を反映させてその要因や影響，対処の仕方などが異なっていることを意味している。

この中項目で身に付けたい「知識」に関わる事項として，また，ア(イ)「①から⑥までの世界の各州に暮らす人々の生活を基に，各州の地域的特色を大観し理解すること」も挙げられる。

このうち，**人々の生活を基に**については，各州の地域的特色の羅列的な知識を身に付けることではなく，生徒が世界の地理的な事象を身近に感じて，取り上げた世界の諸地域についてイメージを構成することが必要である。ここでいう「人々の生活」とは，生徒の生活経験と結び付けやすい衣食住や生活様式に関わる諸事象を中心としながらも，社会生活を営む人間の活動による総体的な諸事象を意味している。

各州の地域的特色を大観し理解することについては，州全体を一つの地域として捉える他に，州を幾つかの地域に分けることもできるが，その際にも個別の国や小地域の特色を細部にわたって学習することのないようにする必要がある。なお，**大観**については，ここでは各州の自然，産業，生活・文化，歴史的背景などについて概観し，その結果として基礎的・基本的な知識を身に付けることを意味している。また，ここで習得した知識が後の学習に活用されるとともに，世界の各州について大観する学習がなされた際には，概略的な世界像が形成できるように学習内容を構成する必要がある。

この中項目で身に付けたい「思考力，判断力，表現力等」に関わる事項として，イ(ア)「①から⑥までの世界の各州において，地域で見られる地球的課題の要因や影響を，州という地域の広がりや地域内の結び付きなどに着目して，それらの地域的特色と関連付けて多面的・多角的に考察し，表現すること」が挙げられる。

このうち，**州という地域の広がりや地域内の結び付きなどに着目して**については，①から⑥までの各州において，地球的課題を地域という枠組みの中で考察できるようにすることを意味している。

それらの地域的特色と関連付けてについては，地球的課題の影響や要因を，各州における地域の広がりや地域内の結び付きなどから特徴付けられる地域的特色と関連付けることを意味している。

「内容の取扱い」などに示された留意事項については，次のとおりである。

(ア)における**州ごとに設ける主題**（内容の取扱い）については，そこで特徴的

に見られる地球的課題（内容の取扱い）とともに，必ずしも州内全体に共通するものである必要はないが，「各州に暮らす人々の生活の様子を的確に把握できる」地理的な事象から，既習内容，主題の難易度，生徒の生活経験，想定される学習活動，配当授業時数との関係などを勘案して，教師が主題を設定し，主題を追究する時間を確保するという観点から，各州一つ又は二つの主題に絞って展開することが大切である。

(イ)における**我が国の国土の認識を深め**（内容の取扱い）については，今後学習する大項目「C　日本の様々な地域」を視野に，我が国との比較や関連を図る視点をもって主題を設定することが必要である。

(イ)における**持続可能な社会づくりを考える上で効果的である**（内容の取扱い）については，生徒の発達段階を踏まえ，生徒自身が地球的課題の要因や影響について捉えやすいという観点から主題を設定することが大切である。

なお，世界の諸地域の地域的特色を学習するに当たっては，①から⑥までの地域区分を基本とし，具体的な地域区分の捉え方については，内容のCの「(2)日本の地域的特色と地域区分」で取り扱うものとする。ただし，既述のとおり，各州の地域的特色を明らかにする必要からそれぞれの州を幾つかに区分したり，取り上げる地理的な事象の特色を的確に把握する観点から州を越えた地域を設定したりして，それぞれの地域の特色を理解する学習を展開することも考えられる。また，アジア州とヨーロッパ州にまたがるロシア連邦を扱う場合は，設定する主題との関連から，アジア州又はヨーロッパ州のいずれかに位置付けて扱うこととなる。しかし，「各州の地域的特色を大観し理解する」と示されているように，州規模で地域的特色を明らかにすることが大切であり，州を更に区分したり州を越えたりした地域を設定することによって，地域の特色を網羅的に細かく学習するのではないことに留意する必要がある。

また，各州を取り上げる順序は，設定された主題に対する生徒の理解しやすさなどを踏まえて検討することが必要である。例えば，内容のBの「(1)世界各地の人々の生活と環境」の学習の成果と結び付けやすい州を最初に学習するなど，取り上げる州の順序についても，既習内容，主題の難易度，生徒の生活経験，想定される学習活動，配当授業時数との関係などを勘案して展開することが大切である。

この中項目で実施が想定される学習展開例は次のとおりである。なお，これらは，あくまでも例示であり，各学校において例示と異なる学習活動を展開することができるのは，当然である。

主題例と学習の展開例
① アジア州：＜主題例＞人口の増加，居住環境の変化に関わる課題など

アジア州を大観する学習を踏まえて，例えば，中華人民共和国（以下，中国という。）を対象に「中国では人口問題に対してどのような対策が取られてきたのか」，「経済発展した中国で，なぜ居住環境の問題が起きているのか」などといった問いを立て，前者の場合，中国における人口動態，国内の経済格差，地域間の人口移動などを地域の人々の生活と関連付けて多面的・多角的に考察して，人口問題に関わる一般的課題と中国における地域特有の課題とを捉える。

② ヨーロッパ州：＜主題例＞国家統合，文化の多様性に関わる課題など

　ヨーロッパ州を大観する学習を踏まえて，例えば，ヨーロッパ連合（以下，EUという。）を対象に「EUはどのような経緯でその構成国を変化させてきたのか」，「EUの構成国内で，なぜ分離や独立などの動きが見られるのか」などといった問いを立て，前者の場合，EUの空間的広がり，EU統合の歴史的背景，EU統合がもたらす成果と課題などを地域の人々の生活と関連付けて多面的・多角的に考察して，国家間の結び付きに関わる一般的課題とEUにおける地域特有の課題とを捉える。

③ アフリカ州：＜主題例＞耕作地の砂漠化，経済支援に関わる課題など

　アフリカ州を大観する学習を踏まえて，例えば，サヘル地域を対象に「サヘル地域では砂漠化によって，どのような問題が生じているのか」，「サヘル地域の砂漠化に対して，なぜ諸外国の支援が必要なのか」などといった問いを立て，前者の場合，サヘル地域の自然環境，地域経済の変化，地域内の食料需給などを地域の人々の生活と関連付けて多面的・多角的に考察して，食料問題に関わる一般的課題とサヘル地域における地域特有の課題とを捉える。

④ 北アメリカ州：＜主題例＞農業地域の分布，産業構造の変化に関わる課題など

　北アメリカ州を大観する学習を踏まえて，例えば，アメリカ合衆国（以下，アメリカという。）を対象に「アメリカでは農業地域の分布にどのような特色があるのか」，「なぜアメリカは，世界有数の経済大国となっているのか」などといった問いを立て，前者の場合，アメリカの自然環境，都市の分布，交通網の整備などを地域の人々の生活と関連付けて多面的・多角的に考察して，産業の立地に関わる一般的課題とアメリカにおける地域特有の課題とを捉える。

⑤ 南アメリカ州：＜主題例＞森林の伐採と開発，商品作物の栽培に関わる課題など

　南アメリカ州を大観する学習を踏まえて，例えば，ブラジルを対象に「ブ

ラジルでは森林の耕地化が進んだ結果,どのような問題が生じているのか」,「なぜブラジルでは,コーヒーから大豆などへと栽培作物が変化しているのか」などといった問いを立て,前者の場合,森林と耕地面積の変化,農産物の生産,生物多様性などを地域の人々の生活と関連付けて多面的・多角的に考察して,持続可能な開発に関わる一般的課題とブラジルにおける地域特有の課題とを捉える。

⑥ オセアニア州:＜主題例＞多文化社会,貿易に関わる課題など

オセアニア州を大観する学習を踏まえて,例えば,オーストラリアを対象に「オーストラリアでは,民族構成がどのように変化してきたのか」,「なぜオーストラリアでは,アジア諸国との貿易割合が増えているのか」といった問いを立て,前者の場合,先住民との関係,建国の歴史,貿易相手国や移民出身国の変化などを地域の人々の生活と関連付けて多面的・多角的に考察して,多文化社会に関わる一般的課題とオーストラリアにおける地域特有の課題とを捉える。

世界の諸地域の学習においては,地球儀,世界地図,地図帳,衛星画像などを活用し,地誌的な知識や概念の定着を図るとともに,これらを有効に活用し,学習成果を世界地図上や略地図上に表現するなどして,地理的技能を育成することも重要である。また,取り上げる主題や州に関わる写真,物語,小説なども活用して学習内容及び学習過程を設計し,生徒の生活経験と結び付いた情報を豊かに獲得させていく指導上の工夫も望まれる。

C 日本の様々な地域

この大項目は,「世界と日本の地域構成」及び「世界の様々な地域」の学習成果を踏まえ,日本及び日本の諸地域の地域的特色を捉える学習を通して,我が国の国土に関する地理的認識を深めることをねらいとしている。このねらいを達成するため,この大項目は「(1) 地域調査の手法」,「(2) 日本の地域的特色と地域区分」,「(3) 日本の諸地域」,「(4) 地域の在り方」の四つの中項目で構成している。

(1) 地域調査の手法

　場所などに着目して,課題を追究したり解決したりする活動を通して,次の事項を身に付けることができるよう指導する。

ア　次のような知識及び技能を身に付けること。

(ｱ) 観察や野外調査,文献調査を行う際の視点や方法,地理的なまとめ方の基礎を理解すること。

(ｲ) 地形図や主題図の読図,目的や用途に適した地図の作成などの地

　　　　理的技能を身に付けること。
　　イ　次のような思考力，判断力，表現力等を身に付けること。
　　　(ｱ)　地域調査において，対象となる場所の特徴などに着目して，適切な主題や調査，まとめとなるように，調査の手法やその結果を多面的・多角的に考察し，表現すること。

（内容の取扱い）

(5)　内容のＣについては，次のとおり取り扱うものとする。
　ア　(1)については，次のとおり取り扱うものとする。
　　(ｱ)　地域調査に当たっては，対象地域は学校周辺とし，主題は学校所在地の事情を踏まえて，防災，人口の偏在，産業の変容，交通の発達などの事象から適切に設定し，観察や調査を指導計画に位置付けて実施すること。なお，学習の効果を高めることができる場合には，内容のＣの(3)の中の学校所在地を含む地域の学習や，Ｃの(4)と結び付けて扱うことができること。
　　(ｲ)　様々な資料を的確に読み取ったり，地図を有効に活用して事象を説明したりするなどの作業的な学習活動を取り入れること。また，課題の追究に当たり，例えば，防災に関わり危険を予測したり，人口の偏在に関わり人口動態を推測したりする際には，縮尺の大きな地図や統計その他の資料を含む地理空間情報を適切に取り扱い，その活用の技能を高めるようにすること。

　この中項目の主なねらいや着目する視点などについては次のとおりである。
　この中項目は，場所などに関わる視点に着目して，地域調査の手法やその結果を多面的・多角的に考察し，表現する力を育成することを主なねらいとしている。そうした学習の全体を通して，地域調査を行う際の視点や方法を理解し，そのために必要な地理的技能を身に付けられるようにすることが求められている。
　この中項目は，学校周辺の地域の地理的な事象を学習対象としている。学校周辺の地域は，生徒が生活舞台にしている地域であり，学習対象を生徒が直接体験できるといった特質を有している。そのため，この中項目では文献調査にとどまらず実際に校外に出かけて観察や野外調査をして，地理的な事象を見いだし，事象間の関連の発見過程を体験し，地理的な追究の面白さを実感できる作業的で具体的な体験を伴う学習を通して，地域調査の手法について理解し，地域調査に関わる地理的技能を身に付けることが大切である。

この中項目における場所に関わる視点としては，例えば，地域的特色をもつ調査対象地域を，それに応じた適切な主題や地域調査の手法によって捉えることなどが考えられる。

　この中項目で身に付けたい事項については，次のとおりである。

　この中項目で身に付けたい「知識」に関わる事項として，ア(ア)「観察や野外調査，文献調査を行う際の視点や方法，地理的なまとめ方の基礎を理解すること」が挙げられる。

　このうち，**観察や野外調査，文献調査を行う際の視点や方法**については，**視点**としては，学校周辺の地域という生徒にとっての直接経験地域であることを踏まえて，観察対象の焦点化，野外調査方法の吟味，文献資料の収集などの適切な視点を意味し，**方法**としては，観察や野外調査，地図や統計，景観写真，市町村要覧，市町村史などの資料を活用する文献調査などの方法を意味している。

　地理的なまとめ方については，「様々な資料を的確に読み取ったり，地図を有効に活用して事象を説明したりするなどの作業的な学習活動を取り入れること」（内容の取扱い）とあるように，地域調査の結果を地図や図表，写真などを取り入れるなどして表現することを意味している。

　この中項目で身に付けたい「技能」に関わる事項として，ア(イ)「地形図や主題図の読図，目的や用途に適した地図の作成などの地理的技能を身に付けること」が挙げられる。

　このうち，**地理的技能を身に付ける**については，地形図や主題図などの様々な資料から，地域で見られる事象や特色など必要な情報を的確に読み取る技能や，地域で見られる事象を，地図や図表，グラフなどに表現する技能を中心に，歴史的分野や他教科等で身に付けた技能の活用も視野に，地域調査の手法として身に付けることを意味している。

　この中項目で身に付けたい「思考力，判断力，表現力等」に関わる事項として，イ(ア)「地域調査において，対象となる場所の特徴などに着目して，適切な主題や調査，まとめとなるように，調査の手法やその結果を多面的・多角的に考察し，表現すること」が挙げられる。

　このうち，**適切な主題や調査，まとめとなるように，調査の手法やその結果を多面的・多角的に考察し，表現する**については，主題を設定し，調査の対象となる地理的な事象を見いだし，調査に基づき資料を作るといった活動を通して，調査の適切な手順や方法を考察できるようにすることと，そうした調査の結果を適切な方法で表現できるようにすることを意味している。なお，**適切な主題**については，位置や空間的な広がりなどとの関わりで捉える地理的な事象に関する地域の特徴を扱い，地方財政などの公民的分野の学習内容に関する地域の課題とは区

別して扱うことが必要である。

「内容の取扱い」などに示された留意事項については，次のとおりである。

(ｱ)における**主題は学校所在地の事情を踏まえて**（内容の取扱い）については，例えば，都市部と農村部の学校，臨海部と山間部の学校とでは，学校のある学区域の特色やそこで取り上げる事象，訪問先などに違いがあることから，それぞれの地域の事情を踏まえた地域調査を工夫する必要があることを意味している。

(ｱ)における**観察や調査を指導計画に位置付け**（内容の取扱い）については，学校周辺地域の観察や調査を，活動に適した時期に行うようにするなど，年間計画の中で弾力的に実施できるようにすることを意味している。特に，聞き取りを行うなどの調査を実施するに当たっては，地域の人々の協力を得るなど事前の準備が必要になってくることなどから，年間計画に明確に位置付けることが大切である。

また，観察や調査については，総合的な学習の時間，防災活動や遠足等の学校行事と組み合わせるなど，各学校で教育課程を工夫するなどして実施することが考えられる。例えば，総合的な学習の時間における職場体験活動と関連付けて，職場体験活動を行う店舗，公共機関，事業所などの分布を地図に表したり，特別活動における地域と連携した防災訓練と関連付けて，生徒が実際に避難する経路や，経路上の地形や危険な箇所，避難に適した場所を地図に表したりすることなどが考えられる。他にも，例えば，歴史的分野の内容のＡの「(2)身近な地域の歴史」と関連付けて，歴史的な遺跡などの位置や分布を調査したり，遠足等で野外に出かける際にグループで地図を持ち，課題に合わせて調査対象地域周辺の景観を観察したりすることなども考えられる。

(ｱ)における**学習の効果を高めることができる場合には，内容のＣの(3)の中の学校所在地を含む地域の学習や，Ｃの(4)と結び付けて扱うことができる**（内容の取扱い）については，観察や野外調査を含む地域調査を，地域の特色や地域の在り方を考察する学習と関連付けることなどにより学習の効果を高めることが可能な場合には，内容のＣの「(3)日本の諸地域」における学校所在地を含む地域の学習や内容のＣの「(4)地域の在り方」の学習に，この内容のＣの「(1)地域調査の手法」の学習を位置付けて指導することができることを意味している。

(ｲ)における**縮尺の大きな地図や統計その他の資料を含む地理空間情報**（内容の取扱い）については，地形図や統計，写真などに加え，1万分の1よりも縮尺が大きな地図や後述の「(3)内容の取扱い」に述べる縮尺が伸縮可能なデジタル地図などを活用することを意味している。

(ｲ)における**活用の技能を高める**（内容の取扱い）については，例えば，それらの地図を持って現地に行き，地図と現地との対応関係を比べたり，地図から関

心のある地理的な事象を発見したり，調べる地理的な事象や地域が地図上のどこにあるかを確認したりするだけでなく，土地利用などを表した主題図などから，地域の地形と土地利用の関係を考察したり，気候図を併用して降水量の分布と土地利用の関係を明らかにするなどして，事象間の関係を読み取るといった活動が考えられる。また，地図から地域的特色を捉え，地域の課題を見いだし，考察したりするなどの活動を通して読図に関する技能を高めることや，地域調査を通して明らかになったことを地図上に描くなどの活動を通して作図に関する技能を高めたりすることが考えられる。いずれの場合も課題を追究する具体的な作業を通して地理的技能を身に付けることが大切である。

なお，これらの地理的技能は地理学習の全体を通して育成することが求められているが，特にこの中項目においては実際に地域を調査する中でこれらの技能を積極的に活用し，その有効性を体験的に理解できるようにすることが大切である。

直接経験地域であることを踏まえた身近な地域の調査には，次のような特質がある。第1は，景観を対象にして観察や野外調査をし，それを基に地域の課題を見いだし，考察することができること，第2は，自分たちの観察や野外調査の活動を通して資料を作り，それを基に地域の課題を見いだし，考察することができること，第3は，季節の変化などを考慮して1年間を通じて地域の課題を見いだし，考察することができること，第4は，生徒の生活と関わる地域なので，課題を見いだし，考察しやすく，また，それらの課題を意見交換しやすいことである。

地域に広がる景観等を対象にして地域調査を行うことは地理学習において中核となる学習である。すなわち，観察や野外調査，文献調査は，社会的事象の地理的な見方・考え方を働かせる上で欠かすことのできない活動であり，作業的で具体的な体験を伴う学習を通して効果的に習得・活用することができる，生きて働く技能でもある。したがって，カリキュラム・マネジメントを働かせ，各学校の実態に応じて確実に，観察や野外調査を含む地域調査が実施されるよう工夫することが大切である。

この中項目で実施が想定される学習展開例は次のとおりである。なお，これらは，あくまでも例示であり，各学校において例示と異なる学習活動を展開することができるのは，当然である。

例えば，調査例として地域の防災を取り上げた場合，次のような学習展開が考えられる。

＜Ⅰ　取り上げる事象を決める。＞
　地域の防災について，「学校周辺の地域で，人々が自然災害から身を守るにはどうしたらよいか」といった課題意識に基づいて主題設定する場

合，例えば，地震に伴う津波や火災，豪雨に伴う河川の氾濫など，地域で想定される具体的な地理的な課題から取り上げる事象を決める。

＜Ⅱ　事象を捉える調査項目を決め，観察や調査を行う。＞

例えば，地震に伴う津波や火災などの災害を想定する場合，地元自治体によるハザードマップや国土地理院による旧版地形図，土地利用図などを含む文献調査とともに，実際に学校周辺の地域を観察や野外調査することが大切である。詳細な地図と実際の様子を照らし合わせる中で，生徒は地形や住宅地の分布等に留意し，浸水や土砂崩れ等の危険がある場所，避難場所の位置やその標高，道路網やその幅員，避難経路の安全性(ブロック塀等の倒壊の危険箇所や側溝の蓋の有無，くぐり抜け式通路の冠水等)，自動体外式除細動器（AED）の設置場所などを調査項目として観察や調査することが考えられる。

＜Ⅲ　捉えた地理的な事象について地図等に表す。＞

生徒が観察や野外調査で調べたことをベースマップに記入し，学校周辺の地域の災害時における危険性や安全に避難するために必要な情報を地図等に表し作成することが考えられる。

＜Ⅳ　傾向性や規則性を見いだし，地形図や関係する主題図と見比べる。＞

例えば，学校周辺の地域で予測される自然災害の種類や，被害を受ける危険性が高い場所の傾向性を，作成した地図等と地形図や関係する主題図と見比べて読み取ることが考えられる。また，文献調査などで明らかになった過去に起こった災害の様子を表した地図等を，実際にどの場所でどのような自然災害が起こりやすいか，なぜそこで被害が生じたのかなどを考えながら，災害の傾向や要因などと関連付けて見比べることも大切である。

＜Ⅴ　事象を成り立たせている要因を調べ，関連を調査する。＞

地域の防災における課題を調べることで，どのような場所でどのような自然災害が起こりやすいのかなど，自然環境の特色と自然災害との関係や人間の生活との関わりを整理する必要がある。また，それを確認するために，引き続き文献調査を行ったり，必要に応じて更に観察や野外調査を行ったりすることも考えられる。

＜Ⅵ　地図等に分かりやすくまとめ，調査結果を発表する。＞

調べて分かったことを根拠として示しながら意見交換することで，より合理的な解釈になるようにまとめていくことが必要である。その際，調べた結果を文章で表現したり，グラフや表にして分かりやすく示したり，地図を活用して表現したりすることが大切であり，調査結果の発表の際に

は，地図やグラフなどから読み取れることと，読み取った事実から自分が解釈したこととを分けて説明できるようにすることも大切である。

なお，実際に自然災害によって被災した地域や被災が想定される地域を取り上げる際には，そこに居住していた人々や今も居住している人々がいることを念頭に，学習の全体を通じて，個人の置かれている状況やプライバシーなどに十分配慮する必要がある。

---

(2) 日本の地域的特色と地域区分

次の①から④までの項目を取り上げ，分布や地域などに着目して，課題を追究したり解決したりする活動を通して，以下のア及びイの事項を身に付けることができるよう指導する。

① 自然環境　　② 人口　　③ 資源・エネルギーと産業
④ 交通・通信

ア　次のような知識及び技能を身に付けること。

(ア) 日本の地形や気候の特色，海洋に囲まれた日本の国土の特色，自然災害と防災への取組などを基に，日本の自然環境に関する特色を理解すること。

(イ) 少子高齢化の課題，国内の人口分布や過疎・過密問題などを基に，日本の人口に関する特色を理解すること。

(ウ) 日本の資源・エネルギー利用の現状，国内の産業の動向，環境やエネルギーに関する課題などを基に，日本の資源・エネルギーと産業に関する特色を理解すること。

(エ) 国内や日本と世界との交通・通信網の整備状況，これを活用した陸上，海上輸送などの物流や人の往来などを基に，国内各地の結び付きや日本と世界との結び付きの特色を理解すること。

(オ) ①から④までの項目に基づく地域区分を踏まえ，我が国の国土の特色を大観し理解すること。

(カ) 日本や国内地域に関する各種の主題図や資料を基に，地域区分をする技能を身に付けること。

イ　次のような思考力，判断力，表現力等を身に付けること。

(ア) ①から④までの項目について，それぞれの地域区分を，地域の共通点や差異，分布などに着目して，多面的・多角的に考察し，表現すること。

(イ) 日本の地域的特色を，①から④までの項目に基づく地域区分など

> に着目して，それらを関連付けて多面的・多角的に考察し，表現すること。

（内容の取扱い）

> イ （2）については，次のとおり取り扱うものとする。
> 　（ア）①から④までで示した日本の地域的特色については，系統的に理解を深めるための基本的な事柄で構成すること。
> 　（イ）地域区分に際しては，日本の地域的特色を見いだしやすくなるようにそれぞれ適切な数で区分すること。

　この中項目の構成，主なねらいや着目する視点などについては次のとおりである。

　この中項目は，従前の中項目の構成を踏まえたこと，日本の地域的特色を一面的ではなく多面的に理解するために項目間の調和を図ったこと，四つの項目で扱う地理的な事象は我が国の国土の特色や大まかな国内の地域差を捉えやすいことなどを踏まえて，「①　自然環境」，「②　人口」，「③　資源・エネルギーと産業」，「④　交通・通信」の四つの項目からなる小項目で構成している。

　この中項目は，分布や地域などに関わる視点に着目して，我が国の国土の地域区分や区分された地域の地域的特色を多面的・多角的に考察し，表現する力を育成することを主なねらいとしている。そうした学習の全体を通して，我が国の国土の地域的特色と地域区分の方法や意義を理解できるようにすることが求められている。

　この中項目における分布に関わる視点としては，例えば，地域がもつ共通点や差異から傾向性を見いだし地域区分して捉えることなどが考えられる。

　また，地域に関わる視点としては，例えば，特定の地域的特色をもつ範囲を一つのまとまりとして，その範囲がもつ働きや他の範囲との関係などを捉えることなどが考えられる。

　この中項目のうち，「①　自然環境」で身に付けたい事項については，次のとおりである。

　この小項目で身に付けたい「知識」に関わる事項として，ア(ア)「日本の地形や気候の特色，海洋に囲まれた日本の国土の特色，自然災害と防災への取組などを基に，日本の自然環境に関する特色を理解すること」が挙げられる。

　このうち，**日本の地形や気候の特色**については，日本全体で見ると，我が国は環太平洋造山帯に属して，地震や火山の多い不安定な大地上に位置していること

と，我が国の多くの地域は温帯に属し，降水量も多く，森林，樹木が成長しやすい環境にあること，といった程度の内容を取り扱うことを意味している。また，国内を大きく区分して見ると，地形的にはフォッサ・マグナを境にして，西南日本には東西の方向に，東北日本には南北の方向に背骨のように山脈が走り，堆積平野の特色をもった規模の小さな平野が臨海部に点在していること，海岸線では砂浜海岸や岩石海岸などから構成され多様な景観が見られること，気候的には，南と北，太平洋側と日本海側，内陸部と臨海部とで，気温，降水量とその月別の変化などに違いが見られ，それらを基にして各地の気候を比較すると幾つかに気候区分できること，といった程度の内容を取り扱うことを意味している。

海洋に囲まれた日本の国土の特色については，日本の国土は海に囲まれ多くの島々から構成されていること，近海は海底に大陸棚が広がり，寒暖の海流が出会い世界的な漁場となっていること，といった程度の内容を取り扱うことを意味している。

自然災害と防災への取組などを基に，日本の自然環境に関する特色を理解するについては，我が国の地形や気候と関連する自然災害と防災への取組を取り上げることで，日本全体の視野から日本の自然環境を大きく捉えることを意味している。例えば，東日本大震災などの大規模な地震や毎年全国各地に被害をもたらす台風など，多様な自然災害の発生しやすい地域が多く，そのため早くから防災対策に努めてきたといった程度の内容を取り扱うことを意味している。

なお，自然災害については，防災対策にとどまらず，災害時の対応や復旧，復興を見据えた視点からの取扱いも大切である。その際，消防，警察，海上保安庁，自衛隊をはじめとする国や地方公共団体の諸機関や担当部局，地域の人々やボランティアなどが連携して，災害情報の提供，被災者への救援や救助，緊急避難場所の設営などを行い，地域の人々の生命や安全の確保のために活動していることなどにも触れることが必要である。

この中項目のうち，「② 人口」で身に付けたい事項については，次のとおりである。

この小項目で身に付けたい「知識」に関わる事項として，ア(イ)「少子高齢化の課題，国内の人口分布や過疎・過密問題などを基に，日本の人口に関する特色を理解すること」が挙げられる。

このうち，**少子高齢化の課題**については，我が国は世界に類を見ない速さで少子化，高齢化が進んだことに伴う課題に直面していることに特色が見られるといった程度の内容を取り扱うことを意味している。その際，人口分布図や人口ピラミッドを読み取る作業を取り入れるといった活動が考えられる。

国内の人口分布や過疎・過密問題については，我が国は人口が1億人を超える

数少ない国の一つで，日本全体が人口集中地域になっているように見えるが，国内の人口分布を見ると，不均等な分布が見られ，平野部への人口集中が目立つ一方で山間部は人口の希薄な地域になっていること，平野部には大都市圏が発達して過密地域が，山間部には集落がまばらに点在しているような過疎地域が見られること，といった程度の内容を取り扱うことを意味している。

　この中項目のうち，「③　資源・エネルギーと産業」で身に付けたい事項については，次のとおりである。

　この小項目で身に付けたい「知識」に関わる事項として，ア(ｳ)「日本の資源・エネルギー利用の現状，国内の産業の動向，環境やエネルギーに関する課題などを基に，日本の資源・エネルギーと産業に関する特色を理解すること」が挙げられる。

　このうち，**日本の資源・エネルギー利用の現状**については，我が国はエネルギー資源や鉱産資源のほとんどに恵まれていないため，消費する資源の大部分を海外からの輸入に依存していることといった程度の内容を取り扱うことを意味している。

　国内の産業の動向については，日本全体で見ると，我が国は先進工業国と捉えられているが，国内を大きく区分して見ると，太平洋ベルトには，工業や流通，金融，情報などに関する産業の盛んな地域が見られ，日本海側や北海道などには農業や水産業，地場産業，観光産業の盛んな地域が見られる。さらに，同じ工業でも，臨海部には造船業などとともに輸入資源を原材料とする鉄鋼業や石油化学工業などの盛んな地域が見られ，都市部には印刷業などの盛んな地域が見られるなど，自然及び社会的条件によって産業の地域的分業が進み，交通機関の発達などによって各産業地域は変容していることといった程度の内容を取り扱うことを意味している。

　環境やエネルギーに関する課題については，日本全体で見ると，我が国は資源やエネルギーの大量消費に伴う環境問題，エネルギー問題を抱えた国の一つであるが，その現れ方には地域差が見られること，風力発電や太陽光発電などの新しいエネルギーの開発に努力していること，といった程度の内容を取り扱うことを意味している。

　この中項目のうち，「④　交通・通信」で身に付けたい事項については，次のとおりである。

　この小項目で身に付けたい「知識」に関わる事項として，ア(ｴ)「国内や日本と世界との交通・通信網の整備状況，これを活用した陸上，海上輸送などの物流や人の往来などを基に，国内各地の結び付きや日本と世界との結び付きの特色を理解すること」が挙げられる。

このうち，**国内や日本と世界との交通・通信網の整備状況**については，日本全体で見ると，新幹線，高速道路，航路・航空路網，情報通信ネットワークなどの整備が進んでいること，海外との空や海の交通網そして通信網が集中する拠点の一つに数えられること，といった程度の内容を取り扱うことを意味している。

　これを活用した陸上，海上輸送などの物流や人の往来については，海外との物流の手段としては船舶（外航船）が，人の往来の手段としては航空機が多用されるなど，主に輸送対象によって輸送手段の違いが見られること，国内の輸送手段としては物流では自動車とともに船舶（内航船）が，人の往来では自動車や鉄道，航空機，船舶（離島においては旅客船）といった多様な交通機関が利用されるなど，輸送対象の違いとともに輸送距離，輸送時間，地域性などによって輸送手段の違いが見られること，といった程度の内容を取り扱うことを意味している。

　国内各地の結び付きや日本と世界との結び付きの特色については，日本全体で見ると，国内各地の時間的な距離が短縮されていること，物資の国際間の移動が活発であることから世界各地と強く結び付いていること，しかし，そうした結び付きをよく見ると，様々な面で強く結び付いている地域や，特定のことで結び付いている地域，相対的に見てまだ結び付きの弱い地域が見られること，交通・通信の整備が進むことで各地域間の結び付きが変化していること，地方都市間では時間的な距離が短縮されていないところもあること，といった程度の内容を取り扱うことを意味している。

　この中項目のうち，中項目を通して身に付けたい事項については，次のとおりである。

　この中項目で身に付けたい「知識」に関わる事項として，ア(オ)「①から④までの項目に基づく地域区分を踏まえ，我が国の国土の特色を大観し理解すること」が挙げられる。

　このうち，**①から④までの項目に基づく地域区分**については，①から④までの各項目について，分布図を作成するなどして日本全体の大まかな地域的特色を捉え，それに基づいて日本を幾つかに地域区分することで，それぞれ特色ある地域から日本が構成されていることを大観し理解できるようにすることを意味している。

　この中項目で身に付けたい「技能」に関わる事項として，ア(カ)「日本や国内地域に関する各種の主題図や資料を基に，地域区分をする技能を身に付けること」が挙げられる。

　このうち，**地域区分をする技能**については，各種の主題図や資料に基づき，地域区分する技能を身に付け，用いることができるようにすることを意味している。なお，**地域区分**については，この中項目では，例えば，西日本と東日本とい

うように日本を二分して捉えたり，西南日本（西日本）と中部日本（中央日本）と東北日本（東日本，北日本）というように区分して捉えたり，これまで経験的に地理学習でよく使われてきた九州，中国・四国，近畿，中部，関東，東北，北海道の七地方に区分して捉えたりすることなどを意味している。また，例えば，中部地方を北陸地方，中央高地，東海地方に分けるように，七地方区分の各地方を幾つかに分ける区分も考えられる。さらに，気候区分のように地域の等質性に着目して地域区分したものや，商圏，都市圏などのように機能的に結び付く範囲によって地域区分したものなど，行政区分に基づかない地域区分もあることを意味している。

この中項目で身に付けたい「思考力，判断力，表現力等」に関わる事項として，まず，イ(ア)「①から④までの項目について，それぞれの地域区分を，地域の共通点や差異，分布などに着目して，多面的・多角的に考察し，表現すること」が挙げられる。

このうち，**地域の共通点や差異**については，ある指標を基に他と異なる共通した性質をもつ等質地域としての空間的なまとまりを見いだすことを意味している。

ここでは，作成された地域区分と他の項目から作成された地域区分を比較し，共通点や差異，分布の傾向性に着目して，多面的・多角的に考察し，その結果を表現できるようにすることが大切であり，この分布の傾向性については，地理的な事象の分布の粗密を調べることで，中心と周辺からなる機能地域としての圏構造を見いだすことが考えられる。

地域の特色は，他地域と比較したり関連付けたりすることによってより一層明らかになってくる。しかし，一方で比較の仕方や関連付け方によっては，ある面だけを強調したりして誤解を助長する恐れもある。したがって，地域を比較し関連付ける際には，地域の規模に対応させたり，より視野を広げてみたり，過去と現在といった時間的経過などを考慮したりして，適切かつ多面的・多角的に取り扱うよう工夫する必要がある。

この中項目で身に付けたい「思考力，判断力，表現力等」に関わる事項として，また，イ(イ)「日本の地域的特色を，①から④までの項目に基づく地域区分などに着目して，それらを関連付けて多面的・多角的に考察し，表現すること」も挙げられる。

このことは，①から④までの項目に関する学習によって作成された複数の分布図や地域区分を重ね合わせて関連付け，複数の項目による新たな地域区分を行い，そこで見いだされた地域の意味を多面的・多角的に考察し，地域的特色を表現できるようにすることを意味している。

「内容の取扱い」などに示された留意事項については，次のとおりである。

(ｱ)における①から④までで示した日本の地域的特色については，**系統的に理解を深めるための基本的な事柄で構成する**（内容の取扱い）については，①から④までの小項目では，項目中に示された具体的な地域的特色を扱うにとどめ，細部にわたる事柄を扱わずに，地図帳を十分に活用しながら日本全体としての地域的特色を理解することが大切である。なお，この後の内容のCの「(3)日本の諸地域」では，日本の様々な地域を取り上げて学習するため，ここでは事例地域を通した具体的な取扱いはしないことに留意する必要がある。

　(ｲ)における**日本の地域的特色を見いだしやすくなるようにそれぞれ適切な数で区分する**（内容の取扱い）については，地理的分野の学習において日本を一つの地域とみなすこともできるが，自然環境や人口，産業などの観点から設定された具体的な指標を基に，日本を幾つかの地域に分けることによって，日本の地域的特色をより一層明確に理解することが大切である。その際，指標は一つでなく，複数の指標で区分することもでき，どのような指標で地域を区分するのかは，どのような地域の特徴を見いだしたいのかによる。そのため，地域は固定されたものではなく，何を指標としてどのような特徴を示したいのかによってその空間的範囲が異なることや，時間の経過による指標の変化によっても区分されるその範囲が異なってくることに留意する必要がある。ここでは，日本の地域的特色をより一層明確に理解するために，日本が様々な特色ある地域の集合体であるという視点に立って①から④までの学習を通して地域区分を行い，その上で日本全体としての特色を見いだすことが大切で，実際に地域区分を行うことで，日本の地域的特色が見いだしやすくなるといった，「地域区分」の意味や意義を理解できるようにすることが大切である。

　なお，地球の表面は，そのくくり方によって，様々に区分，分類され，規模や性格の異なる多様な地域として捉えられる。便宜的にその範囲を区切って設定した地域を「形式地域」といい，実質的にまとまりのある意味をもった地域を「実質地域」という。

　実質地域には，例えば，水田単作地域，酪農地域のように同じような特色をもった等質地域と，通勤圏，商圏のようにある地域を中心にその影響の及ぶ範囲をまとめた機能地域といった，大小様々なまとまりのある地域に分けることができる。さらに，指標の取り方によっては，台地と低地，あるいは気候帯や植生帯といった自然地域と，農業地域や工業地域といった人文地域というように，共通の特色をもった大小様々な地域に分けることもできる。また，大小様々な地域は，たくさんの小地域が集まって市町村規模の地域をつくり，市町村が集まって都道府県といった規模の地域をつくる。さらに，たくさんの都道府県が集まって日本という国家規模の地域をつくり，たくさんの国々が州といった規模の地域を

構成するというように，大小様々な地域が部分と全体とを構成する関係で重層的になっている。したがって，各地域の区分に当たっては，そうした枠組み，規模を踏まえて適切に取り扱うよう工夫することが大切である。

> (3) 日本の諸地域
> 　次の①から⑤までの考察の仕方を基にして，空間的相互依存作用や地域などに着目して，主題を設けて課題を追究したり解決したりする活動を通して，以下のア及びイの事項を身に付けることができるよう指導する。
> ① 自然環境を中核とした考察の仕方
> ② 人口や都市・村落を中核とした考察の仕方
> ③ 産業を中核とした考察の仕方
> ④ 交通や通信を中核とした考察の仕方
> ⑤ その他の事象を中核とした考察の仕方
> ア　次のような知識を身に付けること。
> 　(ｱ) 幾つかに区分した日本のそれぞれの地域について，その地域的特色や地域の課題を理解すること。
> 　(ｲ) ①から⑤までの考察の仕方で取り上げた特色ある事象と，それに関連する他の事象や，そこで生ずる課題を理解すること。
> イ　次のような思考力，判断力，表現力等を身に付けること。
> 　(ｱ) 日本の諸地域において，それぞれ①から⑤までで扱う中核となる事象の成立条件を，地域の広がりや地域内の結び付き，人々の対応などに着目して，他の事象やそこで生ずる課題と有機的に関連付けて多面的・多角的に考察し，表現すること。

(内容の取扱い)

> ウ　(3)については，次のとおり取り扱うものとする。
> 　(ｱ) 日本の諸地域については，国内を幾つかの地域に区分して取り上げることとし，その地域区分は，指導の観点や学校所在地の事情などを考慮して適切に決めること。
> 　(ｲ) 学習する地域ごとに①から⑤までの考察の仕方を一つ選択することとし，①から④までの考察の仕方は，少なくとも一度は取り扱うこと。また，⑤の考察の仕方は，様々な事象や事柄の中から，取り上げる地域に応じた適切なものを適宜設定すること。

> (ウ) 地域の考察に当たっては，そこに暮らす人々の生活・文化，地域の伝統や歴史的な背景，地域の持続可能な社会づくりを踏まえた視点に留意すること。

この中項目の構成，主なねらいや着目する視点などについては次のとおりである。

この中項目は，適切に区分された日本の諸地域を，内容のCの「(2)日本の地域的特色と地域区分」の小項目で扱った事象を主要な考察の仕方として用い，具体的な地域的特色を捉えることから，ここで区分された日本の諸地域の数の項目からなる小項目で構成される。

この中項目は，空間的相互依存作用や地域などに関わる視点に着目して，地域の特色ある地理的な事象を他の事象と関連付けて多面的・多角的に考察し，表現する力を育成することを主なねらいとしている。そうした学習の全体を通して，日本の諸地域の地域的特色や地域の課題とともに事象間の関係性を理解できるようにすることが求められている。

この中項目の学習は，日本の様々な地域を地誌的に取り上げて我が国の国土に関する地理的認識を深めるものであり，小，中，高等学校の一貫性の観点から見ると，中学校社会科の地理的分野を特色付ける学習といえる。ただし，それぞれの地域の学習で自然の特色，産業の特色などの項目を羅列的，並列的に取り上げると，学習内容が過剰となり，学習負担が大きくなるとともに地域的特色を理解することも困難となる。そこで，この中項目の学習に当たっては，「①から⑤までの考察の仕方」を基にして，地域の特色を端的に示す地理的な事象を選択し，それを中核として内容を構成すること，その際，中核とした地理的な事象は，他の事象とも関わり合って成り立っていることに着目して，それらを有機的に関連付けることで動態的に取り扱うこと，調べ，追究する学習活動を通して地域的特色や地域の課題を捉えるようにすることなどが大切である。

この中項目における空間的相互依存作用に関わる視点としては，例えば，各地域で中核とした特色ある事象とそれを取り巻く他の諸事象との多様な関係性を捉えることなどが考えられる。

また，地域に関わる視点としては，例えば，地域で異なる中核となる事象の成立条件を，地域の広がりや地域内の結び付き，人々の対応などによって捉えることなどが考えられる。

この中項目のうち，「① 自然環境を中核とした考察の仕方」において身に付けたい事項については次のとおりである。

この考察の仕方で身に付けたい「思考力，判断力，表現力等」に関わる事項と

して，イ(ア)「日本の諸地域において」自然環境を中核とした考察の仕方で「中核となる事象の成立条件を，地域の広がりや地域内の結び付き，人々の対応などに着目して，他の事象やそこで生ずる課題と有機的に関連付けて多面的・多角的に考察し，表現すること」が挙げられる。

このうち，**自然環境を中核とした考察の仕方**については，地域の地形や気候などの自然環境に関する特色ある事象を中核として，それをそこに暮らす人々の生活・文化や産業などに関する事象と関連付け，自然環境が地域の人々の生活・文化や産業などと深い関係をもっていることや，自然災害に応じた防災対策が地域の課題となることなどについて考察することが考えられる。なお，ここで人々の生活・文化や産業などと，などを付けて示したのは，学習する地域の特色を捉える上で適切な事象を適宜選択して取り上げることを意味している。また，考察する内容についても，地域の課題となることなどと，などを付けて示したのは，中核とした事象と適宜選択して取り上げた事象との関連で様々な考察が可能であることを意味しており，これらは，以下の②から⑤までの考察の仕方においても同様である。

有機的に関連付けについては，地域の特色は，様々な事象が結び付き，影響を及ぼし合って成り立っていることに着目して，地域的特色を中核とした事象と他の事象との関連から捉え，その成り立ちを考察することを意味しており，これも，以下の②から⑤までの考察の仕方においても同様である。

この中項目のうち，「②　人口や都市・村落を中核とした考察の仕方」において身に付けたい事項については次のとおりである。

この考察の仕方で身に付けたい「思考力，判断力，表現力等」に関わる事項として，イ(ア)「日本の諸地域において」人口や都市・村落を中核とした考察の仕方で「中核となる事象の成立条件を，地域の広がりや地域内の結び付き，人々の対応などに着目して，他の事象やそこで生ずる課題と有機的に関連付けて多面的・多角的に考察し，表現すること」が挙げられる。

このうち，**人口や都市・村落を中核とした考察の仕方**については，地域の人口の分布や動態，都市・村落の立地や機能に関する特色ある事象を中核として，それをそこに暮らす人々の生活・文化や産業などに関する事象と関連付け，人口や都市・村落が地域の人々の生活・文化や産業などと深い関係をもっていることや，過疎・過密問題の解決が地域の課題となることなどについて考察することが考えられる。

この中項目のうち，「③　産業を中核とした考察の仕方」において身に付けたい事項については次のとおりである。

この考察の仕方で身に付けたい「思考力，判断力，表現力等」に関わる事項と

して，イ(ｱ)「日本の諸地域において」産業を中核とした考察の仕方で「中核となる事象の成立条件を，地域の広がりや地域内の結び付き，人々の対応などに着目して，他の事象やそこで生ずる課題と有機的に関連付けて多面的・多角的に考察し，表現すること」が挙げられる。

　このうち，**産業を中核とした考察の仕方**については，地域の農業や工業などの産業に関する特色ある事象を中核として，それをそこでの自然環境や交通・通信などに関する事象と関連付け，産業が地域の自然環境や交通・通信などと深い関係をもっていることや，産業の振興と環境保全の両立などの持続可能な社会づくりが地域の課題となることなどについて考察することが考えられる。

　この中項目のうち，「④　交通や通信を中核とした考察の仕方」において身に付けたい事項については次のとおりである。

　この考察の仕方で身に付けたい「思考力，判断力，表現力等」に関わる事項として，イ(ｱ)「日本の諸地域において」交通や通信を中核とした考察の仕方で「中核となる事象の成立条件を，地域の広がりや地域内の結び付き，人々の対応などに着目して，他の事象やそこで生ずる課題と有機的に関連付けて多面的・多角的に考察し，表現すること」が挙げられる。

　このうち，**交通や通信を中核とした考察の仕方**については，地域の道路や鉄道，航路や航空路，通信網などの交通・通信に関する特色ある事象を中核として，それをそこでの産業や人口や都市・村落などに関する事象と関連付け，交通・通信が地域の産業や人口や都市・村落などと深い関係をもっていることや，地域間の結び付きの整備が地域の課題となることなどについて考察することが考えられる。

　この中項目のうち，「⑤　その他の事象を中核とした考察の仕方」において身に付けたい事項については次のとおりである。

　この考察の仕方で身に付けたい「思考力，判断力，表現力等」に関わる事項として，イ(ｱ)「日本の諸地域において」その他の事象を中核とした考察の仕方で「中核となる事象の成立条件を，地域の広がりや地域内の結び付き，人々の対応などに着目して，他の事象やそこで生ずる課題と有機的に関連付けて多面的・多角的に考察し，表現すること」が挙げられる。

　このうち，**その他の事象を中核とした考察の仕方**については，例えば，地域の産業，文化の歴史的背景や開発の歴史に関する特色ある事象，地域の環境問題や環境保全の取組，地域の伝統的な生活・文化に関する特色ある事象などを中核として，地域的特色や地域の課題を捉えることが考えられる。

　この中項目のうち，中項目を通して身に付けたい事項については，次のとおりである。

この中項目で身に付けたい「知識」に関わる事項として,まず,ア(ア)「幾つかに区分した日本のそれぞれの地域について,その地域的特色や地域の課題を理解すること」が挙げられる。

このうち,**幾つかに区分した日本**については,例えば,内容のCの「(2)日本の地域的特色と地域区分」の地域区分例で示した,従前の「日本の諸地域」学習でも多用されていた,九州,中国・四国,近畿,中部,関東,東北,北海道といった七つ程度の地域に区分したり,必要に応じてそれらを統合したり,細分したりして地域を区分することなどが考えられる。

この中項目で身に付けたい「知識」に関わる事項として,また,ア(イ)「①から⑤までの考察の仕方で取り上げた特色ある事象と,それに関連する他の事象や,そこで生ずる課題を理解すること」も挙げられる。

このうち,**①から⑤までの考察の仕方**については,従前の「日本の諸地域」の(ア)から(キ)までの考察の仕方を踏まえたこと,内容のCの「(2)日本の地域的特色と地域区分」の「① 自然環境」,「② 人口」,「③ 資源・エネルギーと産業」,「④ 交通・通信」の四つの小項目との関連を踏まえたこと,位置や分布,場所,人間と自然環境との相互依存関係,空間的相互依存作用,地域などに着目して社会的事象の地理的な見方・考え方を働かせる学習を展開するのに適した観点であること,グローバル化,都市化,情報化などの社会の変化に対応して,地域の動向や課題を捉えるのに適した観点であることなどを考慮して設定したものである。

「内容の取扱い」などに示された留意事項については,次のとおりである。

(ア)における**国内を幾つかの地域に区分して取り上げることとし,その地域区分は,指導の観点や学校所在地の事情などを考慮して適切に決める**（内容の取扱い）については,内容のCの「(2)日本の地域的特色と地域区分」の学習成果を踏まえるとともに,「①から⑤までの考察の仕方」に基づいて適切に地域的特色や地域の課題を追究できるよう,地域の規模や等質地域,機能地域といった地域の捉え方などに留意して地域を区分することを意味している。その際,地理的分野の目標は国土のすみずみまで細かく学習しなくても達成できるということに配慮し,地域区分を細分化し過ぎないようにすることが大切である。また,各地域を学習する順序についても,生徒の習熟度や関心,中核となる事象の捉えやすさや地域の課題の見いだしやすさなど,各学校の実態に応じて決定し,この中項目の学習を通して,我が国の国土に関する地理的認識を深めることができるようにすることが大切である。

(イ)における**学習する地域ごとに①から⑤までの考察の仕方を一つ選択する**（内容の取扱い）については,地域の特色を網羅的,並列的に扱うのではなく,

あくまでも中核とした地理的な事象を他の事象と有機的に関連付けて追究する学習活動を展開することを意味している。そして，この学習活動の結果，学習した地域の特色がある程度総合的に捉えられるようにすることが大切である。

(イ)における①から④までの考察の仕方は，少なくとも一度は取り扱う（内容の取扱い）については，例えば，地域を七つに区分して七つの小項目を設定し，①から④までの考察の仕方の中のいずれかを複数回取り扱い，既習の地域の学習を参考にしたり，比較したりするなどして習熟の度合いを高めて考察できることを意味している。しかし，同時にこの中項目の学習が特定の「考察の仕方」に偏った学習にならないよう，①から④までで示した全ての「考察の仕方」を一度は取り扱う必要があることを示しており，①から④まで以外の考察の仕方となる⑤の考察の仕方については，必ずしも設定する必要がないことも意味している。

(イ)における⑤の考察の仕方は，**様々な事象や事柄の中から，取り上げる地域に応じた適切なものを適宜設定すること**（内容の取扱い）については，取り上げる地域の地域的特色や地域の課題を追究する上で，適切な「考察の仕方」を適宜設定することができることを意味している。

(ウ)における**そこに暮らす人々の生活・文化，地域の伝統や歴史的な背景，地域の持続可能な社会づくりを踏まえた視点**（内容の取扱い）については，従前の学習指導要領において中核となる考察の仕方として用いていたものである。これらの視点は，適切に区分された日本のいずれの地域においても関連させることができることから，①から⑤までのいずれの考察の仕方においても，「関連する他の事象」として用いることが大切であることを意味している。

この中項目で実施が想定される学習展開例は次のとおりである。なお，これらは，あくまでも例示であり，各学校において例示と異なる学習活動を展開することができるのは，当然である。

例えば，区分された地域として東北地方を取り上げた場合，次のような学習展開が考えられる。

> 例えば，日本を七地方に区分して東北地方を取り上げ，「②　人口や都市・村落を中核とした考察の仕方」を基に学習する場合，東北地方の人口分布や動態に着目して市町村別人口増加率を読み取ると，「なぜ仙台市周辺に人口が集中する一方で，全体的には人口が減少しているのか」といった問いを立てることができる。そこで，都市・村落の立地や機能に関する特色ある事象を中核として，それを，地形や気候，そこで暮らす人々の生活・文化，都市が発展した歴史的背景，産業，交通・通信網などと関連付けて，多面的・多角的に調べ，考察することが考えられる。これによっ

て，例えば，都市の発展と都市圏の形成，過疎化する地域の居住環境と人々の生活の変容などを，人々の生活や産業の動向などと関連付けて課題を追究し，「仙台市周辺では，人口流入により都市化が進み，商業地域や住宅地域が形成された」，「過疎化の進む地域では，地域社会の維持や伝統的な生活・文化の継承が地域の課題となっている」などといった地域的特色や地域の課題を捉えることが考えられる。

　また，東北地方を「④　交通や通信を中核とした考察の仕方」を基に学習する場合，高速道路網や鉄道網，空港，港湾に着目すると，「東北地方では，高速道路や新幹線，空港や港湾の整備により，どのような変化が見られるのか」といった問いを立てることができる。そこで，交通・通信網の発達や陸運，海運など物流に関する特色ある事象を中核として，それを，物資や人々の移動の特色や変化，産業，人口や都市・村落などと関連付け，多面的・多角的に調べ，考察することが考えられる。これによって，例えば，生産地と消費地の間の物資の移動，観光地の成立と観光客の移動といった物資や人々の移動の特色と，産業の動向などとを関連付けて課題を追究し，「東北地方は食料生産が盛んな地域で，陸運や海運により全国の消費地と結び付いている」，「高速道路網や空港，港湾の整備に伴い，他地域から訪れる観光客の訪問先が広がっている」などといった地域間の結び付きや地域変容を捉えたり，交通・通信網といった社会資本の存在と，人口や都市・村落の動向などとを関連付けて課題を追究し，「高速道路のインターチェンジの建設が，都市の拡大や流通拠点の造成に影響を与えている」，「道路や鉄道などの交通網の復旧，整備が，震災後の地域社会の復興に大きな役割を果たしている」などといった持続可能な社会づくりに関わる課題を捉えたりすることが考えられる。

　また，例えば，区分された地域として九州地方と北海道地方を取り上げ，ともに「①　自然環境を中核とした考察の仕方」を基にした場合，次のような学習展開が考えられる。

　例えば，「①　自然環境を中核とした考察の仕方」を基に九州地方や北海道地方を取り上げる場合，「地域の自然環境と人々の生活や産業の営みには，どのような結び付きがあるのか」といった問いを立てて，それぞれの地域的特色や地域の課題を追究することが考えられる。その際，九州地方では，「比較的温暖な気候で，台風の襲来による自然災害が多い」といった，九州地方の自然環境に関する特色ある事象を中核として，それを

人々の生活や産業などに関する事象と関連付けて多面的・多角的に調べ，考察することで，「温暖な気候を生かし果樹や花卉栽培を営む農業の工夫がある」，「豊かな自然を残す離島や山間などの景勝地に，多くの観光客が訪れている」，「台風や集中豪雨に対する防災対策が地域の課題になっている」などといった，地域的特色や地域の課題を捉えることができる。

また，その九州地方の学習の上に北海道地方の学習を行う場合，「寒冷な気候で，泥炭地などのやせた土壌が広がっている」といった，九州地方とは異なる特色のある事象を中核として，それを例えば，寒冷な気候に対応した建物や道路などからうかがえる人々の生活や，土地改良や品種改良などの工夫が重ねられてきた農牧業の様子などと関連付けたり，また，アイヌの人々の言葉に起源をもつ地名を導入に北海道開発の歴史的背景などとも関連付けたりして，九州地方と比較しつつ多面的・多角的に調べ，考察することで，「冷涼な気候や土壌へ働きかけ開発に努力した人々の営みにより，我が国有数の食料生産地域になった」，「寒冷な気候を克服したり寒冷な気候を生かしたりした地域の在り方が地域の課題となっている」などといった，地域的特色や地域の課題を捉えることも考えられる。

(4) 地域の在り方

空間的相互依存作用や地域などに着目して，課題を追究したり解決したりする活動を通して，次の事項を身に付けることができるよう指導する。

ア　次のような知識を身に付けること。

(ｱ) 地域の実態や課題解決のための取組を理解すること。

(ｲ) 地域的な課題の解決に向けて考察，構想したことを適切に説明，議論しまとめる手法について理解すること。

イ　次のような思考力，判断力，表現力等を身に付けること。

(ｱ) 地域の在り方を，地域の結び付きや地域の変容，持続可能性などに着目し，そこで見られる地理的な課題について多面的・多角的に考察，構想し，表現すること。

(内容の取扱い)

エ　(4)については，次のとおり取り扱うものとする。

(ｱ) 取り上げる地域や課題については，各学校において具体的に地域

の在り方を考察できるような，適切な規模の地域や適切な課題を取り上げること。
(イ) 学習の効果を高めることができる場合には，内容のCの(1)の学習や，Cの(3)の中の学校所在地を含む地域の学習と結び付けて扱うことができること。
(ウ) 考察，構想，表現する際には，学習対象の地域と類似の課題が見られる他の地域と比較したり，関連付けたりするなど，具体的に学習を進めること。
(エ) 観察や調査の結果をまとめる際には，地図や諸資料を有効に活用して事象を説明したり，自分の解釈を加えて論述したり，意見交換したりするなどの学習活動を充実させること。

　この中項目の主なねらいや着目する視点などについては次のとおりである。
　この中項目は，空間的相互依存作用，地域などに関わる視点に着目して，地域の在り方を地域的特色や地域の課題と関連付けて多面的・多角的に考察し，表現する力を育成することを主なねらいとしている。そうした学習の全体を通して，課題解決の取組や課題解決に向けて構想したことを適切に表現する手法を理解できるようにすることが求められている。
　また，世界と日本の様々な地域を学習した後に位置付けることで，既習の知識，概念や技能を生かすとともに，地域の課題を見いだし考察するなどの社会参画の視点を取り入れた探究的な地理的分野の学習のまとめとして行うことが必要である。そして主権者として，地域社会の形成に参画しその発展に努力しようとする態度を育むことが大切である。
　この中項目における空間的相互依存作用に関わる視点としては，例えば，地域の在り方を地域の内外の結び付きから捉えることなどが考えられる。
　また，地域に関わる視点としては，例えば，地域の在り方を地域がもつ課題や地域がたどってきた変容，地域の今後の持続可能性から捉えることなどが考えられる。
　この中項目で身に付けたい事項については，次のとおりである。
　この中項目で身に付けたい「知識」に関わる事項として，まず，ア(ア)「地域の実態や課題解決のための取組を理解すること」が挙げられる。
　このうち，**地域の実態や課題解決のための取組を理解すること**については，地域においてどのような地理的な事象が見られ，どのような地理的な課題が生じているか，また「地域の在り方」をめぐってどのような課題解決のための議論や取組が行われているかなどについて理解することを意味している。また，**地域の実**

態や課題解決のための取組については，その対象となる実態や取組を選択する際に多様な基準が考えられるが，基本的には，空間的相互依存作用や地域などを視点とする社会的事象の地理的な見方・考え方で捉えることのできる，可視的な事象が考えられる。例えば，自然環境の保全，人口の増減や移動，産業の転換や流通の変化，伝統文化の変容などの実態や，その解決に向けた取組などが考えられる。

この中項目で身に付けたい「知識」に関わる事項として，また，ア(イ)「地域的な課題の解決に向けて考察，構想したことを適切に説明，議論しまとめる手法について理解すること」も挙げられる。

地域的な課題については，ここで取り上げる課題が「具体的に地域の在り方を考察できるような」（内容の取扱い）規模のものを想定していることを意味している。

考察，構想したことを適切に説明，議論しまとめる手法については，課題の要因について文章や地図，統計，モデル図などを用いて他者に説明したり，課題の解決策について根拠に基づいて個人の意見を述べたり，多様な意見を集団として集約したりするといったことを意味している。

この中項目で身に付けたい「思考力，判断力，表現力等」に関わる事項として，イ(ア)「地域の在り方を，地域の結び付きや地域の変容，持続可能性などに着目し，そこで見られる地理的な課題について多面的・多角的に考察，構想し，表現すること」が挙げられる。

このうち，**地理的な課題**については，内容のCの「(1)地域調査の手法」における「適切な主題」の解説でも触れたように地理的な事象に関わる課題を意味しており，例えば，交通・通信網といった社会資本の整備やその活用に関わる「地域の結び付き」や，人口や産業の構造の変化がもたらす「地域の変容」，自然環境と人々の生活との関わりが影響し合う「持続可能性」などに着目して，課題を設定し，考察することが考えられる。

地理的な課題の解決については，多様な方法が考えられるが，この中項目では，特に「持続可能性」に着目して「構想」することが大切である。例えば，持続可能性を拒んでいる最も大きな要因に焦点化して，その要因を排除する課題解決の方策を提案するなど，課題の要因を取り除く手立てを提案する方法が考えられる。また，持続可能な社会づくりの点から見て優れていると思われる取組を調べ，それを参考に地域の実態に適合するように吟味して提案するなど，先進的な地域の取組に学ぶ方法も考えられる。さらに，持続可能な社会をつくるために，従来とは異なる考え方を追究し，地域の在り方を提案するなど，先例に捉われず，新しい理念を打ち立てる方法も考えられる。

「内容の取扱い」などに示された留意事項については，次のとおりである。

(ｱ)における**取り上げる地域や課題**（内容の取扱い）については，学校所在地を対象として市町村規模の身近な地域やそこで見られる課題を取り上げることの他に，日本各地で広く見られる，地域への影響力が大きく，生徒と社会が関心を寄せる適切な課題を設定すること，また，その課題を捉えることができる適切な規模の地域を選ぶことを優先させ，所在や規模の異なる他地域を取り上げることも考えられる。

(ｲ)における**学習の効果を高めることができる場合には，内容のＣの(1)の学習や，Ｃの(3)の中の学校所在地を含む地域の学習と結び付けて扱うことができる**（内容の取扱い）については，内容の取扱い(5)ア(ｱ)で既述のとおり，他の項目の学習と結び付けて行うことが可能であることを意味している。

(ｳ)における**学習対象の地域と類似の課題が見られる他の地域と比較したり，関連付けたりする**（内容の取扱い）については，地域の課題を考察させるに当っては，類似の課題に直面している地域や先進的な取組が見られる地域を比較，関連付けながら，地域の課題の特色や要因などを考察することが考えられる。

(ｴ)における**自分の解釈を加えて論述したり，意見交換したりするなどの学習活動を充実させる**（内容の取扱い）については，調査結果をまとめたり発表したりする際には，調査結果だけでなく，調査結果を基に各自が解釈をすることを重視する観点から，結果を根拠に合理的な解釈になるよう意見交換しながら，多面的・多角的に追究したことが分かるようなまとめ方や表現の方法を工夫することが大切である。また，発表や論述する場合において，調査結果から読み取れた事実なのか，それに基づいた自分の解釈なのかが明確に区別できるように表現する必要がある。また，地域の在り方を構想するに当っては，資料から分かったことを活用して個人で意見を述べたり，集団で合意を形成したりする活動を行うことが大切である。また，学習の成果を社会に発信したり，当事者に働きかけたりする活動を，他の教科や総合的な学習の時間，特別活動などと連携して設定するなどしてその充実を図ることも考えられる。

調査結果をまとめたり発表したりするに当たっては，調査方法や内容の概要を相手に的確に伝えるために，次に示すように，基本的な記述の構成や仕方があることを理解することが大切である。

1）調査の動機：なぜ，この主題を選んだのか，どんなことに興味や関心，疑問をもったのかを記述
2）調査の目的：この調査で何を知りたいのか，分かりたいのかを記述
3）調査の方法：いつ，どこで，どんな方法で何を調べていくのかを記述

4）調査の内容と結果の考察：調べて分かったことを調査前の予想と比べたり自分の解釈を加えたりして論述するとともに，地図や図表，写真などを入れて具体的に記述

5）感想や今後の課題：調べて分かったことに対して，どんなことを感じたかを記述するとともに，もっと深めてみたい内容を記述

6）参考資料など：調査に用いたり，参考にしたりした書籍名などを記述

この中項目で実施が想定される学習展開例は次のとおりである。なお，これらは，あくまでも例示であり，各学校において例示と異なる学習活動を展開することができるのは，当然である。

例えば，課題例として，橋で結ばれた「ある島（以下，単に「島」という。）」の活性策を取り上げた場合，次のような学習展開が考えられる。

＜Ⅰ　課題の把握＞

導入では，全国各地で広く課題となっている現象を取り上げて，それを個々の地域に即して見いだすことが求められる。例えば，二年間の地理的分野の学習を踏まえて，「日本各地ではどのような課題が見られたか」，「その課題は，私たちの住む地域では，どのような現象として表れているか」などと問い，地域の課題の一般的共通性と地方的特殊性に気付くことなどが求められる。

ここでは，空間的相互依存作用や地域に着目した結果，全国的な傾向として交通網の整備と過疎の実態が指摘され，近隣の都市と橋で結ばれた，人口が減少傾向にある「島」が対象地域に選ばれ，その「島」の活性化策が学習活動の主題として提起されたという設定で進めることとする。

主題を設定した後は，「地域の在り方」を考えるという学習の目的を明確にするために，「問い」の形で学習課題を共有する必要がある。例えば，学習課題①「『島』は橋で結ばれて便利になったのに，なぜ人口が減少しているのだろう（要因の考察）」，学習課題②「どうすれば『島』を活性化できるだろう（解決策の構想）」などが考えられる。

＜Ⅱ　対象地域の把握＞

学習課題の追究に当たっては，教師の側から対象地域に関する情報を積極的に提示することも考えられる。例えば，架橋の前後で比べた「島」の人口や小売店数の変化，観光客の数や農作物の出荷量などのデータを示し，「この地域では，どのような課題が生じているだろうか」，「将来この地域は，どうなることが予測されるだろうか」を問うことなどである。

生徒にとって，教師が用意した資料や自分で収集した資料を手掛かりにして，これらの問いをめぐって議論し，課題の重要性を実感するとともに，先に設定した二つの学習課題を改めて確認することが大切である。

この後の授業展開は，学級全体によるものやグループ別によるものなど多様な展開をとり得るが，前者をとる場合は教師が主導する学習として展開し，後者をとる場合は，学習課題を小課題に細分化した上で，生徒主体の学習として展開することが考えられる。

＜Ⅲ　課題の要因の考察＞

学習課題①の「『島』は橋で結ばれて便利になったのに，なぜ人口が減少しているのだろう」の追究に当っては，類似の課題が見られる国内外の他地域との比較，関連付けを通して考えることが大切になる。例えば，同じく人口が減少している事例として，高速道路で結ばれて都市への移動が便利になった中山間地域の事例，新幹線で結ばれて中心都市への移動が便利になった地方都市の事例，海底トンネルで結ばれて大都市圏への移動が容易になった農村地域の事例などと比較・関連付けることが考えられ，グループ別の学習の場合，各事例の調査をグループに割り振ることもできる。

これらの事例を比較，関連付けることで，交通に関わる社会資本の整備に伴う地域間の結び付きの強化が，地方の人口流出をもたらす要因ともなっていること，また，それは産業の衰退や学校・病院などの減少と生活の不便さをもたらす一方で，新たな開発や産業振興の機会を生み出す要因ともなっていることなどについて考察することも大切である。

＜Ⅳ　課題の解決に向けた構想＞

学習課題②「どうすれば『島』を活性化できるだろう」の追究に当たっても，類似の課題に直面しつつ，それを先進的に克服してきたモデル地域との比較，関連付けを通して考えることが大切である。例えば，同じような状況下で地域の活性化を図っている事例として，都市部に通勤・通学可能な自然豊かな住宅地を整備することで，移住者の獲得を図っている事例，獲れたての海産物や水産加工品を現地販売することで，都市から観光客を集めている事例，若い企業家や芸術家を誘致して，情報や文化の発信地になっている事例などと比較，関連付けることが考えられ，これについてもグループ別の学習の場合，各事例の調査をグループに割り振ることができる。これらの地域を比較，考察し，解決策を考えることで，交通に関わる社会資本の整備に伴う地域間の結び付きの強化は，必ずしもマイナスに作用する（地方の衰退）だけでなく，プラスにも作用し得る（地方の活

性化)ことに気付かせることや,解決に向けた多様な選択肢を知ることで,課題解決に向けた見通しを得ることも大切である。

＜Ⅴ　構想の成果発表＞

　Ⅲ,Ⅳの学習成果を踏まえて生徒が意見交換を行い,「島」の活性化策を提言する段階である。提言づくりに当っては,対象地域の位置や規模,あるいは周辺地域との結び付きや人口,産業などに注目し,Ⅲ,Ⅳで調べた事例やモデルがそのまま生かせる場合と,生かせない場合があることに留意する必要がある。

　活性化策は,グループを単位にして多様な提言を集めることも考えられるし,合意形成のプロセスを経て学級として一つの提言に集約することも考えられ,生徒や学校の実態に応じて,柔軟に対応する必要がある。

　なお,生徒の成果物は,①プレゼンテーションソフトに加工して文化祭などで発表する,②図表入りの報告書にまとめて学校のホームページに公開する,③持続可能な社会の在り方を募集したコンテストなどに応募する,④ビデオレターに編集して対象地域の調査協力者等に送付するなど,社会への多様な還元の仕方が考えられる。ここでの指導では,導入の時点から成果物の最終的な取扱いを生徒に予告し,学習の意味や意義の周知とともに生徒自身の当事者性を十分に引き出しておくことが大切である。

(3) 内容の取扱い

> (1) 内容のA,B及びCについては,この順序で取り扱うものとし,既習の学習成果を生かすこと。

地理的分野の内容の取扱いの順序は,次のように示されている。

A　世界と日本の地域構成
B　世界の様々な地域
C　日本の様々な地域

内容のA,B及びCについては,この順序で取り扱うと示したのは,次のような理由からである。

1) 小学校社会科との接続の観点から,世界の地理に関する学習を第1学年の当初から学習することとし,地理に関わる学習の継続と発展を図る内容構成としていること。
2) 地理的分野の目標を実現するために,最初に世界と日本の地域構成を大観

する学習を位置付け，それに続いて世界の諸地域の学習など世界の地理的認識を養う項目を設定し，その後に世界地理の学習を踏まえて日本の地理に関する学習を位置付け，広い視野から国土の地理的認識を深め，全体として社会的事象の地理的な見方・考え方を働かせることができるような内容構成としていること。

3）教科の基本的な構造や三分野の学習内容の関連性に留意して，第1学年及び第2学年では歴史的分野との連携を踏まえるとともに，第3学年において学習する歴史的分野及び公民的分野との関連に配慮した内容構成としていること。

以上の理由から，内容の取扱いの順序を示しているのであり，指導計画の作成に当たっては，その趣旨に十分配慮する必要がある。なお，中項目及び内容のCの(2)の小項目についても前後関係を考慮して配列しているので，各中項目の内容の取扱いにおいて例外的な取扱いの記述がない限り，この順序で取り扱うことが望ましい。

それぞれの項目に対する配当時間は，各項目がそれぞれ独自の位置付けによる役割を担っていること，その役割を果たすためには時間の確保が必要であること，一方で各項目は相互補完の関係にあるといったことを考慮して，適切に配分し，一つの項目に偏り過ぎないようにすることが大切である。

> (2) 内容の取扱いについては，次の事項に配慮するものとする。
> ア　世界や日本の場所や地域の特色には，一般的共通性と地方的特殊性があり，また，地域に見られる諸事象は，その地域の規模の違いによって現れ方が異なることに留意すること。
> イ　地図の読図や作図，景観写真の読み取り，地域に関する情報の収集や処理などの地理的技能を身に付けるに当たっては，系統性に留意して計画的に指導すること。その際，教科用図書「地図」を十分に活用すること。
> ウ　学習で取り上げる地域や国については，各項目間の調整を図り，一部の地域に偏ることのないようにすること。
> エ　地域の特色や変化を捉えるに当たっては，歴史的分野との連携を踏まえ，歴史的背景に留意して地域的特色を追究するよう工夫するとともに，公民的分野との関連にも配慮すること。
> オ　地域的特色を追究する過程で生物や地学的な事象などを取り上げる際には，地域的特色を捉える上で必要な範囲にとどめること。

アについては，各地域の特色を扱う際に，地方的特殊性のみを対象にしているわけではない点に十分注意する必要がある。地域的特色は「一般的共通性と地方的特殊性」から構成されている。「一般的共通性」とは，他地域にも共通に見られる性質のことであり，「地方的特殊性」とは，端的に言えば，各地域のもつ独特の性質のことである。そして，この二つの性質は相互に関係し合っていることから，各地域の学習においては，この二つの性質を関連付けて扱うことが大切である。したがって，「特色」と示しているからといって地方的特殊性のみを対象にしているわけではない点に十分留意する必要がある。また，地域に見られる社会的事象が同じでも地域の規模により現れ方が異なるので，各地域を比較したり関連付けたりする中で，地域の規模を対応させるなど，地域の規模を踏まえて適切に取り扱うことが大切である。「地域の規模」については，一般に，身近な地域のように小さな地域を対象にする場合と，関東地方といった七地方区分による地方規模，そして日本といった国家規模の地域を対象とする場合とでは，着目すべき地理的な事象も異なるし，学習の仕方も異なってくる。往々にして地理学習では，例えば，100万分の1程度の縮尺の地図で捉えるのがふさわしい七地方区分による地方規模の地域を学習対象としているのに，実際の学習はその地方に属する5万分の1から20万分の1の地図で捉えるのがふさわしいような小さな規模の地域に細分し，網羅的に取り上げるような学習となってしまうこともあった。このため，本来捉えるべき地方規模の地域の特色がほとんど明らかにならないといった傾向が見られた。地理学習においては，どのような規模の地域を対象にしているかといった点に留意して，取り上げる地域の規模に応じた地理的な事象の取扱いを工夫することが大切である。

イについては，地理的技能を指導する際の留意点を示したものであり，従前の記述を引き継いだものである。地理的技能については，地理情報（地域に関する情報のことであり，地理的な事象が読み取れたり，地域的特色に結び付く事象を見いだしたりすることができる資料のことをいう）を「収集する技能」，「読み取る技能」，「まとめる技能」の三つの技能に分けることが考えられる。具体的にそれらの内容を示すとすれば，おおむね次のようになる。

① 情報を収集する技能（手段を考えて課題解決に必要な社会的事象等に関する情報を収集する技能）

　a　調査活動を通して（例えば，現地の様子などを直接観察するなどして情報を収集したり，現地の行政機関などから聞き取りをするなどして情報を収集したりする技能）

　b　諸資料を通して（例えば，図書館などにある，地図や統計，写真などの文献資料，実物資料を通して情報を収集したり，情報通信ネットワークなどに

あるデジタル化された資料を通して情報を収集したりする技能）

　　c　情報手段の特性や情報の正しさに留意して（例えば，統計の出典，作成者などの事実関係に留意して情報を収集したり，主題図の作成意図，作成過程などの作成背景に留意して情報を収集したりする技能）

②　情報を読み取る技能（収集した情報を社会的事象の地理的な見方・考え方に沿って読み取る技能）

　　a　情報全体の傾向性を踏まえて（例えば，位置や分布などの広がりから全体の傾向性を踏まえて情報を読み取ったり，移動や変化などの動向から全体の傾向性を踏まえて情報を読み取ったりする技能）

　　b　必要な情報を選んで（例えば，地図から目的に応じた情報を選んで読み取ったり，諸統計から信頼できる情報を選んで読み取ったりする技能）

　　c　複数の情報を見比べたり結び付けたりして（例えば，同一地域の異なる情報を比較，関連付けて読み取ったり，異なる地域の共通する情報を比較，関連付けて読み取ったりする技能）

　　d　資料の特性に留意して（例えば，地図の図法など資料の用途に留意して情報を読み取ったり，統計の単位，絶対値（相対値）など資料のきまりに留意して情報を読み取ったりする技能）

③　情報をまとめる技能（読み取った情報を課題解決に向けてまとめる技能）

　　a　基礎資料として（例えば，聞き取りの結果などを正確に記録にまとめたり，収集した統計を汎用性のある表に加工してまとめたりする技能）

　　b　分類・整理して（例えば，データをその性格によって分類してまとめたり，データをその利用の可否によって取捨選択してまとめたりする技能）

　　c　情報を受け手に向けた分かりやすさに留意して（例えば，文書などの情報を地図化，グラフ化して概観できるようまとめたり，地図やグラフなどの情報を文章にして解釈，説明してまとめたりする技能）

　これらの技能は，巻末の参考資料にも示されているように，小・中・高等学校の学習において広く共通するものであり，既述のとおり，一度にそれらの技能の全てを養おうとするのではなく，生徒の習熟の様子を踏まえて着実に身に付くよう，繰り返し指導する機会を設けることが大切である。

　イにおける地域に関する情報の収集や処理などの地理的技能については，高度情報通信ネットワーク社会が急速に進展していく中で各学校にもインターネットなどの整備が充実してきている。特にインターネットは各地の地理情報の収集に有効であり，また，コンピュータは地理情報システム（GIS）などから得られる地理情報を地図化したり，グラフ化したりするなどの処理に不可欠のものである。インターネットにおける地図サイトや統計サイトとしては，現在，内閣官房

まち・ひと・しごと創生本部事務局及び経済産業省の「地域経済分析システム（RESAS）」，総務省統計局の「政府統計の総合窓口（e-Stat）」，国土交通省国土地理院の「地理院地図」などの公的機関が提供しているものに加え，様々な機関や団体が提供する地図ソフトなどから地理情報を入手，活用することが可能であり，今後とも入手先の拡大により情報の充実が期待される。したがって，地理学習においても地理的認識を深めたり地理的技能を高めたりするとともに，情報や情報手段を適切に活用できる技能を培う観点から，コンピュータや情報通信ネットワークなどの情報手段の活用を積極的に工夫することが望まれる。GISでの作業では，生徒の発達段階や学校の施設環境等を踏まえると，国土地理院刊行の地形図などの紙地図を用いた手作業でその基礎を学ぶことも効果的である。

　また，地図には，種類や縮尺により多様な利用の仕方がある。このうち地図帳には，地形や植生，都市の規模や交通機関，地名や行政界，土地利用などの地域の状況を様々な記号を用いて表現している「一般図」と，工場分布や土地利用，鉄道・道路交通などの個別の主題を取り上げ，様々な調査資料や統計などを活用してグラフ化したり，その状況を表現したりした「主題図」などが掲載されている。縮尺については，大きな縮尺の地形図や小さな縮尺の大陸別の地勢図などの地図とともに前掲の地理院地図などのように任意の縮尺での利用が可能なデジタル地図がある。また，その他にも面積や形状，方位や距離などの特定の事項を正確に表現するために工夫された様々な地図がある。なお，「その際，教科用図書『地図』を十分に活用すること」と付言したのは，教科用図書「地図」，すなわち地図帳には一般図や主題図，その他統計や写真などたくさんの地理情報があるが，それらが必ずしも十分に活用されていない状況が見られ，こうした状況を改善し，地理学習がより一層充実することを期したためである。

　イにおける**系統性に留意して計画的に指導する**については，地理的技能は，既述のとおり，一度の学習や経験で身に付くというものではなく，それに関わる学習を繰り返す中で，次第に習熟の程度を高めることで身に付けるものである。このため，指導計画を作成する際に，地理的技能の難易度や段階性などに留意して系統的に学習できるよう工夫する必要がある。

　ウについては，具体的に地域や国を取り上げて学習する際の留意点を示したものである。したがって，内容のBの(1)，(2)の学習において，この趣旨を踏まえ，世界の諸地域に関する地理的認識をバランスよく身に付ける観点から，一部の地域に偏ることのないよう，項目間で取り上げる地域や国の調整を行うことが必要である。

　エについては，分野間の関連を推進する観点から示したものである。各分野の内容は教科の基本的な構造に配慮して構成されており，地理的分野と歴史的分野

は第1学年,第2学年において並行して継続的に学習できるようにし,さらに,これらの両分野の学習の成果が第3学年において学習する歴史的分野及び公民的分野において生かされるよう構成されている。したがって,地理的分野の学習において「地域の特色や変化を捉えるに当たっては,歴史的分野との連携を踏まえ,歴史的背景に留意して地域的特色を追究するよう工夫するとともに,公民的分野との関連にも配慮」して取り扱うことが大切である。その際,歴史的背景の「背景」とは,地理的分野の学習は現在の地域的特色を捉えることに主眼があることを意味しており,「歴史的背景」は現代の地域の特色を捉える上で必要な範囲において取り上げるようにする。

オについては,他教科等の関連する学習内容を取り扱う際の留意点について示したものである。地理学習は現代の諸地域の特色を捉えることに主眼があることから,「地域的特色を追究する過程で生物や地学的な事象などを取り上げる際には,地域的特色を捉える上で必要な範囲にとどめる」よう配慮する必要がある。

● 2　歴史的分野の目標，内容及び内容の取扱い

(1) 目標

　歴史的分野の目標は，社会科の目標構成と同様に，柱書として示された目標と，「知識及び技能」，「思考力，判断力，表現力等」，「学びに向かう力，人間性等」の資質・能力の三つの柱に沿った，それぞれ(1)から(3)までの目標から成り立っている。そして，これら(1)から(3)までの目標を有機的に関連付けることで，柱書として示された目標が達成されるという構造になっている。

> 　社会的事象の歴史的な見方・考え方を働かせ，課題を追究したり解決したりする活動を通して，広い視野に立ち，グローバル化する国際社会に主体的に生きる平和で民主的な国家及び社会の形成者に必要な公民としての資質・能力の基礎を次のとおり育成することを目指す。

　今回の改訂においては，全ての教科，科目，分野等を学ぶ本質的な意義を各教科等の特質に応じた「見方・考え方」として整理した。その過程において，中学校社会科歴史的分野で働かせる「見方・考え方」について，「社会的事象の歴史的な見方・考え方」として整理したところである。

　社会的事象の歴史的な見方・考え方については，今回の中央教育審議会答申を踏まえ，「社会的事象を，時期，推移などに着目して捉え，類似や差異などを明確にし，事象同士を因果関係などで関連付けること」とし，考察，構想する際の「視点や方法（考え方）」として整理した。時期，年代など時系列に関わる視点，展開，変化，継続など諸事象の推移に関わる視点，類似，差異，特色など諸事象の比較に関わる視点，背景，原因，結果，影響など事象相互のつながりに関わる視点などに着目して，比較したり，関連させたりして社会的事象を捉えることとして整理したものである。

　社会的事象の歴史的な見方・考え方を働かせ，課題を追究したり解決したりする活動を通してとは，歴史的分野の学習において主体的・対話的で深い学びを実現するために，分野の学習において課題（問い）を設定し，その課題（問い）の追究のための枠組みとなる多様な視点に着目させ，課題を追究したり解決したりする活動が展開されるように学習を設計することが不可欠であることを意味している。

　社会的事象の歴史的な見方・考え方を働かせについては，歴史的分野の学習の特質を示している。すなわち，時代の転換の様子や各時代の特色を考察したり，

歴史に見られる諸課題について複数の立場や意見を踏まえて選択・判断したりするということであり，また，それを用いることによって生徒が獲得する知識の概念化を促し，理解を一層深めたり，課題を主体的に解決しようとする態度などにも作用したりするということである。

広い視野に立ち，グローバル化する国際社会に主体的に生きる平和で民主的な国家及び社会の形成者に必要な公民としての資質・能力の基礎を次のとおり育成することを目指すについては，社会科及び各分野に共通する表現であり，第2章の第1節「教科の目標」で説明したとおりである。

> (1) 我が国の歴史の大きな流れを，世界の歴史を背景に，各時代の特色を踏まえて理解するとともに，諸資料から歴史に関する様々な情報を効果的に調べまとめる技能を身に付けるようにする。

目標の(1)は，歴史的分野の学習を通じて育成される資質・能力のうち，「知識及び技能」に関わるねらいを示している。

我が国の歴史の大きな流れを，世界の歴史を背景に，各時代の特色を踏まえて理解するとは，平成20年改訂の趣旨を引き継ぎ，歴史的分野の学習の中心が「我が国の歴史の大きな流れ」の理解であり，「各時代の特色」はそのために踏まえるべきものであるという位置付けを示したものである。我が国の歴史と関連する世界の歴史を背景に，政治の展開，産業の発達，社会の様子，文化の特色など他の時代との共通点や相違点に着目して各時代の特色を明らかにした上で，我が国の歴史を大きく捉えることができるようにすることが学習の中心であることは従前どおりである。

諸資料から歴史に関する様々な情報を効果的に調べまとめる技能とは，手段を考えて課題の解決に向けて必要な社会的事象に関する情報を収集する技能，収集した情報を社会的事象の歴史的な見方・考え方を働かせて読み取る技能，読み取った情報を課題の解決に向けてまとめる技能を意味している（後掲の「(3)内容の取扱い」及び巻末の参考資料を参照）。

歴史的分野の学習において，これらの情報は主に様々な資料を通して収集される。歴史的分野の学習で用いられる資料には，文献や絵図，地図，統計など歴史学習に関わる様々な性格の資料や，作業的で具体的な体験を伴う学習によって得られる幅広い資料が存在する。その中から，必要な資料を選択して有効に活用することで，社会的事象を一面的に捉えるのではなく，様々な角度から捉えることが可能となる。

以上に述べた技能については，収集する手段や情報の内容，資料の特性等に応

じてそれぞれに指導の留意点が存在すると考えられる。このため，小学校の社会科での学習を踏まえるとともに，高等学校の地理歴史科や公民科での学習を視野に，生徒が身に付けた技能を繰り返し活用して習熟を図るように指導することが大切である。

> (2) 歴史に関わる事象の意味や意義，伝統と文化の特色などを，時期や年代，推移，比較，相互の関連や現在とのつながりなどに着目して多面的・多角的に考察したり，歴史に見られる課題を把握し複数の立場や意見を踏まえて公正に選択・判断したりする力，思考・判断したことを説明したり，それらを基に議論したりする力を養う。

目標の(2)は，歴史的分野の学習を通じて育成される資質・能力のうち，「思考力，判断力，表現力等」に関わるねらいを示している。

ここでは，歴史的分野において養われる思考力，判断力を，社会的事象の歴史的な見方・考え方を用いて，歴史に関わる事象の意味や意義，伝統と文化の特色や，事象相互の関連を多面的・多角的に考察する力，歴史に見られる課題を把握して，学習したことを基に複数の立場や意見を踏まえて選択・判断できる力と捉えることが示されている。

前述のとおり，社会的事象の歴史的な見方・考え方は，歴史学習において考察したり，選択・判断したりする際の「視点や方法（考え方）」として用いられるものであると考えられる。

時期や年代，推移，比較，相互の関連や現在とのつながりなどとは，社会的事象の歴史的な見方・考え方に沿った視点の例を示している。これらの視点に着目した課題（問い）に導かれて，課題を追究したり解決したりする活動が展開されることとなる。その際，例えば，「いつ（どこで，誰によって）おこったか」，「前の時代とどのように変わったか」，「どのような時代だったのか」，「なぜ，おこった（何のために行われた）か」，「どのような影響を及ぼしたか」，「なぜそのような判断をしたと考えられるか」，「歴史を振り返り，よりよい未来の創造のために，どのようなことが必要とされるのか」などの見方・考え方に沿った視点を生かした，考察や構想に向かう「問い」が考えられる。

多面的・多角的に考察…する力については，歴史的分野の学習対象である社会的事象はそのものが多様な側面をもつとともに，様々な角度からや，いろいろな立場に立って追究することが可能である。そのためには，目標(1)で示した，資料を適切に収集，選択，活用し，資料に基づいて考察，構想することも大切である。そのことが歴史における課題について「公正に選択・判断…する力」を養う

基本となっている。

　思考・判断したことを説明したり，それらを基に議論したりする力については，歴史的分野における表現力に関わるものである。歴史的分野における「表現力」とは，主旨が明確になるように内容構成を考え，歴史に関わる事象についての意味や意義について，自分の考えを論理的に説明する力，他者の主張を踏まえたり取り入れたりして，歴史に関わる事象についての自分の考えを再構成しながら議論する力のことであると考えられる。こうした表現力を養うためには，学習内容や活動に応じた振り返りの場面を設定し，生徒の表現を促すようにすることなどが重要である。

---

(3) 歴史に関わる諸事象について，よりよい社会の実現を視野にそこで見られる課題を主体的に追究，解決しようとする態度を養うとともに，多面的・多角的な考察や深い理解を通して涵養される我が国の歴史に対する愛情，国民としての自覚，国家及び社会並びに文化の発展や人々の生活の向上に尽くした歴史上の人物と現在に伝わる文化遺産を尊重しようとすることの大切さについての自覚などを深め，国際協調の精神を養う。

　目標の(3)は，歴史的分野の学習を通じて育成される資質・能力のうち，「学びに向かう力，人間性等」に関わるねらいを示している。

　よりよい社会の実現を視野にそこで見られる課題を主体的に追究，解決しようとする態度を養うについては，教科目標に「社会的事象について，よりよい社会の実現を視野に課題を主体的に解決しようとする態度を養う」と示されたことを受けて，歴史に関わる諸事象について，生徒自らが関心をもって学習に取り組むことができるようにするとともに，学習を通して更に関心を高めるよう指導を工夫することを示している。

　多面的・多角的な考察や深い理解とは，社会科の学習における考察や理解の特質を示している。そして，そうした学習を通して涵養される**我が国の歴史に対する愛情，国民としての自覚，国家及び社会並びに文化の発展や人々の生活の向上に尽くした歴史上の人物と現在に伝わる文化遺産を尊重しようとすることの大切さについての自覚などを深め，**「学びに向かう力，人間性等」を養うことを示している。

　我が国の歴史に対する愛情，国民としての自覚，国家及び社会並びに文化の発展や人々の生活の向上に尽くした歴史上の人物と現在に伝わる文化遺産を尊重しようとすることの大切さについての自覚などを深め，国際協調の精神を養うと

は，従前の目標の(1)，(2)及び(3)を踏襲し，歴史的分野の学習を通じて，教育基本法（教育の目標）第二条五に示される「伝統と文化を尊重し，それらをはぐくんできた我が国と郷土を愛するとともに，他国を尊重し，国際社会の平和と発展に寄与する態度を養うこと」の精神を実現することを意味している。

(2) 内容

歴史的分野では，その目標の(1)において，歴史的分野の学習の中心が「歴史の大きな流れ」を，「各時代の特色を踏まえて理解すること」と，また，目標の(2)において「歴史に関わる事象の意味や意義」，「特色」や「相互の関連」などを多面的・多角的に考察したり，「歴史に見られる課題を把握し複数の立場や意見を踏まえて公正に選択・判断したりする力」を養うことと示している。歴史的分野の目標を踏まえた授業の構成について，目標の(1)に示された「歴史の大きな流れ」は，各時代の出来事を個別・詳細に教えさえすれば，自ずと理解できるというものではない。89ページに示した図は，内容のB「近世までの日本とアジア」の中項目「(3) 近世の日本」の一部を例とした「歴史的分野の学習内容と学習の過程の構造化図」である。

中項目「(3) 近世の日本」に示された，「知識及び技能」についてのアの「(ｲ) 江戸幕府の成立と対外関係」の事項と，「思考力，判断力，表現力等」についてのイの(ｱ)の事項は以下のとおりである。

---

(3) 近世の日本
  ア　次のような知識を身に付けること。
　　課題を追究したり解決したりする活動を通して，次の事項を身に付けることができるよう指導する。
　(ｲ) 江戸幕府の成立と対外関係
　　　江戸幕府の成立と大名統制，身分制と農村の様子，鎖国などの幕府の対外政策と対外関係など＜A＞を基に，幕府と藩による支配が確立したこと＜B＞を理解すること。

  イ　次のような思考力，判断力，表現力等を身に付けること。
　(ｱ) 交易の広がりとその影響，統一政権の諸政策の目的，産業の発達と文化の担い手の変化，社会の変化と幕府の政策の変化など＜C＞に着目して，事象を相互に関連付けるなどして，アの(ｱ)から(ｴ)までについて近世の社会の変化の様子＜D＞を多面的・多角的に考察

し，表現すること。

　例えば，この事項を指導する際には，アの(イ)の事項に＜Ａ＞と示した「江戸幕府の成立と大名統制」，「身分制と農村の様子」，「鎖国などの幕府の対外政策と対外関係」などの歴史に関わる事象を基に，イの(ア)の事項＜Ｃ＞のうち，「交易の広がりとその影響，統一政権の諸政策の目的」などに着目して，＜Ｄ＞の「事象を相互に関連付けるなどして，近世の社会の変化の様子」などを多面的・多角的に考察し，表現する学習を行うことで，アの(イ)の事項の＜Ｂ＞「幕府と藩による支配が確立したこと」の理解に至る学習の過程が考えられる。つまり，「アの事項の＜Ａ＞を基に，イの事項の＜Ｃ＞に着目して＜Ｄ＞を考察し表現することを行い，アの事項の＜Ｂ＞を理解する」という構造を取っており，このような点を踏まえた指導を行うことにより，アに示された各事項の学習のねらいを実現することができると考えられる。

　また，ねらいを明確化した学習を実現するためには，授業などで扱う歴史に関わる諸事象の精選を図ることが必要であり，項目や事項に示されたねらいを踏まえて，事象を結ぶ問いを構成していくことが考えられる。ねらいを踏まえて扱う事象を焦点化して，例えば，「それは何か」，「どのようなもの（こと）か」，「なぜか」，「それはどうなるか」，「それはどのような意味があるのか」，「諸事象の関係から見いだせる時代の特色は何か」，「この時代とその前の時代とを比較して，どのような変化や継続を見いだせるか」といった，深い理解への段階を意識した課題（問い）を設定し，生徒が各時代の特色と歴史の大きな流れを，多面的・多角的に考察し，表現することができるように授業の展開過程を体系的に組み立てることが考えられる。このような課題（問い）に基づく学習を踏まえ，前述した学習内容と学習の過程の構造化に留意した授業を構築することで，生徒が歴史に関わる事象を結び付けながら，それらを概念的な知識として獲得し，理解を深めるとともに，学習の過程において，「思考力，判断力，表現力等」の育成が図られると考えられる。

歴史的分野の学習内容と学習の過程の構造化図　（部分例）

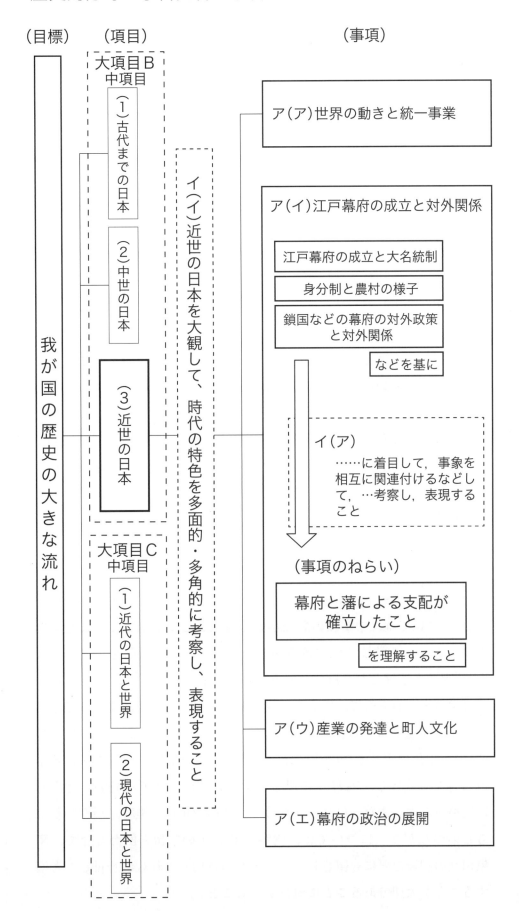

A 歴史との対話

　この大項目は，歴史的分野の学習の導入として，歴史的分野の学習に必要とされる基本的な「知識及び技能」を身に付け，生徒が，過去を継承しつつ，現在に生きる自身の視点から歴史に問いかけ，歴史的分野の学習を通して，主体的に調べ分かろうとして課題を意欲的に追究する態度を養うことをねらいとしている。

　このねらいに基づいて内容のＡは「(1)私たちと歴史」及び「(2)身近な地域の歴史」の二つの中項目から構成されている。

---

(1) 私たちと歴史

　課題を追究したり解決したりする活動を通して，次の事項を身に付けることができるよう指導する。

ア　次のような知識及び技能を身に付けること。
　(ｱ)　年代の表し方や時代区分の意味や意義についての基本的な内容を理解すること。
　(ｲ)　資料から歴史に関わる情報を読み取ったり，年表などにまとめたりするなどの技能を身に付けること。

イ　次のような思考力，判断力，表現力等を身に付けること。
　(ｱ)　時期や年代，推移，現在の私たちとのつながりなどに着目して，小学校での学習を踏まえて歴史上の人物や文化財，出来事などから適切なものを取り上げ，時代区分との関わりなどについて考察し表現すること。

（内容の取扱い）

ア　(1)については，中学校の歴史学習の導入として実施することを原則とすること。小学校での学習を踏まえ，扱う内容や活動を工夫すること。「課題を追究したり解決したりする活動」については，内容のＢ以下の学習と関わらせて，歴史を追究するために，課題意識をもって学ぶことを促す適切な学習活動を設けるような工夫をすること。(1)のアの(ｱ)の「年代の表し方や時代区分」の学習については，導入における学習内容を基盤にし，内容のＢ以下の学習と関わらせて継続的・計画的に進めること。また，(1)のイの(ｱ)の「時期や年代，推移，現在の私たちとのつながり」については，内容のＢ以下の学習と関わらせて，事象相互の関連などにも留意し，それぞれの時代でこれらに着目して考察することが大切であることに気付かせること。

この中項目では，中学校歴史的分野の学習の導入として，小学校で学習した人物や文化財，歴史上の出来事などから適切なものを取り上げ，これと時代区分との関わりなどについて考察し表現する学習を，適切な学習課題に基づいて生徒自身が資料から情報を読み取ったり年表などにまとめたりするなどの活動を取り入れながら行う。

　ここでは，従前の導入学習である内容の(1)の「ア　我が国の歴史上の人物や出来事などについて調べたり考えたりするなどの活動」の趣旨を受け継ぐとともに，その学習の主眼が歴史上の人物や文化財，出来事と時代区分との関わりなどについて考察し表現することにあることを一層明確にした。これは，小学校から中学校への歴史学習の移行を，それぞれのねらいや特質を踏まえつつ，より円滑に行うことができるよう配慮したものである。

　アの(ｱ)と(ｲ)の事項を学習するにあたっては，イの(ｱ)に示された「時期や年代，推移，現在の私たちとのつながり」などに着目して，アの(ｱ)の内容を理解することや，アの(ｲ)の技能を身に付けることが大切である。

　アの(ｱ)の**年代の表し方や時代区分の意味や意義についての基本的な内容を理解する**とは，この「私たちと歴史」の学習を行う中で，世紀，西暦，元号の互いの関係や，時代を区分することの意味や意義について理解できるようにすることを意味している。年代の表し方や時代区分の意味や意義についての基本的な内容については，導入における学習内容を基盤にし，内容のB以下の学習と関わらせて継続的・計画的に進め，これがどの生徒にも確実に理解され身に付くようにしていくことが大切である。

　アの(ｲ)の**資料から歴史に関わる情報を読み取ったり，年表などにまとめたりするなどの技能を身に付ける**とは，時代の移り変わりを考察し表現する学習の中で，資料から情報を読み取ったり年表などにまとめたりする活動が行われるよう工夫し，その技能が身に付くようにすることを意味している。

　例えば，小学校で学習した人物のうち「歴史を大きく変えた人物」を各自または各班で数名ずつ挙げ，それらの人物を選んだ理由を諸資料に基づきながら互いに説明することを通して，時代が転換するということや，時代を区分することの意味や意義を理解できるようにする学習などが考えられる。

　また，例えば，小学校の教科用図書の年表などに見られる対外関係上の出来事を，友好，対立などの関係性に着目して区分しながら一覧年表に整理し，現代における国際協調や平和の意味や意義を考察できるようにする学習などが考えられる。

　あるいは，例えば，絵画や建造物などの図を幾つか示して互いの異同や特徴に着目して，それぞれが小学校で学習したどの時期の文化財と共通するかといった

事柄の検討を通して，大きな時代の移り変わりに気付くことができるようにする学習などが考えられる。

指導計画の作成に当たっては，小学校での学習を踏まえ，「中学校の歴史学習の導入として実施することを原則とする」（内容の取扱い）ようにする。そして，適切な学習課題に基づいてその解決を図る学習の実施を通して，内容のB以下の学習に向けて，課題意識をもって歴史を追究し学ぶことの大切さに気付くことができるようにする。

> (2) 身近な地域の歴史
> 　課題を追究したり解決したりする活動を通して，次の事項を身に付けることができるよう指導する。
> ア　次のような知識及び技能を身に付けること。
> 　(ｱ) 自らが生活する地域や受け継がれてきた伝統や文化への関心をもって，具体的な事柄との関わりの中で，地域の歴史について調べたり，収集した情報を年表などにまとめたりするなどの技能を身に付けること。
> イ　次のような思考力，判断力，表現力等を身に付けること。
> 　(ｱ) 比較や関連，時代的な背景や地域的な環境，歴史と私たちとのつながりなどに着目して，地域に残る文化財や諸資料を活用して，身近な地域の歴史的な特徴を多面的・多角的に考察し，表現すること。

（内容の取扱い）

> イ　(2)については，内容のB以下の学習と関わらせて計画的に実施し，地域の特性に応じた時代を取り上げるようにするとともに，人々の生活や生活に根ざした伝統や文化に着目した取扱いを工夫すること。その際，博物館，郷土資料館などの地域の施設の活用や地域の人々の協力も考慮すること。

この中項目では，Aの(1)と同様に，アの(ｱ)の事項を学習するに当たって，イの(ｱ)に示された「比較や関連，時代的な背景や地域的な環境，歴史と私たちとのつながり」などに着目して，「地域に残る文化財や諸資料を活用して，身近な地域の歴史的な特徴を多面的・多角的に考察し，表現する」学習を，内容のB以下と関わらせて行う。

身近な地域とは，生徒の居住地域や学校の所在地域を中心に，生徒自身による調べる活動が可能な，生徒にとって身近に感じることができる範囲であるが，それぞれの地域の歴史的な特性に応じて，より広い範囲を含む場合もある。

ここでは，従前の内容の(1)の「イ 身近な地域の歴史を調べる活動」の趣旨を受け継ぎ，それが一層着実に実施されることを重視している。

身近な地域は，歴史上の出来事を具体的な事物や情報を通して理解することができるとともに，それを自らが生活する日常の空間的な広がりの中で実感的に捉えることができる学習の場である。そこで，「比較や関連，時代的な背景や地域的な環境，歴史と私たちとのつながり」などの視点に着目して，歴史を追究する方法そのものを学ぶことができる有効な機会となる。

アの(ｱ)の自らが生活する地域や受け継がれてきた伝統や文化への関心をもって，具体的な事柄との関わりの中で，地域の歴史について調べたり，収集した情報を年表などにまとめたりするなどの技能を身に付けるは，それぞれの地域に受け継がれてきた伝統や文化への関心を高めながら，地域の歴史を調べるための技能を身に付けることを意味している。

例えば，地域に残る文化財や，地域の発展に尽くした人物の業績とそれに関わる出来事を取り上げ，地図を用いて空間的な認識を養いながら，「博物館，郷土資料館などの地域の施設の活用や地域の人々の協力も考慮」（内容の取扱い）して，身近な地域における具体的な歴史に関わる事象からその時代の様子を考察できるようにする学習などが考えられる。

指導計画の作成に当たっては，「地理的分野との連携」や「公民的分野との関連」（内容の取扱い(1)キ）にも配慮し，「内容のB以下の学習と関わらせて計画的に実施」（内容の取扱い）する必要がある。

B 近世までの日本とアジア

この大項目では，19世紀前半までの歴史を扱い，文明の多様性を理解し，我が国の歴史について，近世までの各時代の特色を，主としてアジアを中心とした世界との関わりの中で理解することを目的としている。そのため，「(1)古代までの日本」，「(2)中世の日本」，「(3)近世の日本」の三つの中項目で構成されている。

(1) 古代までの日本

この中項目では，人類のおこりや文明の発生から12世紀ごろまでの歴史を扱い，我が国の古代までの特色を，世界の動きとの関連を踏まえて課題を追究したり解決したりする活動を通して学習することをねらいとしている。

この時期の我が国では，農耕・牧畜が始まって文明がおこり国家が形成されて

いったという世界の動きの中で，特に東アジアと深い関わりをもちながら，狩猟・採集を行っていた人々が栽培を取り入れ，やがて大陸から本格的な農耕を急速に取り入れた後，農耕の広まりによる生活の変化，国家の形成と発展，天皇・貴族による政治の展開，文化の発展などの動きが見られた。

ここでは，従前の大項目(2)の三つの中項目を，時間や空間の相違を明確に示す観点から，以下の(ア)から(エ)までの四つの事項として構成した。

以下は，この中項目全体の構造を説明するために，アの「知識及び技能」に関する(ア)から(エ)までの事項（事項名のみを記載）と，イの「思考力，判断力，表現力等」に関する項目との関係を示したものである。

---

(1) 古代までの日本

　課題を追究したり解決したりする活動を通して，次の事項を身に付けることができるよう指導する。

ア　次のような知識を身に付けること。
　(ア) 世界の古代文明や宗教のおこり
　(イ) 日本列島における国家形成
　(ウ) 律令（りつりょう）国家の形成
　(エ) 古代の文化と東アジアとの関わり

イ　次のような思考力，判断力，表現力等を身に付けること。
　(ア) 古代文明や宗教が起こった場所や環境，農耕の広まりや生産技術の発展，東アジアとの接触や交流と政治や文化の変化などに着目して，事象を相互に関連付けるなどして，アの(ア)から(エ)までについて古代の社会の変化の様子を多面的・多角的に考察し，表現すること。
　(イ) 古代までの日本を大観して，時代の特色を多面的・多角的に考察し，表現すること。

アの(ア)から(エ)までの事項を学習するに当たっては，生徒の学習への動機付けや見通しを促しつつ，イの(ア)の「古代文明や宗教が起こった場所や環境」，「農耕の広まりや生産技術の発展」，「東アジアとの接触や交流と政治や文化の変化」などに着目して，例えば，「本格的な稲作の広まりによって社会はどのように変化したのだろうか」，「中国をはじめとする東アジアとの交流は，日本の文化にどのような影響を与えたのだろうか」などの課題（問い）を設定することで，社会的事象の歴史的な見方・考え方を働かせて，その課題について，多面的・多角的に考察，表現できるようにすることが大切である。

イの(イ)の**大観して，時代の特色を多面的・多角的に考察し，表現すること**とは，「我が国の歴史の大きな流れ」を「各時代の特色を踏まえて理解する」という歴史的分野の学習の基本的なねらいを踏まえ，各中項目のまとめとして位置付けたものである。各時代の特色を大きく捉え，政治の展開，産業の発達，社会の様子，文化の特色など他の時代との共通点や相違点に着目して，学習した内容を比較したり関連付けたりするなどして，その結果を言葉や図などで表したり，互いに意見交換したりする活動を示している。

　このような活動によって，「思考力，判断力，表現力等」を養うとともに，各時代の特色を生徒が自分の言葉で表現できるような「確かな理解と定着を図る」（内容の取扱い(1)ウ）ことが求められる。

(ア) 世界の古代文明や宗教のおこり
　　世界の古代文明や宗教のおこりを基に，世界の各地で文明が築かれたことを理解すること。

(内容の取扱い)

ア　(1)のアの(ア)の「世界の古代文明」については，人類の出現にも触れ，中国の文明をはじめとして諸文明の特徴を取り扱い，生活技術の発達，文字の使用，国家のおこりと発展などの共通する特徴に気付かせるようにすること。また，ギリシャ・ローマの文明について，政治制度など民主政治の来歴の観点から取り扱うこと。「宗教のおこり」については，仏教，キリスト教，イスラム教などを取り上げ，古代の文明とともに大きく捉えさせるようにすること。

　この事項のねらいは，世界各地で文明が築かれたことを，次のような学習を基に理解できるようにすることである。

　学習に際しては，例えば，この中項目(1)のイの(ア)の「古代文明や宗教が起こった場所や環境」などに着目して課題（問い）を設定し，文明や宗教の特徴を比較して考察できるようにすることなどが考えられる。これらの考察の結果を表現する活動などを工夫して，「世界の各地で文明が築かれたことを理解する」という，この事項のねらいを実現することが大切である。

　世界の古代文明や宗教のおこりについては，「人類の出現にも触れ」（内容の取扱い），我が国と最も関わりの深い「中国の文明をはじめとして」（内容の取扱い），諸文明の特徴を取り扱う。その際，類似性など観点を定めて「生産技術の

発達，文字の使用，国家のおこりと発展」(内容の取扱い) など，また，例えば，都市や巨大建造物，身分の分化などの共通する特徴などに気付くことができるようにする。

　ギリシャ・ローマの文明については，事象を精選し，民主政や共和政など政治制度を中心に扱うようにする。その際，当時の政治制度について，現代につながる面と現代の民主主義とは異なる面の両面を踏まえて理解できるようにするなど主権者の育成の観点にも留意する。

(イ) 日本列島における国家形成

　日本列島における農耕の広まりと生活の変化や当時の人々の信仰，大和朝廷（大和政権）による統一の様子と東アジアとの関わりなどを基に，東アジアの文明の影響を受けながら我が国で国家が形成されていったことを理解すること。

(内容の取扱い)

---

　(1)のアの(イ)の「日本列島における国家形成」については，狩猟・採集を行っていた人々の生活が農耕の広まりとともに変化していったことに気付かせるようにすること。また，考古学などの成果を活用するとともに，古事記，日本書紀，風土記などにまとめられた神話・伝承などの学習を通して，当時の人々の信仰やものの見方などに気付かせるよう留意すること。「大和朝廷（大和政権）による統一の様子と東アジアとの関わり」については，古墳の広まりにも触れるとともに，大陸から移住してきた人々の我が国の社会や文化に果たした役割にも気付かせるようにすること。

　この事項のねらいは，東アジアの文明の影響を受けながら我が国で国家が形成されていったことを，次のような学習を基に理解できるようにすることである。

　学習に際しては，例えば，この中項目(1)のイの(ア)に示された「農耕の広まりや生産技術の発展」などに着目して課題（問い）を設定し，農耕の広まりが生活や社会に与えた影響などを考察できるようにすることなどが考えられる。これらの考察の結果を表現する活動などを工夫して，「東アジアの文明の影響を受けながら我が国で国家が形成されていったことを理解できるようにする」という，この事項のねらいを実現することが大切である。

　日本列島における農耕の広まりと生活の変化や当時の人々の信仰については，日本の豊かな自然環境の中における生活が，「農耕の広まりとともに変化して

いったこと」（内容の取扱い）や，自然崇拝や農耕儀礼などに基づく信仰が後の時代にもつながっていることに気付くことができるようにする。その際，新たな遺跡の発掘の成果や具体的な遺物の発見による「考古学などの成果を活用」（内容の取扱い）するとともに，「古事記，日本書紀，風土記などにまとめられた神話・伝承など」（内容の取扱い）の学習を通して，当時の人々の信仰やものの見方に気付くことができるようにする。また，「考古学などの成果」（内容の取扱い）については，それらを報じた新聞記事や地域の遺跡，博物館の活用を図るような学習も考えられる。

大和朝廷（大和政権）による統一の様子と東アジアとの関わりについては，古墳の大きさやその分布を基に，小学校での学習を踏まえてその勢力の広がりを大きく捉えることができるようにする。その際，「朝廷」が政治の組織を意味することや，「大陸から移住してきた人々の我が国の社会や文化に果たした役割」（内容の取扱い）にも気付くことができるようにする。

(ｳ) 律令国家の形成
　律令国家の確立に至るまでの過程，摂関政治などを基に，東アジアの文物や制度を積極的に取り入れながら国家の仕組みが整えられ，その後，天皇や貴族による政治が展開したことを理解すること。

（内容の取扱い）

---

　(1)のアの(ｳ)の「律令国家の確立に至るまでの過程」については，聖徳太子の政治，大化の改新から律令国家の確立に至るまでの過程を，小学校での学習内容を活用して大きく捉えさせるようにすること。なお，「聖徳太子の政治」を取り上げる際には，聖徳太子が古事記や日本書紀においては「厩戸皇子」などと表記され，後に「聖徳太子」と称されるようになったことに触れること。

この事項のねらいは，東アジアの文物や制度を積極的に取り入れながら国家の仕組みが整えられ，その後，天皇や貴族による政治が展開したことを，次のような学習を基に理解できるようにすることである。

学習に際しては，例えば，この中項目(1)のイの(ｱ)に示された「東アジアとの接触や交流と政治…の変化」などに着目して課題（問い）を設定し，東アジアの動きが政治に与えた影響などを考察できるようにすることなどが考えられる。これらの考察の結果を表現する活動などを工夫して，「東アジアの文物や制度を積

極的に取り入れながら国家の仕組みが整えられ,その後,天皇や貴族による政治が展開したことを理解できるようにする」という,この事項のねらいを実現することが大切である。

律令国家の確立に至るまでの過程については,「聖徳太子の政治,大化の改新」(内容の取扱い)などについて,単なる小学校での学習内容の繰り返しにならないよう留意し,その成果を有効に活用しながら,我が国が律令国家として形づくられていったことを大きく捉えることができるようにする。「聖徳太子の政治」を扱う際には,古事記や日本書紀などに「厩戸皇子」など複数の呼称が示されていたり当時の政治や文化についての記述が示されていたりすることに触れるようにする。また,後に「聖徳太子」と称されるようになったことにも触れるようにする。「大化の改新」を扱う際には,このころ初めて大化という元号が使われたことにも触れるようにする。

> (エ) 古代の文化と東アジアとの関わり
>   仏教の伝来とその影響,仮名文字の成立などを基に,国際的な要素をもった文化が栄え,それらを基礎としながら文化の国風化が進んだことを理解すること。

この事項のねらいは,国際的な要素をもった文化が栄え,それらを基礎としながら文化の国風化が進んだことを,次のような学習を基に理解できるようにすることである。

学習に際しては,例えば,この中項目(1)のイの(ア)に示された「東アジアとの接触や交流と…文化の変化」に着目して課題(問い)を設定し,東アジアの動きが文化に与えた影響などを考察できるようにすることなどが考えられる。これらの考察の結果を表現する活動などを工夫して,「国際的な要素をもった文化が栄え,それらを基礎としながら文化の国風化が進んだことを理解できるようにする」という,この事項のねらいを実現することが大切である。

仏教の伝来とその影響については,大陸からもたらされた仏教が我が国の文化の様々な面に影響を及ぼしたことに気付くことができるようにする。

仮名文字の成立については,日本独自の仮名文字が発明され,それを使った文学作品が書かれたことなどに気付くことができるようにする。

(2) 中世の日本

この中項目では,12世紀ごろから16世紀ごろまでの歴史を扱い,我が国の中世の特色を,世界の動きとの関連を踏まえて課題を追究したり解決したりする活動を通して学習することをねらいとしている。

この中項目は，従前の「(3)中世の日本」が政治・外交面と，社会・文化面を中心とする二つの項目で構成されていたものを，世界の動きとの関連を重視する観点から，アに示した以下の(ｱ)から(ｳ)までの三つの事項によって構成した。

　この時期の我が国では，武士が台頭して武家政権が成立し，その支配が次第に全国に広まるとともに，東アジアの中で大きな変化が見られ，それが我が国の政治や社会，文化などに影響を与えた。また，農業など諸産業が発達し，都市や農村に自治的な仕組みが成立したり，民衆の成長を背景とした社会や文化が生まれたりした。

　以下は，この中項目全体の構造を説明するために，アの「知識及び技能」に関する(ｱ)から(ｳ)までの事項（事項名のみを記載）と，イの「思考力，判断力，表現力等」に関する項目との関係を示したものである。

---

(2) 中世の日本
　課題を追究したり解決したりする活動を通して，次の事項を身に付けることができるよう指導する。
ア　次のような知識を身に付けること。
　(ｱ) 武家政治の成立とユーラシアの交流
　(ｲ) 武家政治の展開と東アジアの動き
　(ｳ) 民衆の成長と新たな文化の形成
イ　次のような思考力，判断力，表現力等を身に付けること。
　(ｱ) 武士の政治への進出と展開，東アジアにおける交流，農業や商工業の発達などに着目して，事象を相互に関連付けるなどして，アの(ｱ)から(ｳ)までについて中世の社会の変化の様子を多面的・多角的に考察し，表現すること。
　(ｲ) 中世の日本を大観して，時代の特色を多面的・多角的に考察し，表現すること。

　アの(ｱ)から(ｳ)までの事項を学習するに当たっては，生徒の学習への動機付けや見通しを促しつつ，イの(ｱ)の「武士の政治への進出と展開」，「東アジアにおける交流」，「農業や商工業の発達」などに着目して，例えば，「武士による政治は貴族の政治とどのような違いがあるのだろうか」，「明や朝鮮との交流は日本にどのような影響を及ぼしたのだろうか」，「産業の発達による民衆の成長は，社会や文化にどのような変化をもたらしたのだろうか」などの課題（問い）を設定することで，社会的事象の歴史的な見方・考え方を働かせて，その課題について，多面的・多角的に考察，表現できるようにすることが大切である。

イの(イ)の**大観して，時代の特色を多面的・多角的に考察し，表現すること**とは，「我が国の歴史の大きな流れ」を「各時代の特色を踏まえて理解する」という歴史的分野の学習の基本的なねらいを踏まえ，各中項目のまとめとして位置付けたものである。各時代の特色を大きく捉え，政治の展開，産業の発達，社会の様子，文化の特色など他の時代との共通点や相違点に着目して，学習した内容を比較したり関連付けたりするなどして，その結果を言葉や図などで表したり，互いに意見交換したりする活動を示している。

このような活動によって，「思考力，判断力，表現力等」を養うとともに，各時代の特色を生徒が自分の言葉で表現できるような「確かな理解と定着を図る」（内容の取扱い(1)ウ）ことが求められる。

> (ア) 武家政治の成立とユーラシアの交流
>   鎌倉幕府の成立，元寇（モンゴル帝国の襲来）などを基に，武士が台頭して主従の結び付きや武力を背景とした武家政権が成立し，その支配が広まったこと，元寇がユーラシアの変化の中で起こったことを理解すること。

（内容の取扱い）

> イ (2)のアの(ア)の「ユーラシアの変化」については，モンゴル帝国の拡大によるユーラシアの結び付きについて気付かせること。

この事項のねらいは，武家政治の特徴を考察して，武士が台頭して武家政権が成立し，その支配が広まったこととともに，元寇（モンゴル帝国の襲来）がユーラシアの変化の中で起こったことを，次のような学習を基に理解できるようにすることである。

学習に際しては，例えば，この中項目(2)のイの(ア)に示された「武士の政治への進出と展開」などに着目して，武家政治の特徴を考察できるようにしたり，イの(ア)に示された「東アジアにおける交流」などに着目して課題（問い）を設定し，モンゴル帝国の拡大の様子を背景に考察したりできるようにすることなどが考えられる。これらの考察の結果を表現する活動などを工夫して，「武士が台頭して主従の結び付きや武力を背景とした武家政権が成立し，その支配が広まったこと，元寇がユーラシアの変化の中で起こったことを理解できるようにする」という，この事項のねらいを実現することが大切である。

鎌倉幕府の成立については，武士が台頭して，武家政権が成立し，その支配が

広まるという,武家政治の成立の背景と推移を扱うようにする。また,天皇や貴族の政治との違いという観点から,古代から中世への転換の様子に気付くことができるようにする。

元寇(モンゴル帝国の襲来)については,元寇が国内に及ぼした影響などに気付かせるとともに,元寇の背景について,「モンゴル帝国の拡大によるユーラシアの結び付き」(内容の取扱い)などの地理的な確認を基に,元(中国を中心としたモンゴル帝国東部)の君主が帝国全体の君主でもあったことなどを踏まえ,モンゴル帝国がアジアからヨーロッパにまたがる広大な領域を支配し,東西の貿易や文化の交流が陸路や海路を通して行われたことなどに気付くことができるようにする。

(イ) 武家政治の展開と東アジアの動き
　南北朝の争乱と室町幕府,日明貿易,琉球の国際的な役割などを基に,武家政治の展開とともに,東アジア世界との密接な関わりが見られたことを理解すること。

(内容の取扱い)

---

(2)のアの(イ)の「琉球の国際的な役割」については,琉球の文化についても触れること。

この事項のねらいは,武家政治の展開とともに,この時代に東アジア世界との密接な関わりが見られたことを,次のような学習を基に理解できるようにすることである。

学習に際しては,例えば,この中項目(2)のイの(ア)に示された「武士の政治への進出と展開」などに着目して課題(問い)を設定し,この時代の武家政治の動きとその特徴を考察できるようにしたり,「東アジアにおける交流」などに着目して,東アジアの動きが国内の政治や社会に与えた影響を考察できるようにしたりすることなどが考えられる。これらの考察の結果を表現する活動などを工夫して,「武家政治の展開とともに,東アジア世界との密接な関わりが見られたことを理解できるようにする」という,この事項のねらいを実現することが大切である。

南北朝の争乱と室町幕府については,南北朝の争乱の中で室町幕府が成立し,武家社会が次第に大きな力をもっていくことに気付くことができるようにする。

また,武家政治の特徴を捉える学習の際には,室町幕府と鎌倉幕府の比較などの個別の時期の特徴について学習するよりも,「中世」という枠組みで,大きく

時代を捉えて特徴を理解できるようにすることが大切である。
　日明貿易については，その形式や内容の特徴に触れるとともに，銅銭が大量にもたらされ，貨幣経済の発達を促したことなど，国内の経済や社会に及ぼした影響に気付くことができるようにする。
　琉球の国際的な役割については，琉球が日本，明や朝鮮，更には東南アジア諸国との中継貿易に従事したことに気付くことができるようにする。また，「琉球の文化」（内容の取扱い）については，アジアとの交流の中で育まれた琉球の独自の文化について触れるようにする。

> (ｳ) 民衆の成長と新たな文化の形成
> 　　農業など諸産業の発達，畿内を中心とした都市や農村における自治的な仕組みの成立，武士や民衆などの多様な文化の形成，応仁の乱後の社会的な変動などを基に，民衆の成長を背景とした社会や文化が生まれたことを理解すること。

（内容の取扱い）

> 　(2)のアの(ｳ)の「武士や民衆などの多様な文化の形成」については，代表的な事例を取り上げてその特色を捉えさせるようにすること。その際，この時代の文化の中に現在に結び付くものが見られることに気付かせるようにすること。また，禅宗の文化的な影響についても触れること。「応仁の乱後の社会的な変動」については，戦国の動乱も取り扱うようにすること。

　この事項のねらいは，民衆の成長を背景とした社会や文化が生まれたことを，次のような学習を基に理解できるようにすることである。
　学習に際しては，例えば，この中項目(2)のイの(ｱ)に示された「農業や商工業の発達」に着目して課題（問い）を設定し，民衆の成長が社会に与えた影響を考察できるようにすることなどが考えられる。これらの考察の結果を表現する活動などを工夫して，「民衆の成長を背景とした社会や文化が生まれたことを理解できるようにする」という，この事項のねらいを実現することが大切である。
　農業など諸産業の発達，畿内を中心とした都市や農村における自治的な仕組みの成立については，これらが当時の社会の大きな変化であることに気付くことができるようにする。また，技術面の進歩によって農業や手工業が著しく発達したことや，それに伴って商品流通が活発化したことに気付くことができるようにする。

武士や民衆などの多様な文化の形成については,「代表的な事例を取り上げて」（内容の取扱い）扱うようにし,「その際, この時代の文化の中に現在に結び付くものが見られることに気付かせるようにする」（内容の取扱い）。また, 例えば, 絵画や建築などを通して「禅宗の文化的な影響についても触れる」（内容の取扱い）ようにする。

　応仁の乱後の社会的な変動については, 各地に戦乱が広まる中で地方の武士の力が強くなり, 新しい支配者である戦国大名が登場したことや, 下剋上の風潮など, 社会全体が大きく変化していったことに気付くことができるようにする。また,「戦国の動乱」（内容の取扱い）については, 戦国大名が自らの領国を支配して分国法を定めたり, 城下町を形成して産業の振興に努めたりしたことなどに気付くことができるようにする。

(3) 近世の日本

　この中項目では, 16世紀から19世紀前半までの歴史を扱い, 我が国の近世の特色を, 世界の動きとの関連を踏まえて課題を追究したり解決したりする活動を通して学習することをねらいとしている。

　この時期の我が国は, 織田・豊臣の統一事業及び江戸幕府による諸政策を通して生まれた安定した社会が, その後長く続いた。外国との関わりでは, ヨーロッパ文化の伝来や東南アジア各地への日本人の渡航など対外関係が活発な時期から, 外国との交渉が限定された時期へと移っていった。その中で産業や交通が著しく発達し, 町人文化や各地方の生活文化が形成されるとともに, 社会の変動の中で幕府の政治が行き詰まっていった。

　この中項目は, アに示した次の(ｱ)から(ｴ)までの事項によって構成した。

　以下は, この中項目全体の構造を説明するために, アの「知識及び技能」に関する(ｱ)から(ｴ)までの事項（事項名のみを記載）と, イの「思考力, 判断力, 表現力等」に関する項目との関係を示したものである。

---

(3) 近世の日本

　課題を追究したり解決したりする活動を通して, 次の事項を身に付けることができるよう指導する。

　ア　次のような知識を身に付けること。

　　(ｱ) 世界の動きと統一事業

　　(ｲ) 江戸幕府の成立と対外関係

　　(ｳ) 産業の発達と町人文化

　　(ｴ) 幕府の政治の展開

　イ　次のような思考力, 判断力, 表現力等を身に付けること。

> (ア) 交易の広がりとその影響，統一政権の諸政策の目的，産業の発達と文化の担い手の変化，社会の変化と幕府の政策の変化などに着目して，事象を相互に関連付けるなどして，アの(ア)から(エ)までについて近世の社会の変化の様子を多面的・多角的に考察し，表現すること。
> (イ) 近世の日本を大観して，時代の特色を多面的・多角的に考察し，表現すること。

　アの(ア)から(エ)までの事項を学習するに当たっては，生徒の学習への動機付けや見通しを促しつつ，イの(ア)の「交易の広がりとその影響」，「統一政権の諸政策の目的」，「産業の発達と文化の担い手の変化」，「社会の変化と幕府の政策の変化」などに着目して，例えば，「安土桃山時代の文化は，それ以前の文化とどのような違いがあるのだろうか，またその違いはどのような政治や社会の動きから生まれたのだろうか」，「ヨーロッパ人はなぜアジアに来たのだろうか」，「なぜ町人が文化の担い手となったのだろうか」，「なぜ幕府の政治は改革が必要となったのだろうか」などの課題（問い）を設定することで，社会的事象の歴史的な見方・考え方を働かせて，その課題について，多面的・多角的に考察，表現できるようにすることが大切である。

　イの(イ)の**大観して，時代の特色を多面的・多角的に考察し，表現すること**とは，「我が国の歴史の大きな流れ」を「各時代の特色を踏まえて理解する」という歴史的分野の学習の基本的なねらいを踏まえ，各中項目のまとめとして位置付けたものである。各時代の特色を大きく捉え，政治の展開，産業の発達，社会の様子，文化の特色など他の時代との共通点や相違点に着目して，学習した内容を比較したり関連付けたりするなどして，その結果を言葉や図などで表したり，互いに意見交換したりする活動を示している。

　このような活動によって，「思考力，判断力，表現力等」を養うとともに，各時代の特色を生徒が自分の言葉で表現できるような「確かな理解と定着を図る」（内容の取扱い(1)ウ）ことが求められる。

> (ア) 世界の動きと統一事業
> 　ヨーロッパ人来航の背景とその影響，織田（おだ）・豊臣（とよとみ）による統一事業とその当時の対外関係，武将や豪商などの生活文化の展開などを基に，近世社会の基礎がつくられたことを理解すること。

（内容の取扱い）

> ウ （3）のアの(ｱ)の「ヨーロッパ人来航の背景」については，新航路の開拓を中心に取り扱い，その背景となるアジアの交易の状況やムスリム商人などの役割と世界の結び付きに気付かせること。また，宗教改革についても触れること。「織田・豊臣による統一事業」については，検地・刀狩などの政策を取り扱うようにすること。

　この事項のねらいは，日本の近世社会の基礎がつくられたことを，次のような学習を基に理解できるようにすることである。

　学習に際しては，例えば，この中項目(3)のイの(ｱ)に示された「交易の広がりとその影響」などに着目して課題（問い）を設定し，豊かな交易が行われていたアジアにヨーロッパ諸国が進出する中で，世界の交易の空間的な広がりが生み出され，それを背景として日本とヨーロッパ諸国の接触がおこったことや，日本の政治や文化に与えた影響などを考察できるようにすることなどが考えられる。また，例えば，「統一政権の諸政策の目的」などに着目して課題（問い）を設定し，中世社会から近世社会への変化が生み出され，日本の政治や文化に与えた影響などを考察できるようにすることなどが考えられる。これらの考察の結果を表現する活動などを工夫して，「近世社会の基礎がつくられたこと」を理解することができるという，この事項のねらいを実現することが大切である。

　ヨーロッパ人来航の背景とその影響については，「新航路の開拓を中心に取り扱い，その背景となるアジアの交易の状況やムスリム商人などの役割と世界の結び付きに気付かせること。また，宗教改革についても触れる」（内容の取扱い）こととし，中継貿易などでの中世以来のムスリム商人の活動などによる世界の結び付きに気付くことができるようにするとともに，ポルトガルやスペインによる新航路の開拓や宗教改革によるキリスト教世界の動きに伴って，鉄砲やキリスト教が伝来して南蛮貿易が盛んになり，日本の社会に影響を及ぼしたことを扱うようにする。

　織田・豊臣による統一事業とその当時の対外関係については，織田信長が行った仏教勢力への圧迫や関所の撤廃，豊臣秀吉が行った「検地・刀狩などの政策」（内容の取扱い）によって，中世に大きな力をもった勢力が力を失ったことや，中世までとは異なる社会が生まれていったことなどの大きな変化に気付くことができるようにする。また，当時の対外関係として，東南アジアなどとの積極的な貿易，キリスト教への対応，朝鮮への出兵などを取り上げる。

　武将や豪商などの生活文化の展開については，南蛮文化が取り入れられる一

方，生活に根ざした文化が広がり，武将や豪商の気風や経済力を背景とした豪壮・華麗な文化が生み出されたことに気付くことができるようにする。

> (イ) 江戸幕府の成立と対外関係
> 　江戸幕府の成立と大名統制，身分制と農村の様子，鎖国などの幕府の対外政策と対外関係などを基に，幕府と藩による支配が確立したことを理解すること。

（内容の取扱い）

> 　(3)のアの(イ)の「鎖国などの幕府の対外政策と対外関係」については，オランダ，中国との交易のほか，朝鮮との交流や琉球の役割，北方との交易をしていたアイヌについて取り扱うようにすること。その際，アイヌの文化についても触れること。「幕府と藩による支配」については，その支配の下に大きな戦乱のない時期を迎えたことなどに気付かせること。

　この事項のねらいは，幕府と藩による支配が確立したことを，次のような学習を基に理解できるようにすることである。

　学習に際しては，例えば，この中項目(3)のイの(ア)に示された「統一政権の諸政策の目的」などに着目して課題（問い）を設定し，江戸幕府により全国を支配する仕組みが作られ，都市や農村における生活が変化したことや，安定した社会が構築されたことなどを考察できるようにすることなどが考えられる。これらの考察の結果を表現する活動などを工夫して，「幕府と藩による支配が確立したことを理解できるようにする」という，この事項のねらいを実現することが大切である。

　江戸幕府の成立と大名統制については，幕府が大名を統制するとともに，その領内の政治の責任を大名に負わせたことに気付くことができるようにする。また，「その支配の下に大きな戦乱のない時期を迎えた」（内容の取扱い）ことなど，中世の武家政治との違いという観点から，中世から近世への転換の様子に気付くことができるようにする。

　身分制と農村の様子については，それぞれの身分の中で人々が職分を果たしたこと，人口の多数を占めた農民が村を生活の基盤として農作業などで助け合いながら暮らしていたこと，農村が幕府や藩の経済を支えていたことに気付くことができるようにする。

　鎖国などの幕府の対外政策については，17世紀初めの活発な貿易に触れると

ともに，海外渡航を禁止したり，貿易船を制限したりするなど，のちに鎖国と呼ばれた幕府の政策に，キリスト教の禁止，外交関係と海外情報の統制，大名の統制などの面があったことに気付くことができるようにする。

対外関係については，長崎での「オランダ，中国との交易」（内容の取扱い），対馬を通しての「朝鮮との交流」（内容の取扱い），中国との関わりにおける「琉球の役割」（内容の取扱い），蝦夷地においてアイヌの人々が，海産物など「北方との交易をしていた」（内容の取扱い）などについても扱い，統制の中にも交易や交流が見られたことに気付くことができるようする。また，「アイヌの文化」（内容の取扱い）については，「アイヌ民族を先住民族とすることを求める決議（平成20年6月6日衆議院・参議院本会議）」，「アイヌ文化の復興等を促進するための民族共生象徴空間の整備及び管理運営に関する基本方針について（平成26年6月13日閣議決定（平成29年6月27日一部変更））」を踏まえ，先住民族として言語や宗教などで独自性を有するアイヌの人々の文化についても触れるようにする。

(ｳ) 産業の発達と町人文化
　　産業や交通の発達，教育の普及と文化の広がりなどを基に，町人文化が都市を中心に形成されたことや，各地方の生活文化が生まれたことを理解すること。

（内容の取扱い）

---

　(3)のアの(ｳ)の「産業や交通の発達」については，身近な地域の特徴を生かすようにすること。「各地方の生活文化」については，身近な地域の事例を取り上げるように配慮し，藩校や寺子屋などによる「教育の普及」や社会的な「文化の広がり」と関連させて，現在との結び付きに気付かせるようにすること。

この事項のねらいは，町人文化が都市を中心に形成されたことや，各地方の生活文化が生まれたことを，次のような学習を基に理解できるようにすることである。

学習に際しては，例えば，この中項目(3)のイの(ｱ)に示された「産業の発達と文化の担い手の変化」などに着目して課題（問い）を設定し，都市を中心とした経済が形成されていく中で，日本の文化の空間的な広がりが生み出され，それを背景として各地方の生活文化が生まれたことや，生産技術の向上や交通の整備と町人文化の特徴などを考察できるようにすることなどが考えられる。これらの考

察の結果を表現する活動などを工夫して,「町人文化が都市を中心に形成されたことや,各地方の生活文化が生まれたことを理解できるようにする」という,この事項のねらいを実現することが大切である。

産業や交通の発達については,例えば,農林水産業の発達,手工業や商業の発達,河川・海上交通や街道の発達などの中から,地域の特色を生かした事例を選んで内容を構成するなど,「身近な地域の特徴を生かす」(内容の取扱い)ことに留意する。

教育の普及と文化の広がりについては,「藩校や寺子屋など」(内容の取扱い)の普及に着目して人々の教育への関心の高まりに気付くことができるようにするとともに,学問・芸術・芸能などの地域的な広がりに着目して,文化の社会的な基盤が拡大したことなどを理解できるようにすることを意味している。

近世の文化の学習に際しては,大阪・京都・江戸などの都市を舞台に,経済力を高めた町人を担い手とする文化が形成されたことや,衣食住,年中行事,祭礼などの「各地方の生活文化」が生まれたことを,「身近な地域の事例を取り上げるように配慮」(内容の取扱い)して理解できるようにするとともに,近代の日本の基盤が形成されたことなど,それと「現在との結び付き」(内容の取扱い)に気付くことができるようにする。その際,「代表的な事例を取り上げてその特色を考察させる」(内容の取扱い(1)エ)ことが大切である。

この事項の学習に際しては,内容のAの「(2)身近な地域の歴史」と結び付けて行うことも考えられる。

(エ) 幕府の政治の展開

社会の変動や欧米諸国の接近,幕府の政治改革,新しい学問・思想の動きなどを基に,幕府の政治が次第に行き詰まりをみせたことを理解すること。

(内容の取扱い)

---

(3)のアの(エ)の「幕府の政治改革」については,百姓一揆(いっき)などに結び付く農村の変化や商業の発達などへの対応という観点から,代表的な事例を取り上げるようにすること。

この事項のねらいは,幕府の政治が次第に行き詰まりをみせたことを,次のような学習を基に理解できるようにすることである。

学習に際しては,例えば,この中項目(3)のイの(ア)に示された「社会の変化と

幕府の政策の変化」などに着目して課題（問い）を設定し，貨幣経済が農村に広がる中で経済的な格差が生み出され，それを背景として百姓一揆がおこったことや，社会や経済の変化への対応としての諸改革の展開などを考察できるようにすることなどが考えられる。これらの考察の結果を表現する活動などを工夫して，「幕府の政治が次第に行き詰まりをみせたことを理解できるようにする」という，この事項のねらいを実現することが大切である。

社会の変動や欧米諸国の接近については，貨幣経済の農村への広がりや自然災害などによる都市や農村の変化などを踏まえ，近世社会の基礎が動揺していったことに気付くことができるようにするとともに，江戸時代後半の外国船の接近や，それに対応した幕府による北方の調査や打払令などを扱うようにする。欧米諸国の接近の事情については，内容のＣの「(1)近代の日本と世界」のアの(ｱ)で扱う。

幕府の政治改革については，「百姓一揆などに結び付く農村の変化や商業の発達などへの対応という観点から，代表的な事例を取り上げる」（内容の取扱い）ようにする。その際，財政の悪化などの背景や，改革の結果などに触れる。

新しい学問・思想の動きについては，この時期に起こってきた蘭学や国学などの中に新しい時代を切り開く動きが見られたことに気付くことができるようにする。

Ｃ　近現代の日本と世界

この大項目では，19世紀ごろから20世紀末ごろまでの我が国の歴史を扱い，18世紀ごろからの世界の動きとの関わりの中で理解できるようにすることを目的としている。そのため，従前の中項目「(5)近代の日本と世界」，「(6)現代の日本と世界」を，世界の動きとの関連を一層重視して我が国の近現代の特色を捉える観点から「Ｃ　近現代の日本と世界」という大項目として構成した。

(1) 近代の日本と世界

この中項目では，19世紀ごろから20世紀前半までの我が国の歴史を扱い，我が国の近代の特色を，18世紀ごろからの世界の動きとの関連を踏まえて課題を追究したり解決したりする活動を通して学習することをねらいとしている。

この時期の我が国は，欧米諸国のアジアへの進出など複雑な国際情勢の中で開国し，急速な近代化を進めて近代国家の仕組みを整え，その後常にアジア諸国や欧米諸国と密接な関わりをもってきた。

この中項目は，アに示した次の(ｱ)から(ｶ)までの事項によって構成した。

以下は，この中項目全体の構造を説明するために，アの「知識及び技能」に関する(ｱ)から(ｶ)までの事項（事項名のみを記載）と，イの「思考力，判断力，表

現力等」に関する項目との関係を示したものである。

> (1) 近代の日本と世界
>   課題を追究したり解決したりする活動を通して，次の事項を身に付けることができるよう指導する。
>   ア　次のような知識を身に付けること。
>   (ｱ) 欧米における近代社会の成立とアジア諸国の動き
>   (ｲ) 明治維新と近代国家の形成
>   (ｳ) 議会政治の始まりと国際社会との関わり
>   (ｴ) 近代産業の発展と近代文化の形成
>   (ｵ) 第一次世界大戦前後の国際情勢と大衆の出現
>   (ｶ) 第二次世界大戦と人類への惨禍
>   イ　次のような思考力，判断力，表現力等を身に付けること。
>   (ｱ) 工業化の進展と政治や社会の変化，明治政府の諸改革の目的，議会政治や外交の展開，近代化がもたらした文化への影響，経済の変化の政治への影響，戦争に向かう時期の社会や生活の変化，世界の動きと我が国との関連などに着目して，事象を相互に関連付けるなどして，アの(ｱ)から(ｶ)までについて近代の社会の変化の様子を多面的・多角的に考察し，表現すること。
>   (ｲ) 近代の日本と世界を大観して，時代の特色を多面的・多角的に考察し，表現すること。

アの(ｱ)から(ｶ)までの項目を学習するに当たっては，生徒の学習への動機付けや見通しを促しつつ，イの(ｱ)の「工業化の進展と政治や社会の変化」，「明治政府の諸改革の目的」，「議会政治や外交の展開」，「近代化がもたらした文化への影響」，「経済の変化の政治への影響」，「戦争に向かう時期の社会や生活の変化」，「世界の動きと我が国との関連」などに着目して，例えば，「明治政府はどのような国づくりを目指したのだろうか」，「日本における立憲制の成立は，当時の国際社会との関わりでどのような意義があったのだろうか」，「なぜ，第一次世界大戦の反省は生かされなかったのだろうか」などの課題（問い）を設定することで，社会的事象の歴史的な見方・考え方を働かせて，その課題について，多面的・多角的に考察，表現できるようにすることが大切である。

イの(ｲ)の**大観して，時代の特色を多面的・多角的に考察し，表現すること**とは，「我が国の歴史の大きな流れ」を「各時代の特色を踏まえて理解する」という歴史的分野の学習の基本的なねらいを踏まえ，各中項目のまとめとして位置付

けたものである。各時代の特色を大きく捉え，政治の展開，産業の発達，社会の様子，文化の特色など他の時代との共通点や相違点に着目して，学習した内容を比較したり関連付けたりするなどして，その結果を言葉や図などで表したり，互いに意見交換したりする活動を示している。

このような活動によって，「思考力，判断力，表現力等」を養うとともに，各時代の特色を生徒が自分の言葉で表現できるような「確かな理解と定着を図る」（内容の取扱い(1)ウ）ことが求められる。

> (ｱ) 欧米における近代社会の成立とアジア諸国の動き
>   欧米諸国における産業革命や市民革命，アジア諸国の動きなどを基に，欧米諸国が近代社会を成立させてアジアへ進出したことを理解すること。

（内容の取扱い）

> ア　(1)のアの(ｱ)の「市民革命」については，政治体制の変化や人権思想の発達や広がり，現代の政治とのつながりなどと関連付けて，アメリカの独立，フランス革命などを扱うこと。「アジア諸国の動き」については，欧米諸国の進出に対するアジア諸国の対応と変容という観点から，代表的な事例を取り上げるようにすること。

この事項のねらいは，欧米諸国が近代社会を成立させてアジアへ進出したことを，次のような学習を基に理解できるようにすることである。

学習に際しては，例えば，この中項目(1)のイの(ｱ)に示された「工業化の進展と政治や社会の変化」などに着目して課題（問い）を設定し，欧米諸国の市場や原料供給地を求めたアジアへの進出が，日本の政治や社会に与えた影響などを考察できるようにすることなどが考えられる。これらの考察の結果を表現する活動などを工夫して，「欧米諸国が近代社会を成立させてアジアへ進出したことを理解できるようにする」という，この事項のねらいを実現することが大切である。

産業革命については，イギリスなどを取り上げ，資本主義社会が成立したことや，労働問題・社会問題が発生したことに気付くことができるようにする。

市民革命については，「政治体制の変化や人権思想の発達や広がり，現代の政治とのつながり」（内容の取扱い）などと関連付けて，「アメリカの独立，フランス革命などを扱うこと」（内容の取扱い）とし，政治的な対立と社会の混乱，そこで生じた犠牲などを経て近代民主政治への動きが生まれたことに気付くことが

できるようにする。

アジア諸国の動きについては,「欧米諸国の進出に対するアジア諸国の対応と変容という観点」(内容の取扱い)から,中国の動きなどを取り上げる。

> (イ) 明治維新と近代国家の形成
> 　　開国とその影響,富国強兵・殖産興業政策,文明開化の風潮などを基に,明治維新によって近代国家の基礎が整えられて,人々の生活が大きく変化したことを理解すること。

(内容の取扱い)

> 　(1)のアの(イ)の「開国とその影響」については,(1)のアの(ア)の欧米諸国のアジア進出と関連付けて取り扱うようにすること。「富国強兵・殖産興業政策」については,この政策の下に新政府が行った,廃藩置県,学制・兵制・税制の改革,身分制度の廃止,領土の画定などを取り扱うようにすること。その際,北方領土に触れるとともに,竹島,尖閣諸島の編入についても触れること。「明治維新」については,複雑な国際情勢の中で独立を保ち,近代国家を形成していった政府や人々の努力に気付かせるようにすること。

　この事項のねらいは,明治維新によって近代国家の基礎が整えられて,人々の生活が大きく変化したことを,次のような学習を基に理解できるようにすることである。

　学習に際しては,例えば,この中項目(1)のイの(ア)に示された「明治政府の諸改革の目的」などに着目して課題(問い)を設定し,明治政府の諸改革が政治や文化や人々の生活に与えた影響を考察できるようにすることなどが考えられる。これらの考察の結果を表現する活動などを工夫して,「明治維新によって近代国家の基礎が整えられて,人々の生活が大きく変化したことを理解できるようにする」という,この事項のねらいを実現することが大切である。

　開国とその影響については,「(1)のアの(ア)の欧米諸国のアジア進出と関連付けて取り扱うように」(内容の取扱い)し,幕府が対外政策を転換して開国したことと,その政治的及び社会的な影響を踏まえ,それが明治維新の動きを生み出したことに気付くことができるようにする。

　富国強兵・殖産興業政策については,「廃藩置県,学制・兵制・税制の改革,身分制度の廃止,領土の画定」(内容の取扱い)などを取り扱い,学制など今日

につながる諸制度がつくられたことや，身分制度の廃止にも関わらず現実には差別が残ったことに気付くことができるようにする。「領土の画定」では，ロシアとの領土の画定をはじめ，琉球（りゅうきゅう）の問題や北海道の開拓を扱う。その際，北方領土（歯舞群島（はぼまい），色丹島（しこたん），国後島（くなしり），択捉島（えとろふ））が一貫して我が国の領土として国境設定がなされたことについても触れるとともに，竹島，尖閣諸島については，我が国が国際法上正当な根拠に基づき正式に領土に編入した経緯にも触れ，これらの領土についての我が国の立場が歴史的にも国際法上も正当であることを理解できるようにする。また，中国や朝鮮との外交も扱うようにする。

文明開化の風潮については，欧米諸国から取り入れた制度や文化の影響で，社会の様子や人々の生活が大きく変化したことに気付くことができるようにする。

明治維新については，「複雑な国際情勢の中で独立を保ち，近代国家を形成していった政府や人々の努力」（内容の取扱い）に気付くことができるようにするとともに，近世の政治や社会との違いに着目して，近世から近代への転換の様子に気付くことができるようにする。

(ウ) 議会政治の始まりと国際社会との関わり
　　自由民権運動，大日本帝国憲法の制定，日清（にっしん）・日露戦争，条約改正などを基に，立憲制の国家が成立して議会政治が始まるとともに，我が国の国際的な地位が向上したことを理解すること。

（内容の取扱い）

---

(1)のアの(ウ)の「日清（にっしん）・日露戦争」については，この頃の大陸との関係を踏まえて取り扱うようにすること。「条約改正」については，当時の国内の社会状況や国際情勢との関わりを踏まえて，欧米諸国と対等な外交関係を樹立する過程の中から代表的な事例を取り上げるようにすること。「立憲制の国家が成立して議会政治が始まる」については，その歴史上の意義や現代の政治とのつながりに気付かせるようにすること。

この事項のねらいは，立憲制の国家が成立して議会政治が始まるとともに，我が国の国際的な地位が向上したことを，次のような学習を基に理解できるようにすることである。

学習に際しては，例えば，この中項目(1)のイの(ア)に示された「議会政治や外交の展開」などに着目して課題（問い）を設定し，世界との関係や，現代の政治とのつながりを考察できるようにすることなどが考えられる。これらの考察の結

果を表現する活動などを工夫して,「立憲制の国家が成立して議会政治が始まるとともに,我が国の国際的な地位が向上したことを理解できるようにする」という,この事項のねらいを実現することが大切である。

自由民権運動,大日本帝国憲法の制定については,自由民権運動の全国的な広まり,政党の結成,憲法の制定過程とその内容の特徴を扱うようにする。その際,大日本帝国憲法の制定によって当時アジアで唯一の立憲制の国家が成立したことを踏まえ,立憲制の国家が成立して議会政治が始まったことの「歴史上の意義や現代の政治とのつながり」(内容の取扱い)に気付くことができるようにする。

日清・日露戦争については,「この頃の大陸との関係を踏まえて取り扱」(内容の取扱い)い,戦争に至るまでの我が国の動き,戦争のあらましと国内外の反応,韓国の植民地化などを扱うようにする。

条約改正については,「当時の国内の社会状況や国際情勢との関わり」(内容の取扱い)などの背景を踏まえて,「欧米諸国と対等な外交関係を樹立する過程の中から代表的な事例を取り上げ」(内容の取扱い),長年にわたる外交上の課題として取り組まれたことに気付くことができるようにする。

(エ) 近代産業の発展と近代文化の形成

我が国の産業革命,この時期の国民生活の変化,学問・教育・科学・芸術の発展などを基に,我が国で近代産業が発展し,近代文化が形成されたことを理解すること。

(内容の取扱い)

---

(1)のアの(エ)の「近代文化」については,伝統的な文化の上に欧米文化を受容して形成されたものであることに気付かせるようにすること。

この事項のねらいは,我が国で近代産業が発展し,近代文化が形成されたことを,次のような学習を基に理解できるようにすることである。

学習に際しては,例えば,この中項目(1)のイの(ア)に示された「近代化がもたらした文化への影響」などに着目して課題(問い)を設定し,産業の発展が国民生活や文化に与えた影響を考察できるようにすることなどが考えられる。これらの考察の結果を表現する活動などを工夫して,「我が国で近代産業が発展し,近代文化が形成されたことを理解できるようにする」という,この事項のねらいを実現することが大切である。

我が国の産業革命については,事項(イ)の「富国強兵・殖産興業政策」の下で

近代産業が進展したことと関連させて扱うようにする。例えば，製糸業，紡績業や鉄鋼業の発展などの例を取り上げ，我が国の近代産業は日清戦争前後から飛躍的に発展して資本主義経済の基礎が固まったことに気付くことができるようにする。また，都市や農山漁村の生活に大きな変化が生じたことに気付くことができるようにする。

この時期の国民生活の変化については，鉄道網の広がりや工業の発達などによって人々の生活の変化が見られたこと，その一方で労働問題や社会問題が発生したことに気付くことができるようにする。その際，近代化遺産を取り上げるなど，身近な地域を例として変化の様子を具体的に捉えることができるような工夫が望まれる。

学問・教育・科学・芸術の発展については，学問や科学の分野に国際的な業績が生まれるなど，その進歩が著しかったことに気付くことができるようにする。

近代文化の学習に際しては，「伝統的な文化の上に欧米文化を受容して形成されたものであること」（内容の取扱い）に気付くことができるようにする。

(オ) 第一次世界大戦前後の国際情勢と大衆の出現

第一次世界大戦の背景とその影響，民族運動の高まりと国際協調の動き，我が国の国民の政治的自覚の高まりと文化の大衆化などを基に，第一次世界大戦前後の国際情勢及び我が国の動きと，大戦後に国際平和への努力がなされたことを理解すること。

（内容の取扱い）

---

(1)のアの(オ)の「第一次世界大戦」については，世界に戦禍が広がった背景や，日本の参戦，ロシア革命なども取り上げて，世界の動きと我が国との関連を踏まえて取り扱うようにすること。「我が国の国民の政治的自覚の高まり」については，大正デモクラシーの時期の政党政治の発達，民主主義的な思想の普及，社会運動の展開を取り扱うようにすること。

この事項のねらいは，第一次世界大戦前後の国際情勢及び我が国の動きと，大戦後に国際平和への努力がなされたことを，次のような学習を基に理解できるようにすることである。

学習に際しては，例えば，この中項目(1)のイの(ア)に示された「世界の動きと我が国との関連」などに着目して課題（問い）を設定し，戦争による世界と我が国の社会の変化や影響を考察できるようにすることなどが考えられる。これらの

考察の結果を表現する活動などを工夫して,「第一次世界大戦前後の国際情勢及び我が国の動きと,大戦後に国際平和への努力がなされたことを理解できるようにする」という,この事項のねらいを実現することが大切である。

第一次世界大戦の背景とその影響については,ヨーロッパ諸国間の対立や民族問題などを背景として第一次世界大戦が起こったことに気付くことができるようにするとともに,「日本の参戦,ロシア革命なども取り上げて,世界の動きと我が国との関連を踏まえて取り扱う」(内容の取扱い)ようにし,大戦がその後の国際情勢及び我が国に大きな影響を及ぼしたことに気付くことができるようにする。

民族運動の高まりと国際協調の動きについては,中国や朝鮮における民族運動の高まり,国際連盟の設立や軍縮条約の締結などを扱うようにする。

我が国の国民の政治的自覚の高まりについては,「大正デモクラシーの時期の政党政治の発達,民主主義的な思想の普及,社会運動の展開を取り扱う」(内容の取扱い)ようにし,本格的な政党内閣による政党政治が展開したこと,普通選挙制が実現したこと,米騒動をはじめ,労働運動,農民運動,社会主義運動などの社会運動が幅広く行われるようになったこと,女性の社会的進出が進んだことに気付くことができるようにする。

文化の大衆化については,大都市の発達や都市に住む人々の生活様式や意識の変化,新聞・雑誌などの普及やラジオ放送の開始などを扱うようにする。

(カ) 第二次世界大戦と人類への惨禍

経済の世界的な混乱と社会問題の発生,昭和初期から第二次世界大戦の終結までの我が国の政治・外交の動き,中国などアジア諸国との関係,欧米諸国の動き,戦時下の国民の生活などを基に,軍部の台頭から戦争までの経過と,大戦が人類全体に惨禍を及ぼしたことを理解すること。

(内容の取扱い)

---

(1)のアの(カ)については,国際協調と国際平和の実現に努めることが大切であることに気付かせるようにすること。

この事項のねらいは,軍部の台頭から戦争までの経過と,大戦が人類全体に惨禍を及ぼしたことを,次のような学習を基に理解できるようにすることである。

学習に際しては,例えば,この中項目(1)のイの(ア)に示された「経済の変化の政治への影響」,「戦争に向かう時期の社会や生活の変化」,「世界の動きと我が国

との関連」などに着目して課題（問い）を設定し，二度目の世界大戦が起こった理由やその戦争の影響を世界的な視野で考察できるようにすることなどが考えられる。これらの考察の結果を表現する活動などを工夫して，「軍部の台頭から戦争までの経過と，大戦が人類全体に惨禍を及ぼしたことを理解できるようにする」という，この事項のねらいを実現することが大切である。

経済の世界的な混乱と社会問題の発生については，世界恐慌に対する各国の対策と対立の深刻化，我が国における経済の混乱と社会不安の広がりを扱うようにする。

昭和初期から第二次世界大戦の終結までの我が国の政治・外交の動き，中国などアジア諸国との関係，欧米諸国の動きについては，我が国の政党政治が行き詰まりをみせ，軍部が台頭して大陸での勢力を拡張したこと，中国との戦争が長期化したこと，国際連盟を脱退した日本がやがてドイツ，イタリアと三国同盟を結び，アメリカ合衆国，イギリス，そして終戦直前に参戦したソビエト連邦などとの大戦になったことを扱うようにする。

戦時下の国民の生活については，身近な地域の事例を取り上げるなどして，戦時体制下で国民の生活がどう変わったかについて着目するとともに，平和な生活を築くことの大切さに気付くことができるようにする。

この事項の学習に際しては，世界の動きと我が国との関連に着目して取り扱うようにする。また，我が国が多くの国々，とりわけアジア諸国の人々に対して多大な損害を与えたこと，各地への空襲，沖縄戦，広島・長崎への原子爆弾の投下など，我が国の国民が大きな戦禍を被ったことなどから，大戦が人類全体に惨禍を及ぼしたことを理解できるようにして「国際協調と国際平和の実現に努めることが大切であること」（内容の取扱い）に気付くことができるようにする。

(2) 現代の日本と世界

この中項目では，第二次世界大戦後から20世紀末ごろまでの歴史を扱い，我が国の現代の特色を，世界の動きとの関連を踏まえて課題を追究したり解決したりする活動を通して学習することをねらいとしている。

この時期の我が国は，第二次世界大戦後の混乱の中から民主的な文化国家を目指して再建と独立の道を歩み，冷戦など世界の動きとの関わりの中で，経済や科学技術の急速な発展を成し遂げた。さらに冷戦終結後，グローバル化が一層加速する中で，日本の役割の在り方が問われることとなった。

この中項目は，アに示した次の(ｱ)と(ｲ)の事項によって構成した。

以下は，この中項目全体の構造を説明するために，アの「知識及び技能」に関する(ｱ)と(ｲ)の事項（事項名のみを記載）と，イの「思考力，判断力，表現力等」に関する項目との関係を示したものである。

> (2) 現代の日本と世界
>
> 　課題を追究したり解決したりする活動を通して，次の事項を身に付けることができるよう指導する。
>
> 　ア　次のような知識を身に付けること。
>
> 　　(ア)　日本の民主化と冷戦下の国際社会
>
> 　　(イ)　日本の経済の発展とグローバル化する世界
>
> 　イ　次のような思考力，判断力，表現力等を身に付けること。
>
> 　　(ア)　諸改革の展開と国際社会の変化，政治の展開と国民生活の変化などに着目して，事象を相互に関連付けるなどして，アの(ア)及び(イ)について現代の社会の変化の様子を多面的・多角的に考察し，表現すること。
>
> 　　(イ)　現代の日本と世界を大観して，時代の特色を多面的・多角的に考察し，表現すること。
>
> 　　(ウ)　これまでの学習を踏まえ，歴史と私たちとのつながり，現在と未来の日本や世界の在り方について，課題意識をもって多面的・多角的に考察，構想し，表現すること。

　アの(ア)と(イ)の項目を学習するにあたっては，生徒の学習への動機付けや見通しを促しつつ，イの(ア)の「諸改革の展開と国際社会の変化」，「政治の展開と国民生活の変化」などに着目して，例えば，「第二次世界大戦後の日本は『新しい日本』と表現されることがあるが，その理由を説明しよう」，「国際社会で日本の役割が大きくなったと考えられるのは，どのような点であろうか」などの課題（問い）を設定することで，社会的事象の歴史的な見方・考え方を働かせて，その課題について，多面的・多角的に考察，表現できるようにすることが大切である。

　イの(イ)の**大観して，時代の特色を多面的・多角的に考察し，表現すること**とは，「我が国の歴史の大きな流れ」を「各時代の特色を踏まえて理解する」という歴史的分野の学習の基本的なねらいを踏まえ，各中項目のまとめとして位置付けたものである。各時代の特色を大きく捉え，政治の展開，産業の発達，社会の様子，文化の特色など他の時代との共通点や相違点に着目して，学習した内容を比較したり関連付けたりするなどして，その結果を言葉や図などで表したり，互いに意見交換したりする活動を示している。

　このような活動によって，「思考力，判断力，表現力等」を養うとともに，各時代の特色を生徒が自分の言葉で表現できるような「確かな理解と定着を図る」（内容の取扱い(1)ウ）ことが求められる。

イの(ウ)のこれまでの歴史学習を踏まえ，現在と未来の日本や世界の在り方について，**課題意識をもって考察，構想し，表現すること**とは，適切な課題を設定し，歴史的分野の学習を踏まえて考察，構想し，表現できるようにすることを通して，公民的分野の学習に向けた課題意識をもつことができるようにすることが大切である。

　学習課題の設定については，生徒の関心や学校，地域の実態等に配慮し，これまでの学習経験を活用できるよう適切な課題を設定するなどの工夫が大切である。

(ア) 日本の民主化と冷戦下の国際社会
　　冷戦，我が国の民主化と再建の過程，国際社会への復帰などを基に，第二次世界大戦後の諸改革の特色や世界の動きの中で新しい日本の建設が進められたことを理解すること。

（内容の取り扱い）

イ　(2)のアの(ア)の「我が国の民主化と再建の過程」については，国民が苦難を乗り越えて新しい日本の建設に努力したことに気付かせるようにすること。その際，男女普通選挙の確立，日本国憲法の制定などを取り扱うこと。

　この事項のねらいは，第二次世界大戦後の諸改革の特色や世界の動きの中で新しい日本の建設が進められたことを次のような学習を基に理解できるようにすることである。

　学習に際しては，例えば，この中項目(2)のイの(ア)に示された「諸改革の展開と国際社会の変化」などに着目して課題（問い）を設定し，諸改革が日本の社会に及ぼした変化や冷戦体制下の日本と世界との関わりについて考察できるようにする活動などが考えられる。これらの考察の結果を表現する活動などを工夫して，「第二次世界大戦後の諸改革の特色や世界の動きの中で新しい日本の建設が進められたことを理解できるようにする」という，この事項のねらいを実現することが大切である。

　冷戦については，国際連合の発足，米ソ両陣営の対立，アジア諸国の独立，朝鮮戦争，その後の平和共存の動きなどを，我が国の動きと関連させながら扱うようにする。

　我が国の民主化と再建の過程については，戦後の混乱の中で，国民の貧しさからの解放の願いや平和と民主主義への期待などを背景に，大きな改革が次々に進

められ,現代の日本の骨組みが形成されたことに気付くことができるようにする。その際,戦後の混乱や生活の様子,国民の努力などについて,身近な地域などの具体的な事例を基に捉えることができるようにし,「国民が苦難を乗り越えて新しい日本の建設に努力したこと」(内容の取扱い)に気付くことができるようにする。第二次世界大戦後まもなく女性にも選挙権が与えられたことによる「男女普通選挙の確立」(内容の取扱い)や,「日本国憲法の制定」(内容の取扱い)について,小学校の学習を踏まえ,日本国憲法の基本的原則などを取り上げ,その歴史的意義に気付くことができるようにする。

国際社会への復帰については,我が国が独立を回復して国際連合に加盟し,国際社会に復帰したことを扱うようにする。

(イ) 日本の経済の発展とグローバル化する世界
　　高度経済成長,国際社会との関わり,冷戦の終結などを基に,我が国の経済や科学技術の発展によって国民の生活が向上し,国際社会において我が国の役割が大きくなってきたことを理解すること。

(内容の取扱い)

---

　(2)のアの(イ)については,沖縄返還,日中国交正常化,石油危機などの節目となる歴史に関わる事象を取り扱うようにすること。また,民族や宗教をめぐる対立や地球環境問題への対応などを取り扱い,これまでの学習と関わらせて考察,構想させるようにすること。

この事項のねらいは,我が国の経済や科学技術が急速に発展して国民の生活が向上し,国際社会において我が国の役割が大きくなってきたことを,次のような学習を基に理解できるようにすることである。

学習に際しては,例えば,この中項目(2)のイの(ア)に示された「政治の展開と国民生活の変化」などに着目して課題(問い)を設定し,国民生活への影響と国際平和の実現への努力などについて考察する活動などが考えられる。これらの考察の結果を表現する活動などを工夫して,「我が国の経済や科学技術の発展によって国民の生活が向上し,国際社会において我が国の役割が大きくなってきたことを理解できるようにする」という,この事項のねらいを実現することが大切である。

高度経済成長については,我が国における産業・経済や科学技術の著しい発展とそれに伴う生活の向上や,それらを背景とする世界有数の経済大国への急速な

成長,及び「石油危機」(内容の取扱い)が政治や経済に及ぼした影響などに気付くことができるようにする。

国際社会との関わりについては,「沖縄返還,日中国交正常化」(内容の取扱い)などを扱うようにする。

冷戦の終結については,世界規模での米ソ両陣営の対立が終わったことや,その影響などについて気付くことができるようにする。また,冷戦終結後も国際社会には,民族や宗教をめぐる対立,国家を越えた地域統合,地球環境問題とその取組,資源やエネルギーをめぐる課題や,我が国と近隣諸国との間の領土をめぐる問題や,日本人拉致問題など,主権や人権,平和など様々な課題が存在していることとともに,それらを解決するための様々な人々の努力が重ねられていることに気付くことができるようにする。

この事項の学習に際しては,その内容と現在の私たちの生活との深いつながりや,現代の日本と世界の動きに関心をもつことができるように工夫し,国際協調の平和外交の推進,開発途上国への援助なども踏まえ,**国際社会において我が国の役割が大きくなってきたこと**を理解できるようにして,公民的分野の学習に向けた課題意識をもつことができるようにすることが大切である。

「これまでの学習と関わらせて考察,構想させるようにすること」(内容の取扱い)とは,この中項目(2)のイの(ｳ)の観点から,歴史的分野の学習を踏まえて,現代の課題について取り上げ,考察,構想することを意味している。なお,「これまでの学習と関わらせて考察,構想させるようにする」(内容の取扱い)学習のねらいは,現代社会の諸課題についての個別の知識を獲得することにあるのではなく,生徒が,社会的事象の歴史的な見方・考え方を働かせて,自らの考えや意見を提案したり,議論したりする学習の過程を通して,歴史の大きな流れの中で現代の課題を考え続ける姿勢をもつことの大切さに気付くことができるようにして,公民的分野の学習へ向けた課題意識をもつことができるようにすることである。

(3) 内容の取扱い

> (1) 内容の取扱いについては,次の事項に配慮するものとする。
> 　ア　生徒の発達の段階を考慮して,各時代の特色や時代の転換に関係する基礎的・基本的な歴史に関わる事象を重点的に選んで指導内容を構成すること。

ここでは，指導内容を構成するに当たって，生徒の発達の段階に対する十分な配慮のもとに，各時代の歴史に関わる事象の中から，時代の特色や時代の転換に関係する基礎的・基本的な内容を重点的に選択することの大切さを示している。

学習に当たっては，内容のBの(1)から(3)，及びCの(1)と(2)の，それぞれイの(ｱ)に示された着目する視点の例などを踏まえ，その時代の「社会の変化を多角的・多面的に考察し，表現する」学習や，イの(ｲ)に示された各「時代の特色を多角的・多面的に考察し，表現する」学習など，歴史的分野全体の学習のねらいに十分留意しながら，焦点化して歴史に関わる事象を適切に選択する必要がある。

> イ　調査や諸資料から歴史に関わる事象についての様々な情報を効果的に収集し，読み取り，まとめる技能を身に付ける学習を重視すること。その際，年表を活用した読み取りやまとめ，文献，図版などの多様な資料，地図などの活用を十分に行うこと。

ここでは，調査や諸資料の活用などを通して歴史的分野の学習を進める上で，情報を効果的に収集し，読み取り，まとめるなどの必要な技能を身に付ける学習を重視することを示している。

学習に当たっては，例えば，年表や地図，文献，図版，写真，統計資料，実物など様々な資料を活用し，歴史に関わる事象について様々な情報を読み取り，それらを提示された課題（問い）や生徒の課題意識から，時系列に沿った整理や地理的な条件からの整理などを行って，年表や地図を作成したり，文章にまとめたりするなどの学習が考えられる。

また，このような技能の習得については，基本的な読み取りやまとめ，活用の方法を学習した上で，内容のB以下の各項目の学習の場面において，繰り返し活用していくことが大切である。

> ウ　歴史に関わる事象の意味や意義，特色，事象間の関連を説明したり，課題を設けて追究したり，意見交換したりするなどの学習を重視して，思考力，判断力，表現力等を養うとともに，学習内容の確かな理解と定着を図ること。

ここでは，説明，追究，意見交換などの学習を重視することで，「思考力，判断力，表現力等」を養うとともに，学習内容のより確かな理解と定着を図ることの大切さを示している。従来の「言語活動の充実」を踏まえた趣旨を引き継ぐも

のである。

　こうした趣旨は，歴史的分野の学習全体を通して留意されるものであるが，特に歴史的分野の導入として行う内容のAの「(1)私たちと歴史」のアの(ｱ)の「年代の表し方や時代区分の意味や意義についての基本的な内容を理解する」学習や，内容のBの(1)から(3)，及びCの(1)と(2)の，それぞれイの(ｱ)に示された着目する視点の例などを踏まえ，その時代の「社会の変化を多面的・多角的に考察し，表現する」学習，イの(ｲ)に示された各時代の「特色を多面的・多角的に考察し，表現する」学習などにおいて，この趣旨を十分に踏まえて指導を行う必要がある。

　学習に当たっては，歴史に関わる事象の意味や意義，各時代の特色，事象間の関連などを説明すること，課題を設けて追究すること，分かったことを自分の言葉で表現することなどが大切である。

> エ　各時代の文化については，代表的な事例を取り上げてその特色を考察させるようにすること。

　ここでは，各時代の文化の学習において，代表的な事例を取り上げてその特色を考察できるようにすることの大切さを示している。歴史的分野の学習が重視する各時代の特色の理解を，文化の面について図ろうとするものである。

　学習に当たっては，その時代の文化の特色を表す代表的な事例を選んで取り上げ，文化を担った人々や外国との関わりなどに着目し，各時代の文化の特色を考えて捉えることができるようにすることが大切である。

> オ　歴史に見られる国際関係や文化交流のあらましを理解させ，我が国と諸外国の歴史や文化が相互に深く関わっていることを考察させるようにすること。その際，歴史に見られる文化や生活の多様性に気付かせること。

　ここでは，歴史に見られる国際関係や文化交流に関する学習について示している。我が国と諸外国の歴史や文化が相互に深く関わっていることを考察できるようにすることなどが大切であることを述べている。このオは，平成20年改訂の学習指導要領では，歴史的分野の目標の(3)の一部として示されていたものであるが，今回の改訂においても，教科の目標の(3)の「他国や他国の文化を尊重することの大切さについての自覚を深めること」や，歴史的分野の目標の(3)の「国際協調の精神を養う」ことを実現させることにつながるものである。「歴史に

見られる国際関係や文化交流のあらましを理解させ」る学習については，グローバル化が進展する社会に生きる生徒が，多様な文化や生活などが存在していることに関心をもち，我が国と諸外国の歴史や文化が相互に深く関わっていることを考察できるようにすることが大切である。

> カ　国家及び社会並びに文化の発展や人々の生活の向上に尽くした歴史上の人物と現在に伝わる文化遺産について，生徒の興味・関心を育てる指導に努めるとともに，それらの時代的背景や地域性などと関連付けて考察させるようにすること。その際，身近な地域の歴史上の人物と文化遺産を取り上げることにも留意すること。

ここでは，目標の(3)に関連して，歴史上の人物や文化遺産について学習する際の留意点を示している。

学習に当たっては，その人物の果たした歴史的，社会的な役割や生き方を生徒自らの生き方と関わらせたり，文化遺産の生み出された歴史的な背景や，その時代に果たした役割，保存に尽力した人々の思いなどについて，多面的・多角的に考察したりして具体的に捉えることができるようにすることが大切である。

身近な地域の発展に寄与した人物や，身近な地域の歴史に関わる文化遺産を取り上げるに当たっては，小学校における地域や我が国の歴史に関する学習との関連にも留意しながら，内容のAの「(2)身近な地域の歴史」において実施することも可能である。

> キ　歴史に関わる事象の指導に当たっては，地理的分野との連携を踏まえ，地理的条件にも着目して取り扱うよう工夫するとともに，公民的分野との関連にも配慮すること。

ここでは，地理的分野と歴史的分野及び公民的分野との関わりを踏まえた学習上の留意点を示している。

指導に当たっては，地図の活用に十分留意して，歴史の舞台という視点から影響，意味や意義を考察する際に，地理的な事柄との関わりに配慮したり，地理的条件に着目して取り扱ったりすることが大切である。このような地理的分野との連携を踏まえた工夫により，多面的・多角的に考察する力を育てることが期待される。

また，第3学年において歴史的分野の学習の上に公民的分野を学習することからも，特に内容のCの(2)などにおいて，「公民的分野との関連にも配慮する」

ことが大切である。

> ク　日本人の生活や生活に根ざした文化については，政治の動き，社会の動き，各地域の地理的条件，身近な地域の歴史とも関連付けて指導したり，民俗学や考古学などの成果の活用や博物館，郷土資料館などの施設を見学・調査したりするなど具体的に学ぶことを通して理解させるように工夫すること。

　ここでは，目標の(2)に関連して，日本人の生活や生活に根ざした文化の学習に関わる留意点を示している。

　学習に当たっては，各時代の政治，社会などの動向とどのように関連しているのかを明らかにしながら，日本人の生活や生活に根ざした文化について，内容のAの(2)の「身近な地域の歴史」などにおいて，より具体的に学ぶことが大切である。その際，民俗学や考古学，文化人類学その他の学問や地域史の研究などの成果を生かし，博物館や郷土資料館などに収蔵されている文化財を見学・調査することなどを通して，衣食住，年中行事，労働，信仰などに関わる学習を充実させることが望まれる。

　内容の取扱い(1)のアからクまでを踏まえることで，我が国の歴史の大きな流れを理解し，伝統と文化の特色を考察するという歴史的分野の学習のねらいがよりよく実現するとともに，国際社会の中の日本について考察することができるようになることを目指している。

● 3　公民的分野の目標，内容及び内容の取扱い

(1) 目標

　公民的分野の目標は，社会科の目標構成と同様に，柱書として示された目標と，「知識及び技能」，「思考力，判断力，表現力等」，「学びに向かう力，人間性等」の資質・能力の三つの柱に沿った，それぞれ(1)から(3)までの目標から成り立っている。そして，これら(1)から(3)までの目標を有機的に関連付けることで，柱書として示された目標が達成されるという構造になっている。

> 　現代社会の見方・考え方を働かせ，課題を追究したり解決したりする活動を通して，広い視野に立ち，グローバル化する国際社会に主体的に生きる平和で民主的な国家及び社会の形成者に必要な公民としての資質・能力の基礎を次のとおり育成することを目指す。

　今回の改訂においては，全ての教科，科目，分野等において，各教科等の特質に応じた「見方・考え方」を働かせながら，目標に示す資質・能力の育成を目指すこととした。その過程において，中学校社会科公民的分野で働かせる「見方・考え方」について，「現代社会の見方・考え方」として整理したところである。

　現代社会の見方・考え方については，今回の中央教育審議会答申を踏まえ，「社会的事象を，政治，法，経済などに関わる多様な視点（概念や理論など）に着目して捉え，よりよい社会の構築に向けて，課題解決のための選択・判断に資する概念や理論などと関連付けること」とし，考察，構想する際の「視点や方法（考え方）」として整理した。

　このことに関しては，平成20年改訂時に「中学校学習指導要領解説　社会編」の中で，公民的分野の目標に示された「現代社会についての見方や考え方の基礎を養う」ことについて，「『現代社会についての見方や考え方の基礎』については，現代の民主政治や国民の生活の向上と経済活動，社会生活などをより一層理解できるようにすることをねらいとして新たに設けられたところである。ここでいう『見方や考え方』とは，現代の社会的事象を読み解くときの概念的枠組みと考えることができる。人は一般にある情報を手にしたとき，何らかの枠組みに即しながら考察し，その情報がもつ意味や価値を捉えようとする。例えば，マス・メディアを通じて経済や政治などに関わる情報を得ると，自分のもっている枠組みに即して解釈し，社会生活に与える影響及び意義を自ら見いだそうとする。こうした概念的枠組みを『見方や考え方』としているのである。」と示していたと

ころである。

　今回の改訂においては，こうした従前の趣旨を踏まえつつも，各教科等の特質に応じた物事を捉える視点や考え方を「見方・考え方」として教科等を横断して整理したことを受け，①現代社会の諸課題の解決に向けて考察，構想したりする際の視点として概念や理論などに着目して捉えること，②課題解決に向けた選択・判断に必要となる概念や理論などと関連付けて考えたりすることなど，現代社会の見方・考え方を概念に着目して構成したことから，これまで以上に概念的な枠組みとしての性格が明確になったといえる。

　したがって，小学校社会科における位置や空間的な広がり，時期や時間の経過，事象や人々の相互関係など，中学校社会科地理的分野における位置や空間的な広がりなど，歴史的分野における推移や変化などといった多様な視点を踏まえた上で，公民的分野においては，対立と合意，効率と公正などの現代社会を捉える概念的な枠組みを「視点や方法（考え方）」として用いて，社会的事象を捉え，考察，構想に向かうことが大切である。

　現代社会の見方・考え方を働かせ，課題を追究したり解決したりする活動を通してとは，公民的分野の学習において主体的・対話的で深い学びを実現するためには，分野の学習において適切な課題を設定し，その課題の追究のための枠組みとなる多様な視点（概念など）に着目させ，課題を追究したり解決したりする活動が展開されるように学習を設計することが不可欠であることを意味している。

　現代社会の見方・考え方を働かせについては，公民的分野の学習の特質を示している。すなわち，生徒が，様々な社会的事象の関連や本質，意義を捉え，考え，説明したり，現代社会の諸課題の解決に向けて構想したりする際，現代社会の見方・考え方を働かせることによって，その解釈をより的確なものとしたり，課題解決の在り方をより公正に判断したりすることが可能となる。また，現代社会の見方・考え方を働かせることによって，政治，法，経済などに関する基本的な概念や考え方を新たに獲得したり，課題を主体的に解決しようとする態度などにも作用したりするということである。

　このことについては，平成20年改訂時に「現代社会についての見方や考え方」について，公民的分野の目標として「現代社会についての見方や考え方の基礎を養う」と示した上で，内容の(1)の「イ　現代社会をとらえる見方や考え方」において，「ここで習得した『見方や考え方』は，これ以降の学習において活用するとともに，繰り返し吟味して，さらに広く深く成長させていくことが大切である」と示していたところである。

　今回の改訂においては，公民的分野の目標の柱書において「現代社会の見方・考え方を働かせ」と示されたことから，従前の「現代社会についての見方や考え

方」との異同に留意して，今回の改訂における分野の目標の実現を目指すことが必要である。

広い視野に立ち，グローバル化する国際社会に主体的に生きる平和で民主的な国家及び社会の形成者に必要な公民としての資質・能力の基礎を次のとおり育成することを目指すについては，社会科及び各分野に共通する表現であり，第2章の第1節「教科の目標」で説明したとおりである。

> (1) 個人の尊厳と人権の尊重の意義，特に自由・権利と責任・義務との関係を広い視野から正しく認識し，民主主義，民主政治の意義，国民の生活の向上と経済活動との関わり，現代の社会生活及び国際関係などについて，個人と社会との関わりを中心に理解を深めるとともに，諸資料から現代の社会的事象に関する情報を効果的に調べまとめる技能を身に付けるようにする。

目標の(1)は，公民的分野の学習を通じて育成される資質・能力のうち，「知識及び技能」に関わるねらいを示している。

ここでは，**民主主義…について，個人と社会との関わりを中心に理解を深めるためには個人の尊厳と人権の尊重の意義**についての認識が必要であることが述べられている。それは，民主国家の存在を基礎付ける近代憲法の多くが，個人の尊厳に基づく人権尊重を基本原理として構成されているように，民主主義の本質がここにあるからである。そして，個人は他の個人と結び付いて社会集団を形成し社会生活を営むのであり，民主社会においては，互いに個人の尊厳と基本的人権を尊重することが社会生活の基本となっているからである。

さらに，このことの認識のためには，**自由・権利と責任・義務との関係を広い視野から正しく認識**することが必要であることを示している。すなわち，個人は常に他の個人と関わりをもちながら社会生活を営んでおり，その限り，個人の自由・権利には，社会的な責任・義務が伴うのである。このように自由・権利と責任・義務との関係を取り上げ，それを通して個人の尊厳と人権の尊重の意義を認識し，民主主義に対する理解を深めることができるようにすることが必要である。

したがって，目標の(1)で述べられている民主主義に関する基本的な考え方は，この分野の学習全体を貫くものであることに留意し，指導計画を作成することが大切である。

また，**民主政治の意義，国民の生活の向上と経済活動との関わり，現代の社会生活及び国際関係などについて，個人と社会との関わりを中心に理解を深める**については，公民的分野の具体的な学習が，「民主政治の意義」，「国民の生活の向

上と経済活動との関わり」,「現代の社会生活」,「国際関係」など,政治に関する学習,経済に関する学習,社会生活に関する学習及び国際関係に関する学習であることを示している。そして,これらの学習が「個人と社会との関わり」を中心に理解を深めることができるようにすることを示したものである。

「個人と社会との関わり」については,社会生活を営む上での基本的な問題として,常にあらゆる場で直面せざるを得ないものであり,個人と社会との関係について考えることは,豊かで民主的な国家及び社会の主体的な形成者になるために必要なことである。したがって,内容全体に関わる学習の基本的な観点として,目標に明確に位置付けている。

諸資料から現代の社会的事象に関する情報を効果的に調べまとめる技能とは,大きく見れば次の三つの技能を用いる学習場面に分けて考えることができる。

第一に,手段を考えて課題の解決に向けて必要な社会的事象に関する情報を収集する技能である。第二に,収集した情報を現代社会の見方・考え方を働かせて読み取る技能である。そして第三に,読み取った情報を課題の解決に向けてまとめる技能である。これらの技能は,情報化が進展する中で社会的事象について考察するときに求められる力,すなわち,関連のある資料を様々な情報手段を効果的に活用して収集し,かつ考察に必要な情報を合理的な基準で選択し分析するとともに適切にまとめる力を意味している。現代では,コンピュータや情報通信ネットワークなどの情報手段を活用し,大量の情報を手に入れることが可能となっており,必要な情報とそうでない情報を選別する合理的な基準を見いだす能力を学習の中で養う工夫が重要である。

> (2) 社会的事象の意味や意義,特色や相互の関連を現代の社会生活と関連付けて多面的・多角的に考察したり,現代社会に見られる課題について公正に判断したりする力,思考・判断したことを説明したり,それらを基に議論したりする力を養う。

目標の(2)は,公民的分野の学習を通じて育成される資質・能力のうち,「思考力,判断力,表現力等」に関わるねらいを示している。

公民的分野において養われる思考力,判断力とは,公民的分野の学習を始めるまでに身に付けた社会的事象の地理的な見方・考え方及び社会的事象の歴史的な見方・考え方を生かしつつ現代社会の見方・考え方を用いて,事実を基に**社会的事象の意味や意義,特色や相互の関連を現代の社会生活と関連付けて多面的・多角的に考察**する力,**現代社会に見られる課題**を把握して,よりよい社会の構築に向けて,複数の立場や意見を踏まえて根拠に基づき**公正に判断する力**であると捉

えられることを示している。

　多面的・多角的に考察については，公民的分野の学習対象である現代の社会的事象が多様な側面をもつとともに，それぞれが様々な条件や要因によって成り立ち，更に事象相互が関連し合って絶えず変化していることから，「多面的」に考察することを求めている。そして，このような社会的事象を捉えるに当たっては，多様な角度やいろいろな立場に立って考えることが必要となることから「多角的」としている。

　柱書の項で説明したとおり，「現代社会の見方・考え方」は，政治，法，経済などに関わる現代の社会的事象について考察，構想したり，その過程や結果を適切に表現したりする際に働かせる多様な視点（概念など）によって構成されているものである。今回の改訂では，現代社会の見方・考え方の基礎となる概念的な枠組みとして公民的分野の学習全体を通して働かせることが求められる「対立と合意，効率と公正など」に加え，大項目の「B　私たちと経済」，「C　私たちと政治」，「D　私たちと国際社会の諸課題」においてそれぞれの内容を構成する経済，政治，国際社会に関わる概念などとして「分業と交換，希少性など」，「個人の尊重と法の支配，民主主義など」，「協調，持続可能性など」を示したところであり，課題の特質に応じた視点（概念など）に着目して考察したり，よりよい社会の構築に向けて，その課題の解決のための選択・判断に資する概念などを関連付けて構想したりする際の「視点や方法（考え方）」として働かせることを明確にしている。授業場面においては，設定した適切な課題に応じてこれらの概念的な枠組みを用いて，課題を追究したり解決したりする活動が展開されることとなる。

　また，**現代社会に見られる課題について公正に判断…する力を養う**とは，現代社会に見られる課題について判断するときには，収集した資料の中から客観性のあるものを取捨選択しながら事実を捉え，いろいろな立場に立った様々な考え方があることを理解した上で判断する，結論に至る手続きの公正さに加え，その判断によって不当に不利益を被る人がいないか，みんなが同じになるようにしているか，といった機会の公正さや結果の公正さなど「公正」には様々な意味合いがあることを理解した上で，現代社会に見られる課題について判断できるようになることを求めてこのような表現としている。

　さらに，目標の最後の**思考・判断したことを説明したり，それらを基に議論したりする力を養う**は，公民的分野における表現力に関わるものである。公民的分野の学習において養われる表現力とは，学習の結果を効果的に発表したり文章にまとめたりする力だけを意味しているのではない。ここでいう表現力とは，例えば，学習の過程で考察，構想したことについて表現することも含んでいるのである。すなわち，どのような資料から現代の社会的事象に関する情報を収集し，そ

の中から何を基準として必要な情報を選択し，それを用いてどのようなことを考え，どのような根拠で結論を導き出したのかを，具体的，論理的に説明するなどして，第三者に学習で得た結論とその結論を導き出した過程をより分かりやすく効果的に示す力を意味しているのである。そして，このような表現力は，学習上の課題について考察したことや，「合意形成や社会参画を視野に入れながら，取り上げた課題について構想したことを，妥当性や効果，実現可能性などを踏まえて表現できるよう指導すること」（内容の取扱い）などを通して養われるものであることに留意することが必要である。

> (3) 現代の社会的事象について，現代社会に見られる課題の解決を視野に主体的に社会に関わろうとする態度を養うとともに，多面的・多角的な考察や深い理解を通して涵養される，国民主権を担う公民として，自国を愛し，その平和と繁栄を図ることや，各国が相互に主権を尊重し，各国民が協力し合うことの大切さについての自覚などを深める。

目標の(3)は，公民的分野の学習を通じて育成される資質・能力のうち，「学びに向かう力，人間性等」に関わるねらいを示している。

現代の社会的事象について，現代社会に見られる課題の解決を視野に主体的に社会に関わろうとする態度を養うについては，社会科が「地理的分野及び歴史的分野の基礎の上に公民的分野の学習を展開するこの教科の基本的な構造」（指導計画の作成と内容の取扱い）をとる中で，地理的分野及び歴史的分野においては共通して「課題を主体的に追究，解決しようとする態度を養う」ことを目指していることを踏まえ，その基礎の上に示されているものである。

多面的・多角的な考察や深い理解とは，社会科の学習における考察や理解の特質を示している。そうした学習を通して涵養される**国民主権を担う公民として，自国を愛し，その平和と繁栄を図ることや，各国が相互に主権を尊重し，各国民が協力し合うことの大切さについての自覚**は，教育基本法及び学校教育法に規定されている「公共の精神に基づき，主体的に社会の形成に参画し，その発展に寄与する態度を養うこと」の中核的な指導場面の一つである公民的分野において育成することが期待される「学びに向かう力，人間性等」であることを意味している。具体的な指導場面としては，例えば，経済に関わる項目で納税者として，政治に関わる項目で主権者として，国際社会に関わる項目で日本国民としてそれぞれ求められる役割と責任などについて多面的・多角的に考察したり，深い理解につなげたりして，社会の発展に寄与する態度を養うことなどが考えられる。

このように，中学校社会科においては従前より「公共の精神」に基づき学習を

展開する場面を様々な内容に応じて設定してきたところであるが，今回の改訂においてもその趣旨を踏襲し，国民主権を担う公民として，国家及び社会の形成者として我が国が直面する課題の解決に向けて主体的に社会に関わろうとする態度を育む旨を規定しているのである。

国民主権を担う公民として，自国を愛し，その平和と繁栄を図ることについては，国際社会において大きな役割を担うようになった日本の在り方を，国民主権を担う公民として多面的・多角的に考察，構想し，表現できるようにすることを通して，家族，郷土，自国を愛するとともに，国際社会の中で信頼と尊敬を得る日本人を育成していくことが極めて大切なことであることを示している。その意味で，ここでは，グローバル化が一層進展する中で国民的自覚や自国を愛することを国際的な視野に立って深めていくことを示しているのである。

続いて，**各国が相互に主権を尊重し，各国民が協力し合うことの大切さについての自覚**については，内容のDの(1)の項目名に端的に示されているように，国際社会の変容とともに国際的な相互依存関係がより一層深まってきた現状を踏まえ，これからのよりよい社会を築いていくために解決すべき課題として「世界平和と人類の福祉の増大」を掲げていることと，特に関わりが深い。そして，このようないわば地球的課題について，その解決のためには「各国が相互に主権を尊重し，各国民が協力し合うこと」が重要であることを示している。また，「人類の福祉の増大」と表現しているように，これからの社会においては，人類の立場から，また，持続可能な社会の形成という観点から，諸課題について多面的・多角的に考察，構想し，表現できるようにすることを通して，このことの大切さについての自覚を深めていくことを示しているのである。

(2) 内容

A　私たちと現代社会

　この大項目は，現代社会の特色や，現代社会における文化の意義や影響を理解できるようにするとともに，現代社会の見方・考え方の基礎となる枠組みについて，具体的な社会生活と関連付けるなどして理解できるようにし，以後の政治，経済，国際社会の学習の導入とすることを主なねらいとしている。

　このねらいに基づき，この大項目における二つの中項目は，次のような観点から内容が構成されている。

　「(1)私たちが生きる現代社会と文化の特色」では，現代日本の社会は少子高齢化，情報化，グローバル化などの特色が見られること，いろいろな場面において伝統や文化の影響を受けていることを理解できるようにし，それらが現在と将来

の政治，経済，国際関係に与える影響について多面的・多角的に考察し，表現できるようにするとともに，我が国の伝統と文化などを取り扱う中で，文化を受け継ぎ，創り出していくことの意義について考察し，表現できるようにする。

「(2)現代社会を捉える枠組み」では，社会生活における物事の決定の仕方，契約を通した個人と社会との関係，きまりの役割を多面的・多角的に考察し，表現できるようにすることを通して，現代社会を捉え，考察，構想する際に働かせる概念的な枠組みの基礎として，対立と合意，効率と公正などがあること，個人の尊厳と両性の本質的平等，契約の重要性やそれを守ることの意義及び個人の責任について理解できるようにする。

なお，この大項目を構成する二つの中項目については，現代社会を概観することで現代社会の特色を学ぶ「(1)私たちが生きる現代社会と文化の特色」が，それまで学んだ地理的分野及び歴史的分野との関連が深く，また，現代社会を捉え，考察，構想する際に働かせる概念的な枠組みの基礎を学ぶ「(2)現代社会を捉える枠組み」が，これ以降の学習の基礎となる内容を含むなどの特色がある。そこで，小学校社会科の学習の成果を生かすとともに，地理的分野及び歴史的分野の学習との円滑な接続を図り，この大項目以降に学ぶ内容の基礎を理解できるよう，中項目(1)，(2)はこの順で扱う必要がある。また，「内容の取扱い」に示されているように適切かつ十分な授業時数を配当することが必要である。さらに，「分野の内容に関係する専門家や関係諸機関などと円滑な連携・協働を図り，社会との関わりを意識した課題を追究したり解決したりする活動を充実させること」（内容の取扱い）が大切である。

前述のとおり，この大項目は，小学校社会科，中学校社会科地理的分野及び歴史的分野を踏まえて学習される公民的分野の導入として位置付けられるものであるが，この大項目に限らず，公民的分野における以降のそれぞれの大項目においても，現代社会の見方・考え方に加え，小学校社会科における社会的事象の見方・考え方，中学校社会科地理的分野における社会的事象の地理的な見方・考え方，及び歴史的分野における社会的事象の歴史的な見方・考え方についても必要に応じて組み合わせて用い，小・中学校社会科の特質に応じた「見方・考え方」としての社会的な見方・考え方を総合的に働かせるようにすることが求められる。

あわせて，この大項目の学習は，家族・家庭の基本的な機能についての理解を深めることや，自分と家族，家庭生活と地域との関わりを考え，家族や地域の人々と協働し，よりよい生活の実現に向けて，生活を工夫し創造しようとする実践的な態度を養うことなどを目標に掲げる技術・家庭科（家庭分野）と特に関わりが深いことに十分留意して，組織的かつ計画的に学習指導を進めていくことが大切である。

中学校社会科公民的分野の学習の流れ

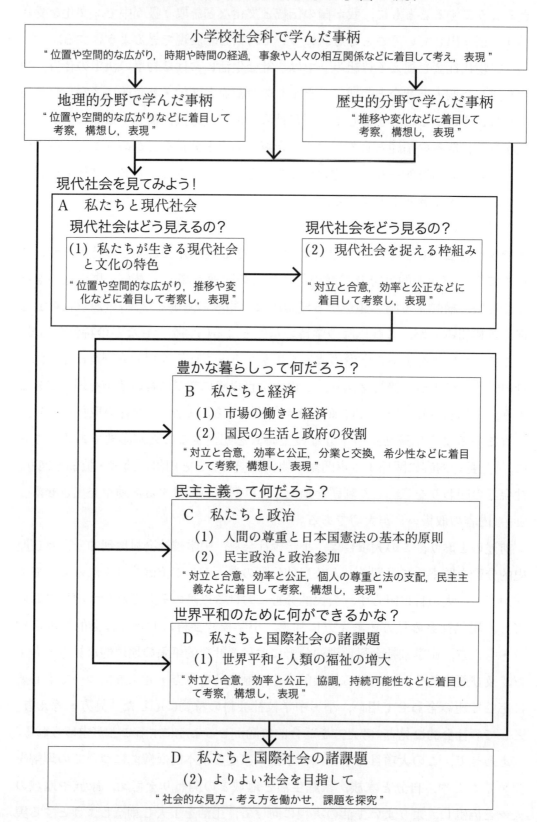

(1) 私たちが生きる現代社会と文化の特色

位置や空間的な広がり，推移や変化などに着目して，課題を追究したり解決したりする活動を通して，次の事項を身に付けることができるよう指導する。

ア　次のような知識を身に付けること。

(ｱ) 現代日本の特色として少子高齢化，情報化，グローバル化などが見られることについて理解すること。

(ｲ) 現代社会における文化の意義や影響について理解すること。

イ　次のような思考力，判断力，表現力等を身に付けること。

(ｱ) 少子高齢化，情報化，グローバル化などが現在と将来の政治，経済，国際関係に与える影響について多面的・多角的に考察し，表現すること。

(ｲ) 文化の継承と創造の意義について多面的・多角的に考察し，表現すること。

(内容の取扱い)

(2) 内容のＡについては，次のとおり取り扱うものとする。

ア　(1)については，次のとおり取り扱うものとすること。

(ｱ) 「情報化」については，人工知能の急速な進化などによる産業や社会の構造的な変化などと関連付けたり，災害時における防災情報の発信・活用などの具体的事例を取り上げたりすること。アの(ｲ)の「現代社会における文化の意義や影響」については，科学，芸術，宗教などを取り上げ，社会生活との関わりなどについて学習できるように工夫すること。

(ｲ) イの(ｲ)の「文化の継承と創造の意義」については，我が国の伝統と文化などを取り扱うこと。

イ　(1)及び(2)については公民的分野の導入部として位置付け，(1)，(2)の順で行うものとし，適切かつ十分な授業時数を配当すること。

この中項目は，現代日本の社会にはどのような特色が見られるか，伝統や文化は私たちの生活にどのような影響を与えているか，といった現代日本の特色や現代社会における文化の意義や影響，文化の継承と創造の意義に関する適切な問いを設け，それらの課題を追究したり解決したりする活動を通して，これから始め

る公民的分野の学習で扱う現代の社会的事象について関心を高め，課題を意欲的に追究する態度を養うことを主なねらいとしている。

また，この中項目は次の中項目「(2)現代社会を捉える枠組み」とともに，「公民的分野の導入部」(内容の取扱い)として位置付けられており，指導に当たっては，「適切かつ十分な授業時数を配当すること」(内容の取扱い)が求められている。

位置や空間的な広がり，推移や変化などに着目してについては，社会的事象の地理的な見方・考え方及び社会的事象の歴史的な見方・考え方を働かせ，アの(ｱ)と(ｲ)，イの(ｱ)と(ｲ)の事項を身に付ける際に着目する視点を意味している。なお，「知識」を身に付けることをねらいとするアに示された事項と，「思考力，判断力，表現力等」を身に付けることをねらいとするイに示された事項は，この中項目の特質に応じ互いに関連させて取り扱うことが必要である。

アは，この中項目で身に付ける「知識」に関わる事項である。

アの(ｱ)の**現代日本の特色として少子高齢化，情報化，グローバル化などが見られることについて理解すること**とは，以下のように捉えることができる。

少子高齢化については，近年の少子化の進行と平均寿命の伸長によって，我が国の人口構造が変化し，世界で類を見ない少子高齢社会を迎えていることや，少子化が一層進み人口減少社会となっていることを理解できるようにすることを意味している。

その際，家族や家族が生活する場としての家庭，学校や地域社会など日常の社会生活と関わりの深い具体的事例を取り上げ，現代社会の特色を理解できるようにすることが大切である。例えば，我が国が人口減少社会を迎えて，家族との生活，学校や地域社会での生活が変容してきていることや，労働力需給や経済成長など国民経済に大きな影響が出ていること，また，医療や年金など社会保障費の財政負担が増大し，財政の状況が悪化していることを理解できるようにすることなどが考えられる。

情報化については，高度情報通信ネットワーク社会の到来により，世界中の人々と瞬時にコミュニケーションをとることが可能になったことや，様々な情報が公開，発信，伝達される状況であることを理解できるようにすることを意味している。

その際，「人工知能の急速な進化などによる産業や社会の構造的な変化などと関連付けたり，災害時における防災情報の発信・活用などの具体的事例を取り上げたりすること」(内容の取扱い)が求められている。したがって，例えば，膨大なデータを分析して災害を予測する研究が進められるなど，人工知能の進化に伴う現代社会の様子と関連付け，観測された情報や予測された情報が迅速に様々

な情報端末に向けて発信されたり，これらを活用することによって被害の予防や拡大防止につながったりしていることを理解できるようにすることなどが考えられる。

グローバル化については，大量の資本や人，商品，情報などが国境を越えて容易に移動することができるようになり，それに伴い国内外に変化が生じていること，各国の相互依存関係が強まっていること，共存のために相互協力が必要とされていることを理解できるようにすることを意味している。

その際，日常の社会生活と関わりの深い具体的事例を取り上げ，現代社会の特色を理解できるようにすることが大切である。例えば，我が国の生産拠点の変化を表した主題図や貿易額の推移を表したグラフ，人々の多様な価値観を背景に生じる対立や衝突などに関わる主題図などの資料から必要な情報を読み取り，グローバル化の現状を理解できるようにすることなどが考えられる。

アの(イ)の**現代社会における文化の意義や影響について理解すること**とは，私たちは文化によって初めて豊かな生活を享受できることなど，文化が現代社会を規定する大きな要因の一つであることについて理解できるようにするとともに，私たちのものの見方や考え方，判断，価値観などが文化によって影響を受けていることなど，社会生活の様々な場面において文化の影響が見られることを理解できるようにすることを意味している。

その際，「科学，芸術，宗教などを取り上げ，社会生活との関わりなどについて学習できるように工夫すること」（内容の取扱い）としている。これについては，例えば，科学では，技術革新によって豊かな生活を享受できるようになってきたことなど，芸術では，感性豊かな人間性を育み文化的な生活を生み出す役割を担っていることなど，宗教では，その考え方が人々の生活に影響を与えていることなどについて理解できるようにすることが考えられる。

イは，この中項目で身に付ける「思考力，判断力，表現力等」に関わる事項である。

イの(ア)と(イ)の事項においては，公民的分野の学習を始めるまでに身に付けている社会的事象の地理的な見方・考え方及び社会的事象の歴史的な見方・考え方を働かせて多面的・多角的に考察し，その過程や結果を適切に表現できるようにすることが大切である。

イの(ア)の**少子高齢化，情報化，グローバル化などが現在と将来の政治，経済，国際関係に与える影響について多面的・多角的に考察し，表現すること**とは，アの(ア)における「現代日本の特色として少子高齢化，情報化，グローバル化などが見られること」の理解を基に，それらの知識などを活用して考察し，表現できるようにすることである。その際，例えば，私たちの身近な生活における変化な

どの具体的事例を取り上げ，第4次産業革命ともいわれる，進化した人工知能が様々な判断を行ったり，身近な物の働きがインターネット経由で最適化されたりする時代の到来が，社会や生活を大きく変えていくとの予測がなされていることを踏まえ，現在と将来の政治，経済，国際関係に与える影響を考察し，表現できるようにすることなどが考えられる。

イの(イ)の**文化の継承と創造の意義について多面的・多角的に考察し，表現すること**とは，アの(イ)における「現代社会における文化の意義や影響」の理解を基に，それらの知識などを活用して考察し，表現できるようにすることである。

その際，「我が国の伝統と文化などを取り扱うこと」（内容の取扱い）とし，私たちの生活の中には我が国の伝統的な考え方や信仰，習慣などの影響が見られること，我が国の伝統と文化が自然や社会との関わりの中で受け継がれてきたこと，日本人の心情やものの考え方の特色などについて考察し，その上で，より豊かな生活を実現していくためには新しい文化の創造に努める必要があること，文化の創造には伝統の継承が含まれており，そのことによって初めて普遍的で個性豊かな文化が育ち得ること，自国の伝統と文化を大切にすることは，他国の伝統と文化を認め，尊重することにつながることなどについて考察し，表現できるようにすることなどが考えられる。

---

(2) 現代社会を捉える枠組み

対立と合意，効率と公正などに着目して，課題を追究したり解決したりする活動を通して，次の事項を身に付けることができるよう指導する。

ア　次のような知識を身に付けること。
　(ア) 現代社会の見方・考え方の基礎となる枠組みとして，対立と合意，効率と公正などについて理解すること。
　(イ) 人間は本来社会的存在であることを基に，個人の尊厳と両性の本質的平等，契約の重要性やそれを守ることの意義及び個人の責任について理解すること。

イ　次のような思考力，判断力，表現力等を身に付けること。
　(ア) 社会生活における物事の決定の仕方，契約を通した個人と社会との関係，きまりの役割について多面的・多角的に考察し，表現すること。

この中項目は，よりよい決定の仕方とはどのようなものか，契約とはどのようなものか，なぜきまりが作られるのか，私たちにとってきまりとは何だろうか，

といったきまりの意義などに関する理解を基に考察し，表現することができる適切な問いを設け，それらの課題を追究したり解決したりする活動を通して，現代社会を捉え，考察，構想する際に働かせる概念的な枠組みの基礎として対立と合意，効率と公正などについて理解できるようにするとともに，内容のＢ以下の公民的分野の学習で扱う現代の社会的事象について関心を高め，課題を意欲的に追究する態度を育成することを主なねらいとしている。

　対立と合意，効率と公正などに着目してについては，アの(ｱ)において身に付ける事項として「対立と合意，効率と公正など」が示されていることから分かるように，この中項目において身に付ける知識であると同時に，アの(ｲ)，イの(ｱ)の事項を身に付ける際に着目する視点でもあることに留意する必要がある。

　アは，この中項目で身に付ける「知識」に関わる事項である。

　アの(ｱ)の**現代社会の見方・考え方の基礎となる枠組みとして，対立と合意，効率と公正などについて理解すること**とは，以下のように捉えることができる。多くの人々は家族，学校，地域社会，職場などの様々な集団を形成し，そこに所属して生活している。そして，集団に所属する人は，一人一人個性があり多様な考え方や価値観をもち，また利害の違いがあることから，当然，集団の内部で問題（トラブル）や紛争が生じる場合もある。また，売買の交渉などにおいて，売り手と買い手が異なる金額や条件を提示してまとまらない場合もある。ここではそれらを「対立」として捉えているのである。

　このような「対立」が生じた場合，多様な考え方をもつ人が社会集団の中で共に成り立ちうるように，また，互いの利益が得られるよう，何らかの決定を行い，「合意」に至る努力がなされていることについて理解できるようにすることを意図している。

　さらに，このような「合意」がなされるためには，決定の内容や手続きの妥当性について判断を行う必要があるが，その際，「効率」や「公正」などの考え方が代表的な判断の基準となる。

　まず「効率」については，社会全体で「無駄を省く」という考え方である。これを別の表現で説明すると「より少ない資源を使って社会全体でより大きな成果を得る」という考え方であるといえる。すなわち，「合意」された内容は社会全体でより大きな成果を得るものになっているかを検討することを意味しているのである。

　一方，「公正」については「みんなが参加して決めているか，だれか参加できていない人はいないか」というような手続きの公正さや「不当に不利益を被っている人をなくす」，「みんなが同じになるようにする」といった機会の公正さや結果の公正さなど，「公正」には様々な意味合いがあることを理解した上で，「合

意」の手続きについての公正さや「合意」の内容の公正さについて検討することを意味している。

アの(イ)の**人間は本来社会的存在であることを基に，個人の尊厳と両性の本質的平等，契約の重要性やそれを守ることの意義及び個人の責任について理解すること**とは，以下のように捉えることができる。

人間は本来社会的存在であるとは，人間は一人で生きているのではなく，様々な社会集団を形成し，その一員として生活していることを意味している。すなわち，人は，様々な社会集団において協力してよりよい生活を営む努力をしているのである。そして，このことの理解を基に，**個人の尊厳と両性の本質的平等，契約の重要性やそれを守ることの意義及び個人の責任について理解**できるようにすることを意味している。

それぞれの集団内では，一人一人が平等な人間として尊重されなければならない。また，人間は社会集団を形成し，その一員として所属する集団や所属員に関わる問題(トラブル)の解決について，どのような決定の仕方が望ましいのか，決定したことを，「きまり」として作ることがある。また，日常生活を送る上で，ある物とある物を交換する場合，どちらかが不利益になることなく互いに満足を得ることができるような取り決めが行われる必要がある。そこで，社会生活で人々がきまりを作ったり取り決めを行ったりしている活動を改めて「契約」という概念で捉え直し，それを守ることによってそれぞれの権利や利益が保障されること，また，互いが納得して受け入れられたものである限りその結果について責任が伴うことを理解できるようにすることが大切である。

なお，ここで身に付けた概念的な枠組みの基礎である対立と合意，効率と公正などは，内容のB以下の学習において活用するとともに，繰り返し吟味して，更に一層現代社会の見方・考え方を鍛えていくことが大切である。

イは，この中項目で身に付ける「思考力，判断力，表現力等」に関わる事項である。

イの(ア)の**社会生活における物事の決定の仕方，契約を通した個人と社会との関係，きまりの役割について多面的・多角的に考察し，表現すること**においては，アの(ア)で身に付けた「現代社会の見方・考え方の基礎となる枠組みとして，対立と合意，効率と公正などについて」や，アの(イ)で身に付けた「個人の尊厳と両性の本質的平等，契約の重要性やそれを守ることの意義及び個人の責任について」の理解を基に，それらの知識を活用して多面的・多角的に考察し，表現できるようにすることが必要である。

例えば，生徒会で規則を作ったり予算を決めたりする（配分する）場合，当初は様々な案があって対立していたとしても，その後，議論などを通して，最終的

にはお互いが納得して合意できる内容に至る。

　その際，より少ない資源を使ってより大きな成果が得られるようにしているか，全員が参加して決めているか，特定の集団（部活動や委員会，学級など）に不利益にならないようにしているかなど，所属する集団や所属員に関わる問題（トラブル）の解決について，具体的・体験的な事例を取り上げ，どのような決定の仕方が望ましいのかを話し合ったり，決定したことを「きまり」として作ったりすることを通して，「契約を通した個人と社会との関係，きまりの役割」について考察し，表現できるようにすることが求められる。

B　私たちと経済

　この大項目は，主として個人，企業及び国や地方公共団体の経済活動を扱い，消費生活を中心に経済活動の意義，市場経済の基本的な考え方，現代の生産や金融などの仕組みや働きなどを理解できるようにすること，個人や企業の経済活動における役割と責任，社会生活における職業の意義と役割及び雇用と労働条件の改善について多面的・多角的に考察し，表現できるようにすること，社会資本の整備，公害の防止など環境の保全，少子高齢社会における社会保障の充実・安定化，消費者の保護など市場の働きに委ねることが難しい諸問題に関して，国や地方公共団体が果たす役割について多面的・多角的に考察，構想し，表現できるようにすること，財政及び租税の役割について多面的・多角的に考察し，表現できるようにすることなどを主なねらいとしている。

　特に，経済に関する内容の学習については，なぜそのような仕組みがあるのか，どのような役割を果たしているのかということを理解できるようにしたり，経済活動が我々の社会生活にあらゆる面で密接な関わりをもっていることを踏まえたりしながら，今日の経済活動に関する諸課題について着目し，主権者として，よりよい社会の構築に向けて，その課題を解決しようとする力を養うことが大切である。

　また，内容のAの「(2)現代社会を捉える枠組み」の学習の成果を生かし，経済に関する様々な事象や課題を捉え，考察，構想する際の概念的な枠組みとして対立と合意，効率と公正，分業と交換，希少性などに着目したり関連付けたりして，経済に関する様々な事象などを理解できるようにしたり，合意形成や社会参画を視野に入れながら，経済に関する課題の解決に向けて多面的・多角的に考察，構想できるようにする。さらに，理解した内容や考察，構想した過程や結果について，その妥当性や効果，実現可能性などを踏まえて表現できるように指導することをねらいとしている。

　以上のねらいに基づき，この大項目における二つの中項目は，次のような観点

から内容が構成されている。

「(1)市場の働きと経済」では，経済活動の意義について消費生活を中心に理解できるようにするとともに，価格の決まり方や資源の配分についての理解を基に市場経済の基本的な考え方について理解できるようにする。また，現代の生産や金融などの仕組みや働きなどを理解できるようにするとともに，個人や企業の経済活動における役割と責任，社会生活における職業の意義と役割及び雇用と労働条件の改善について多面的・多角的に考察し，表現できるようにする。

「(2)国民の生活と政府の役割」では，社会資本の整備，公害の防止など環境の保全，少子高齢社会における社会保障の充実・安定化，消費者の保護について，それらの意義の理解を基に，国や地方公共団体に任せた方が効率的であったり公正であったりする問題や，市場の働きに任せたままでは解決が難しかったりする問題に関して，国や地方公共団体が果たす役割について多面的・多角的に考察，構想し，表現できるようにする。また，財政及び租税の意義，国民の納税の義務についての理解を基に，財源の確保と配分という観点から財政及び租税の役割について多面的・多角的に考察し，表現できるようにする。

以上のような大項目のねらいと内容構成の趣旨を踏まえ，現実の経済に対する関心を高め，身近で具体的な事例を取り上げて学習を展開し，経済に関する課題を解決しようとする態度を養っていくことが大切である。

その際，「分野の内容に関係する専門家や関係諸機関などと円滑な連携・協働を図り，社会との関わりを意識した課題を追究したり解決したりする活動を充実させること」（内容の取扱い）が大切である。

---

(1) 市場の働きと経済

　　対立と合意，効率と公正，分業と交換，希少性などに着目して，課題を追究したり解決したりする活動を通して，次の事項を身に付けることができるよう指導する。

　ア　次のような知識を身に付けること。

　　(ｱ) 身近な消費生活を中心に経済活動の意義について理解すること。

　　(ｲ) 市場経済の基本的な考え方について理解すること。その際，市場における価格の決まり方や資源の配分について理解すること。

　　(ｳ) 現代の生産や金融などの仕組みや働きを理解すること。

　　(ｴ) 勤労の権利と義務，労働組合の意義及び労働基準法の精神について理解すること。

　イ　次のような思考力，判断力，表現力等を身に付けること。

　　(ｱ) 個人や企業の経済活動における役割と責任について多面的・多角

　　　　的に考察し，表現すること。
　　(イ) 社会生活における職業の意義と役割及び雇用と労働条件の改善に
　　　　ついて多面的・多角的に考察し，表現すること。

（内容の取扱い）

(3) 内容のBについては，次のとおり取り扱うものとする。
　ア　(1)については，次のとおり取り扱うものとすること。
　　(ｱ) アの(ｲ)の「市場における価格の決まり方や資源の配分」につい
　　　ては，個人や企業の経済活動が様々な条件の中での選択を通して行
　　　われていることや，市場における取引が貨幣を通して行われている
　　　ことなどを取り上げること。
　　(ｲ) イの(ｱ)の「個人や企業の経済活動における役割と責任」につい
　　　ては，起業について触れるとともに，経済活動や起業などを支える
　　　金融などの働きについて取り扱うこと。イの(ｲ)の「社会生活にお
　　　ける職業の意義と役割及び雇用と労働条件の改善」については，仕
　　　事と生活の調和という観点から労働保護立法についても触れるこ
　　　と。

　この中項目は，経済活動の意義について消費生活を中心に学びながら，なぜ市場経済という仕組みがあるのか，どのような機能があるのか，なぜ金融は必要なのか，どうしてそのような仕組みがあるのか，個人や企業には経済活動においてどのような役割と責任があるのか，といった市場経済の基本となる考え方などに関する理解を基に考察し，表現することができる適切な問いを設け，それらの課題を追究したり解決したりする活動を通して，市場の働きと経済について関心を高め，課題を意欲的に追究する態度を育成することを主なねらいとしている。

　アは，この中項目で身に付ける「知識」に関わる事項である。

　アの(ｱ)の身近な消費生活を中心に経済活動の意義について理解することについては，経済活動が，一般的に人々が求める財やサービスを生産し，これらを消費することで生活を成り立たせている人間の活動であり，経済活動の意義とは，人間の生活の維持・向上にあり，経済は生活のための手段に他ならないことを，生徒の身近な経済生活である消費を中心に理解できるようにすることを意味している。

　アの(ｲ)の市場経済の基本的な考え方について理解すること。その際，市場における価格の決まり方や資源の配分について理解することについては，「個人や

企業の経済活動が様々な条件の中での選択を通して行われていることや，市場における取引が貨幣を通して行われていることなどを取り上げること」（内容の取扱い）を通して理解できるようにすることを意味している。

個人や企業の経済活動が様々な条件の中での選択を通して行われていること…を取り上げること（内容の取扱い）とは，以下のように捉えることができる。一般に，人間の欲求は多様で無限に近いものであるのに対し，財やサービスを生み出すための資源は有限であり，生み出される財やサービスもまた有限である。つまり，地球上に存在するほぼ全てのものは「希少性」があるといえるのである。そこで，所得，時間，土地，情報など限られた条件の下において，価格を考慮しつつ選択を行うという経済活動がなされるのである。

したがってここでは，市場経済において個々人や企業は価格を考慮しつつ，何をどれだけ生産・消費するか選択すること，また，価格には，何をどれだけ生産・消費するかに関わって，人的・物的資源を効率よく配分する働きがあることなど，市場経済の基本的な考え方を，具体的事例を取り上げて理解できるようにすることを意味している。

なお，市場経済においてこれらの選択を行うに当たっては，あるものをより多く生産・消費するときには，他のものを少なく生産・消費しなければならないことがあることを理解できるようにすることが必要である。

また，**市場における取引が貨幣を通して行われていることなどを取り上げること**（内容の取扱い）については，財やサービスの取引は貨幣を通して行われていることを理解できるようにするだけでなく，近年ではICTの発達などにより，フィンテックと呼ばれるIoT，ビッグデータ，人工知能といった技術を使った革新的な金融サービスを提供する動きが多く見られ，様々な支払い方法が用いられるようになってきていることを理解できるようにすることも必要である。

アの(ｳ)の**現代の生産や金融などの仕組みや働きを理解すること**については，家計と企業との関連に着目しながら，人々が求める財やサービスを作り出す生産が，家計によって提供される労働やその他の資源を投入して企業を中心に行われていることについて理解できるようにすることを意味している。つまり，家計と企業，企業間などにおいて「分業と交換」が行われているといえるのである。

その際，各企業は企業間で「分業」を行い，中間財を含めた財やサービスを「交換」することを通して人々が求める財やサービスを作り出すことによって，私たちの生活が成り立っていることを理解できるようにする必要がある。

また，金融の仕組みや働きについては，家計の貯蓄などが企業の生産活動や社会に必要な様々な形態の起業のための資金，人々の生活の資金などとして円滑に循環するために，金融機関が仲介する間接金融と，株式や債券などを発行して直

接資金を集める直接金融を扱い，金融の仕組みや働きを理解できるようにすることを意味している。

アの(エ)の**勤労の権利と義務，労働組合の意義及び労働基準法の精神について理解すること**については，勤労が国民の権利であり義務であることや職業選択の自由が保障されていることと関連付けて理解できるようにするとともに，正しい勤労観や職業観の基礎を培うことが必要である。また，労働条件の維持・改善及び経済的地位の向上を図ることを主たる目的として労働者が自主的に組織する労働組合の意義や労働基準法が労働者が人たるに値する生活を営むための最低の基準を定め，労働者を保護しようとしていることと関連付けて理解できるようにすることが必要である。

イは，この中項目で身に付ける「思考力，判断力，表現力等」に関わる事項である。

イの(ア)の**個人や企業の経済活動における役割と責任について多面的・多角的に考察し，表現すること**については，「起業について触れるとともに，経済活動や起業などを支える金融などの働きについて取り扱うこと」（内容の取扱い）を通して多面的・多角的に考察し，表現できるようにすることを意味している。

個人…の経済活動における役割と責任は，勤労の権利と義務についての理解を基に，個人は働くことを通して企業に労働力を提供して所得（収入）を得ること，また，様々な財やサービスの購入・消費を通して豊かな生活を送ることや企業に利潤（利益）をもたらすことについて多面的・多角的に考察し，表現できるようにすることを意味している。

企業の経済活動における役割と責任は，企業は利潤（利益）を追求するとともに人々が必要とする安全で安心な財やサービスを生産することや，公正な経済活動を行うこと，また，その際企業は雇用の安定や福利厚生など雇用に伴う責任を果たすとともに，環境への配慮や社会貢献に関する活動を行っていることなどについて多面的・多角的に考察し，表現できるようにすることを意味している。

起業について触れるとともに，経済活動や起業などを支える金融などの働きについて取り扱うこと（内容の取扱い）については，少子高齢化，情報化，グローバル化など社会の変化に伴って，今後新たな発想や構想に基づいて財やサービスを創造することの必要性が一層生じることが予想される中で，社会に必要な様々な形態の起業を行うことの必要性に触れること，経済活動や起業などを支える金融などの働きが重要であることについて取り扱うことを意味している。

その際，効率と公正などに着目したり関連付けたりして，これまで我が国の経済活動を支えてきた個人や企業の取組を受け継ぎつつ，今後様々な形態の起業が市場の拡大や多様化を促し，新たな雇用を創出することが予測されていることに

ついて多面的・多角的に考察し，表現できるようにすることが大切である。また，資金の流れや企業の経営の状況などを表す企業会計の意味を考察することを通して，企業を経営したり支えたりすることへの関心を高めるとともに，利害関係者への適正な会計情報の提供及び提供された会計情報の活用が求められていること，これらの会計情報の提供や活用により，公正な環境の下での法令等に則った財やサービスの創造が確保される仕組みとなっていることを理解できるようにすることも大切である。

イの(イ)の社会生活における職業の意義と役割及び雇用と労働条件の改善について多面的・多角的に考察し，表現することについては，「仕事と生活の調和という観点から労働保護立法についても触れること」（内容の取扱い）を通して多面的・多角的に考察し，表現できるようにすることを意味している。

職業の意義と役割及び雇用などについては，勤労の権利と義務についての理解を基に，労働によって家計を維持・向上させるだけでなく，個人の個性を生かすとともに，個人と社会とを結び付け，社会的分業の一部を担うことによって社会に貢献し，社会生活を支えるという意義があることについて多面的・多角的に考察し，表現できるようにすることを意味している。また，家計を維持・向上させる上で，雇用と労働条件の改善が重要であることについての理解を基に，産業構造の変化や就業形態の変化，内容のAの「(1)私たちが生きる現代社会と文化の特色」のアの(ア)の「現代日本の特色」についての学習などと関連付けながら多面的・多角的に考察し，表現できるようにすることが大切である。

その際，国民一人一人が生きがいや充実感をもって働き，仕事上の責任を果たすとともに，家庭や地域社会などでの生活において，人生の各段階に応じて多様な生き方の選択・実現を可能とするために，仕事と生活の調和（ワーク・ライフ・バランス）という観点から，違法な時間外労働や賃金の不払いなどが疑われる企業等との間でトラブルに見舞われないための予防とするための，またトラブルに直面した場合に適切な行動がとれるようにするための労働保護立法などに触れ，社会生活における職業の意義と役割及び雇用と労働条件の改善について多面的・多角的に考察し，表現できるようにすることが大切である。

---

(2) 国民の生活と政府の役割

　対立と合意，効率と公正，分業と交換，希少性などに着目して，課題を追究したり解決したりする活動を通して，次の事項を身に付けることができるよう指導する。

ア　次のような知識を身に付けること。

　(ア) 社会資本の整備，公害の防止など環境の保全，少子高齢社会にお

ける社会保障の充実・安定化，消費者の保護について，それらの意
　　　義を理解すること。
　　(イ)　財政及び租税の意義，国民の納税の義務について理解すること。
　イ　国民の生活と福祉の向上を図ることに向けて，次のような思考力，
　　判断力，表現力等を身に付けること。
　　(ア)　市場の働きに委ねることが難しい諸問題に関して，国や地方公共
　　　団体が果たす役割について多面的・多角的に考察，構想し，表現す
　　　ること。
　　(イ)　財政及び租税の役割について多面的・多角的に考察し，表現する
　　　こと。

(内容の取扱い)

　イ　(2)については，次のとおり取り扱うものとすること。
　　(ア)　アの(ア)の「消費者の保護」については，消費者の自立の支援など
　　　も含めた消費者行政を取り扱うこと。
　　(イ)　イの(イ)の「財政及び租税の役割」については，財源の確保と配分
　　　という観点から，財政の現状や少子高齢社会など現代社会の特色を踏
　　　まえて財政の持続可能性と関連付けて考察し，表現させること。

　この中項目は，国民の生活と福祉の向上を図ることに向けて，なぜ全ての経済活動を市場の働きだけに任せておくことができないのか，国や地方公共団体はどのような役割を果たしているのか，財政及び租税の役割はどのようなことなのか，といった市場の働きに委ねることが難しい諸問題などに関する理解を基に考察し，表現することができる適切な問いを設け，それらの課題を追究したり解決したりする活動を通して，国民の生活と政府の役割について関心を高め，課題を意欲的に追究する態度を育成することを主なねらいとしている。

　アは，この中項目で身に付ける「知識」に関わる事項である。

　アの(ア)の**社会資本の整備…の意義を理解すること**については，社会資本が多くの経済活動を円滑に進めるために必要な基礎的施設として，間接的に経済の発展に役立つことについて理解できるようにするとともに，我が国の社会資本の現状及び社会の変化を踏まえ，福祉の向上を図る上で生活に関連した社会資本の充実が必要であることを理解できるようにすることを意味している。

　公害の防止など環境の保全…の意義を理解することについては，地理的分野及び歴史的分野の学習との関連を考慮しながら，個人の生活や産業の発展などに伴

う公害など環境汚染や自然破壊の問題について理解できるようにすることを意味している。そして，現在及び将来の国民の健康で文化的な生活の確保に寄与するとともに人類の福祉に貢献するという視点に立って，環境を保全し，積極的に人間環境の改善を図るようにすることの重要性について理解できるようにすること，さらに，これらの問題の解決を図るためには，環境保全対策が国や地方公共団体の重要な課題であり，これまで様々な取組がなされてきたこと，我々の生活の在り方を見直し個人や企業が責任ある行動をとるようにする必要があることを理解できるようにすることを意味している。

少子高齢社会における社会保障の充実・安定化…の意義を理解することについては，日本国憲法第25条の精神に基づく社会保障制度の基本的な内容の理解を基に，その充実・安定化を図っていく必要があることを理解できるようにするとともに，財政の現状や少子高齢社会など現代社会の特色などを踏まえながら，受益と負担の均衡のとれた持続可能な社会保障制度の構築など，これからの福祉社会の目指す方向について理解できるようにすることを意味している。

その際，貯蓄や民間の保険などにも触れ，社会保障の充実・安定化のためには，自助，共助及び公助が最も適切に組み合わされるよう留意することが求められていることについても理解できるようにすることが大切である。

消費者の保護…の意義を理解することについては，「消費者の自立の支援なども含めた消費者行政を取り扱うこと」（内容の取扱い）としている。ここでは，消費者の利益の擁護及び増進について，消費者の権利の尊重及びその自立の支援などのため，国は消費者政策を推進する役割を，地方公共団体は地域の社会的，経済的な状況に応じた消費者政策を推進する役割を担っていることを具体的な事例を通して理解できるようにするとともに，企業は消費者の安全や，消費者との取引における公正さを確保するなどの責務や，国や地方公共団体の政策に協力する責任があることについて理解できるようにすることを意味している。また，消費者も自らの利益の擁護及び増進のために自立した消費者になることとともに，個々の消費者の特性及び消費生活の多様性を相互に尊重しつつ，自らの消費生活に関する行動が現在及び将来の世代にわたって内外の社会経済情勢及び地球環境に影響を及ぼし得るものであることを自覚して，公正かつ持続可能な社会の形成に積極的に参画することが期待されていることや，どのような消費者行政が行われているのかということについて理解できるようにすることを意味している。

アの(イ)の**財政及び租税の意義，国民の納税の義務について理解すること**については，財政の歳入・歳出における内容や現状を具体的に取り上げ，財政が社会資本の整備や外交，防衛などの公共財の提供などによって，現在世代のみならず将来世代をも含め，持続可能な社会の形成に資することも念頭に，人々の生活を

保障する国民福祉の観点に立って行われるべきものであることを理解できるようにするとともに，統計資料などを有効に活用しながら租税の大まかな仕組みやその特徴にも触れ，国民生活に大きな影響力をもつ財政を支える租税の意義や税制度の基礎を理解できるようにすることを意味している。

また，国民が納税の義務を果たすことの大切さを理解できるようにするとともに，平和で民主的な国家及び社会の形成者として必要な公民としての資質・能力を備えた国民の育成という観点から，税の負担者として租税の使いみちや配分の在り方を選択・判断する責任があることなどについて理解と関心を深めるなど納税者としての自覚を養うことが大切である。

イは，この中項目で身に付ける「思考力，判断力，表現力等」に関わる事項である。

イの(ア)の**市場の働きに委ねることが難しい諸問題に関して，国や地方公共団体が果たす役割について多面的・多角的に考察，構想し，表現すること**とは，社会資本の整備，公害の防止など環境の保全，少子高齢社会における社会保障の充実・安定化，消費者の保護など国や地方公共団体に任せた方が効率的であったり，公正であったり，市場の働きだけに任せたままでは解決が難しかったりする問題について多面的・多角的に考察，構想し，表現できるようにすることを意味している。

イの(イ)の**財政及び租税の役割について多面的・多角的に考察し，表現すること**については，「財源の確保と配分という観点から，財政の現状や少子高齢社会など現代社会の特色を踏まえて財政の持続可能性と関連付けて考察し，表現させること」（内容の取扱い）としている。

財政支出に対する要望は広範多岐にわたり，そのための財源の確保が必要であるが，国や地方公共団体の財源は無限にあるわけではなく，税収に加え特例公債の発行などによって賄われている現状の理解を基に，効率と公正，希少性などに着目して，財源の確保と配分について，国民や住民が受ける様々な公共サービスによる便益と，それにかかる費用に対する負担など財政の持続可能性に関わる概念などと関連付けて多面的・多角的に考察し，表現できるようにすることを意味している。

その際，中項目(1)のアの(イ)の「市場経済の基本的な考え方」で学習した「個人や企業の経済活動が様々な条件の中での選択を通して行われていること」（内容の取扱い）や，中項目(2)のアの(イ)の「財政及び租税の意義，国民の納税の義務」で学習したことの理解を基とすることが必要である。さらに，例えば，少子高齢社会における社会保障の充実・安定化とその財源の確保の問題をどのように解決していったらよいか，社会保障・税番号制度（マイナンバー）に触れながら，

税の負担者として自分の将来と関わらせて，税制度について考察したことをまとめたり，説明したりする活動を取り入れるなどの工夫をすることも考えられる。

C　私たちと政治

　この大項目は，民主主義の基礎には個人の尊厳と人権の尊重という考え方があり，それが法によって保障されていること，また，自らが自らを治めるという民主政治の基本となる考え方は，現代の国家においては国民によって選出された代表者が治めるという代表民主制の仕組みに反映されていることの理解を基に，国や地方公共団体の政治の仕組みについて理解できるようにするとともに，主権者としての政治参加の在り方について多面的・多角的に考察，構想し，表現できるようにすることを通して，地方自治や我が国の民主政治の発展に寄与しようとする自覚や住民としての自治意識の基礎を養うようにすることを主なねらいとしている。

　特に，法や政治に関する内容の学習においては，単に法が規定している内容や政治制度についての理解で終わることなく，なぜそのような規定があるのか，その規定を設けた基本的な考え方や意義を理解できるようにしたり，なぜ現在このような制度が設けられているのか，その制度を成り立たせている基本的な考え方や意義を中心に理解できるようにしたりすることが大切である。

　また，内容のAの「(2)現代社会を捉える枠組み」の学習の成果を生かし，政治に関する様々な事象や課題を捉え，考察，構想する際の概念的な枠組みとして対立と合意，効率と公正，個人の尊重と法の支配，民主主義などに着目したり関連付けたりして，政治に関する様々な事象などを理解できるようにしたり，合意形成や社会参画を視野に入れながら，政治に関する課題の解決に向けて多面的・多角的に考察，構想できるようにする。さらに，理解した内容や考察，構想した過程や結果について，その妥当性や効果，実現可能性などを踏まえて表現できるように指導することをねらいとしている。

　以上のねらいに基づき，この大項目における二つの中項目は，次のような観点から内容が構成されている。

　「(1)人間の尊重と日本国憲法の基本的原則」では，個人の尊重と法の支配，民主主義など民主政治の基本となる考え方について理解できるようにするために，人間の尊重についての考え方を，民主社会において全ての人間に保障されるべき価値を内容としてもつ基本的人権を中心に深めることができるようにする。また，各人の人権を守り社会生活を営む規範となることに法の意義があること，そして，そのような法に基づいて政治を行うことによって基本的人権を保障することを目指していることを理解できるようにし，我が国の政治が日本国憲法に基づいて行われていることの意義について多面的・多角的に考察し，表現できるよう

にする。その上で，日本国憲法の基本的原則，天皇の地位と天皇の国事に関する行為について理解できるようにする。

「(2)民主政治と政治参加」では，国会を中心とする我が国の政治の仕組みのあらましや政党の役割，議会制民主主義の意義，多数決の原理とその運用の在り方について理解を深めることができるようにする。また，法に基づく公正な裁判の保障があることについて理解できるようにする。さらに，住民自治を基本とした地方自治の基本的な考え方を理解できるようにするとともに，民主政治の推進と，公正な世論の形成や選挙など国民の政治参加との関連について多面的・多角的に考察，構想し，表現できるようにする。

以上のような大項目のねらいと内容構成の趣旨を踏まえ，現実の政治に対する関心を高め，身近で具体的な事例を取り上げて学習を展開し，将来国政に参加する公民としての意欲と態度を育成するように配慮することが大切である。

その際，「分野の内容に関係する専門家や関係諸機関などと円滑な連携・協働を図り，社会との関わりを意識した課題を追究したり解決したりする活動を充実させること」（内容の取扱い）が大切である。

---

(1) 人間の尊重と日本国憲法の基本的原則

　対立と合意，効率と公正，個人の尊重と法の支配，民主主義などに着目して，課題を追究したり解決したりする活動を通して，次の事項を身に付けることができるよう指導する。

ア　次のような知識を身に付けること。
　(ｱ) 人間の尊重についての考え方を，基本的人権を中心に深め，法の意義を理解すること。
　(ｲ) 民主的な社会生活を営むためには，法に基づく政治が大切であることを理解すること。
　(ｳ) 日本国憲法が基本的人権の尊重，国民主権及び平和主義を基本的原則としていることについて理解すること。
　(ｴ) 日本国及び日本国民統合の象徴としての天皇の地位と天皇の国事に関する行為について理解すること。

イ　次のような思考力，判断力，表現力等を身に付けること。
　(ｱ) 我が国の政治が日本国憲法に基づいて行われていることの意義について多面的・多角的に考察し，表現すること。

この中項目は，個人の尊重と法の支配，民主主義など，法に基づく民主政治の基本となる考え方に関する理解を基に，政治及び法に関する様々な事象を捉え，

考察し，表現することができる適切な問い，例えば，人間の尊重とはどういうことか，それはどのような方法で実現できるのか，なぜ法に基づいて政治が行われることが大切なのか，といった問いを設け，それらの課題を追究したり解決したりする活動を通して，日本国憲法の基本的な考え方及び我が国の政治が日本国憲法に基づいて行われていることの意義について理解を深めることができるようにすることを主なねらいとしている。

　また，内容の全般にわたって，この中項目では，日本国憲法の基本的原則を具体的な生活との関わりから学習させ，自由・権利と責任・義務との関係を社会生活の基本として広い視野から正しく認識させることが必要である。また，日本国憲法が，基本的人権の規定とそれを保障する政治機構を主な内容としていることなど，日本国憲法の構成を大きく捉えることができるようにすることが大切である。

　アは，この中項目で身に付ける「知識」に関わる事項である。

　アの(ｱ)の**人間の尊重についての考え方を，基本的人権を中心に深め，法の意義を理解すること**については，民主主義は，個人の尊重あるいは個人の尊厳を基礎とし，全ての国民の自由と平等が確保されて実現するものであることについて理解を深めることができるようにすることが大切である。

　その際，人間が生まれながらにもつ権利として保障されている基本的人権の内容の理解を基に，人間の尊重の意味やその在り方について理解を深めることができるようにするとともに，基本的人権を保障している法の意義について理解できるようにする。

　アの(ｲ)の**民主的な社会生活を営むためには，法に基づく政治が大切であることを理解すること**については，民主的な社会における法は，国民生活の安定と福祉の向上を目指し，国民の代表によって構成されている議会によって国民の意思のあらわれとして制定されるものであり，このような「法に基づく政治」が民主政治の原理となっていることを理解できるようにすることが大切である。具体的には，国や地方公共団体が，国民の自由と権利を侵さないようにそうした法の拘束を受けながら政治を行っており，恣意的支配を排除しようとしていること，独裁政治や専制政治とは異なるものであることを理解できるようにすることを意味している。

　その際，主権者である国民が，その意思に基づき，憲法において国家権力の行使の在り方について定め，これにより国民の基本的人権を保障するという近代憲法の基本となる考え方である立憲主義や，人権の保障と恣意的権力の抑制とを主旨として，全ての権力に対する法の優越を認める考え方である法の支配について理解できるようにするとともに，我が国においてはこれらの立憲主義や法の支配と同様の考え方に立って日本国憲法が制定されており，その改正のための国民投

票の具体的な手続きも法律によって定められていることについて理解できるようにすることが必要である。

アの(ｳ)の**日本国憲法が基本的人権の尊重，国民主権及び平和主義を基本的原則としていることについて理解すること**については，まず，「基本的人権の尊重」が日本国憲法の基本的原則となっていることについて，二つの点から理解できるようにすることを意味している。

一つは，基本的人権の理念が，人類の多年にわたる自由獲得の努力の成果であり，過去幾多の試練に堪えてきた価値あるものであること，いま一つは，基本的人権の理念が，自由で幸福な人間らしい生活を願う人々にとって，広く支持され得る普遍的な内容をもっているので国の政治や人々の社会生活を具体的に律する有効な指針となることである。すなわち，現代の社会生活において，人間の生き方が問われ，豊かな人間性を育てることが基本的な課題として重視されているが，その際，人間の尊重を核心とする基本的人権の理念は最もすぐれた具体的な指針となると考えられるのである。

その際，抽象的な理解にならないように，日常の具体的な事例を取り上げ，基本的人権に関連させて扱い，権利相互の関係や人権をめぐる諸課題についても理解できるようにするとともに，歴史的分野における「民主政治の来歴」や「人権思想の発達や広がり」などの観点からの学習の成果を踏まえることが大切である。

次に，「国民主権」については，国の政治を最終的に決定する権力が国民にあることを述べたものであり，代表民主制においては，その権力が国民の代表者によって行使されることを理解できるようにすることを意味している。

そして，「平和主義」については，日本国民は，第二次世界大戦その他過去の戦争に対する反省と第二次世界大戦の末期に受けた原爆の被害などのいたましい経験から，政府の行為によって再び戦争の惨禍が起こることのないように望み，平和を愛する諸国民の公正と信義に信頼して，国の安全と生存を保持しようと願い，国際紛争解決の手段としての戦争を放棄し，陸海空軍その他の戦力を保持しないことを決意したことについて理解できるようにすることを意味している。

アの(ｴ)の**日本国及び日本国民統合の象徴としての天皇の地位と天皇の国事に関する行為について理解すること**については，国民主権と関連させながら，天皇が日本国及び日本国民統合の象徴であることと，内閣の助言と承認によって行われる天皇の国事行為の特色について理解できるようにすることを意味している。

イは，この中項目で身に付ける「思考力，判断力，表現力等」に関わる事項である。

イの(ｱ)の**我が国の政治が日本国憲法に基づいて行われていることの意義について多面的・多角的に考察し，表現すること**については，法の意義及び法に基づ

く政治の理解を基に，日本国憲法が最高法規であることや，日本国憲法に基づく政治によって，国民の自由と権利が守られ，民主的な政治が行われるということについて多面的・多角的に考察し，表現できるようにすることを意味している。

その際，小学校社会科における「日本国憲法が国民生活に果たす役割」などの学習の成果も踏まえ，取り扱う課題に即して日本国憲法の条文などを適切に関連付けて考察し，表現できるようにすることが大切である。

---

(2) 民主政治と政治参加

対立と合意，効率と公正，個人の尊重と法の支配，民主主義などに着目して，課題を追究したり解決したりする活動を通して，次の事項を身に付けることができるよう指導する。

ア　次のような知識を身に付けること。

(ｱ) 国会を中心とする我が国の民主政治の仕組みのあらましや政党の役割を理解すること。

(ｲ) 議会制民主主義の意義，多数決の原理とその運用の在り方について理解すること。

(ｳ) 国民の権利を守り，社会の秩序を維持するために，法に基づく公正な裁判の保障があることについて理解すること。

(ｴ) 地方自治の基本的な考え方について理解すること。その際，地方公共団体の政治の仕組み，住民の権利や義務について理解すること。

イ　地方自治や我が国の民主政治の発展に寄与しようとする自覚や住民としての自治意識の基礎を育成することに向けて，次のような思考力，判断力，表現力等を身に付けること。

(ｱ) 民主政治の推進と，公正な世論の形成や選挙など国民の政治参加との関連について多面的・多角的に考察，構想し，表現すること。

（内容の取扱い）

(4) 内容のＣについては，次のとおり取り扱うものとする。

ア　(2)のアの(ｳ)の「法に基づく公正な裁判の保障」に関連させて，裁判員制度についても触れること。

この中項目は，個人の尊重と法の支配，民主主義など，法に基づく民主政治の基本となる考え方に関する理解を基に，民主政治の推進と，公正な世論の形成や

選挙など国民の政治参加との関連について考察，構想し，表現することができる適切な問い，例えば，議会制民主主義が取り入れられているのはなぜか（なぜ議会を通して政治が行われるのか），民主政治をよりよく運営していくためにはどのようなことが必要か，自治とは何か，といった問いを設け，それらの課題を追究したり解決したりする活動を通して，地方自治や我が国の民主政治の発展に寄与しようとする自覚や住民としての自治意識の基礎を育成することを主なねらいとしている。

アは，この中項目で身に付ける「知識」に関わる事項である。

アの(ｱ)の**国会を中心とする我が国の民主政治の仕組みのあらましや政党の役割を理解すること**については，民主政治とそれを支える国民という観点から基本的事項について理解できるようにすることを意味している。

すなわち，国会については，主権者である国民の代表者によって構成される国権の最高機関であり，国の唯一の立法機関であることを理解できるようにするとともに，内閣については，国会が国権の最高機関であることの理解と関連させ，我が国が議院内閣制を採用していること，衆議院の総選挙が行われれば必ず内閣は総辞職し，民意を反映した新しい内閣ができる仕組みを取っていることについて理解できるようにすることを意味している。その際，近代国家の多くが権力分立制を取り入れていることや，それが，政治権力が特定の者に集中し，乱用されることを防止し，国民の自由や権利を守る上で大切なものであることを理解できるようにすることが大切である。

政党については，それが同じ政治上の主義・主張を有する者により組織され，政策を示し多くの人々の合意を得て政権を獲得しそれを実現しようとする団体であり，議会制民主主義の運営上欠くことのできないものであることについて理解できるようにすることを意味している。その際，現在の政党への関心を高めるように扱い，特定の政党の由来や綱領の細かい事柄に触れないようにすること，政党には様々な立場があり，それぞれ国民から支持されていることを理解できるようにするなど適切な指導が必要である。

アの(ｲ)の**議会制民主主義の意義…について理解すること**については，国民の代表者によって構成される議会で国の基本的な政策を決定する議会制民主主義が我が国の政治の原則となっていること，また国民の意思が国政の上に十分反映されてこそ，全ての国民が自由と豊かな生活を保障されるようになること，したがって，議会制民主主義を守り，発展させようとする努力が必要であることについて理解できるようにすることが大切である。

また，**多数決の原理とその運用の在り方について理解すること**については，まず，多数決が民主的な議決方法として，国会における審議の際に国家の意思決定

の方法として用いられていることなど，国政をはじめとする多くの場において用いられていることの理由について，十分に考察することを通して理解できるようにすることを意味している。

その際，内容のＡの「(2)現代社会を捉える枠組み」のイの(ｱ)の「社会生活における物事の決定の仕方」についての学習と関連付けながら，多数決の原理が国民のための政治に結び付くには十分な説得と討論が前提となること，そのためには言論の自由が保障されなければならないことについて，十分に理解できるようにすること，さらに，多数決が公正に運用されるためには，反対意見や少数意見が十分に尊重されることが必要であることや，多数決で決めてはならないことがあることについても理解できるようにすることが大切である。

アの(ｳ)の**国民の権利を守り，社会の秩序を維持するために，法に基づく公正な裁判の保障があることについて理解すること**については，法に基づく公正な裁判によって国民の権利が守られ，社会の秩序が維持されていること，そのため，司法権の独立と法による裁判が憲法で保障されていることについて理解できるようにすることを意味している。

その際，抽象的な理解にならないように裁判官，検察官，弁護士などの具体的な働きを通して理解できるようにするなどの工夫が大切である。

また，「裁判員制度についても触れ」（内容の取扱い）ながら国民の司法参加の意義について考察できるようにし，国民が刑事裁判に参加することによって，裁判の内容に国民の視点，感覚が反映されることになり，司法に対する国民の理解が深まり，その信頼が高まることを期待して裁判員制度が導入されたことについて理解できるようにすることが大切である。

アの(ｴ)の**地方自治の基本的な考え方について理解すること。その際，地方公共団体の政治の仕組み，住民の権利や義務について理解すること**については，住民自治を基本とする地方自治の考え方について理解できるようにすることを意味している。すなわち，地域社会における住民の福祉は住民の自発的努力によって実現するものであり，住民参加による住民自治に基づくものであること，そして，このような住民自治を基本とする地方自治の考え方が，地方公共団体の政治の仕組みや働きを貫いている基本的な考え方であることについて理解できるようにすることを意味している。

地方公共団体の政治の仕組み，住民の権利や義務について理解することについては，地方公共団体の政治についても代表民主制の仕組みが取り入れられており，住民の代表として選出された執行機関の最高責任者である首長と，同じく住民の代表として選出された議員によって構成される議会の二つの機関の関係を中心に理解できるようにすることを意味している。

また，このことを理解できるようにするために，身近な地方公共団体の政治について取り上げるとともに，住民の権利や義務に関連付けて扱うことにより，地域社会への関心を高め，地方自治の発展に寄与しようとする住民としての自治意識の基礎を育成することが大切である。さらに，日本国憲法における地方自治の保障の重要性を理解できるようにすることも大切である。

　イは，この中項目で身に付ける「思考力，判断力，表現力等」に関わる事項である。

　イの(ｱ)の民主政治の推進と，公正な世論の形成や選挙など国民の政治参加との関連について多面的・多角的に考察，構想し，表現することについては，民主政治を推進するためには，公正な世論の形成や選挙など国民の政治参加が必要となること，また，国民の意思を国政や地方の政治に十分反映させることが必要であり，国民一人一人が政治に対する関心を高め，主権者であるという自覚を深め，主体的に政治に参画することについて多面的・多角的に考察，構想し，表現できるようにすることを意味している。例えば，世論を形成し，国民の意思を政治に反映させるに当たっては，選挙，住民運動，政党の役割やマス・コミュニケーション，ソーシャル・ネットワーキング・サービス（SNS）の働きが大きいこと，そして，言論，出版その他の表現の自由の保障や主権者としての良識ある主体的な判断力の育成が民主政治にとって大切であることを，国民の政治参加と関連付けて多面的・多角的に考察，構想し，表現できるようにするなどの工夫が大切である。また，内容のＡの「(2)現代社会を捉える枠組み」で学習したことを踏まえた上で，個人の尊重と法の支配，民主主義などに着目したり関連付けたりして多面的・多角的に考察，構想したことをまとめたり，説明したりする活動を取り入れるなどの工夫も大切である。

　なお，選挙については，選挙に関する具体的な事例を取り上げて関心を高め，選挙が，主権をもつ国民の意思を政治に反映させるための主要な方法であり，議会制民主主義を支えるものであることの理解を基に，正しい選挙が行われることや，選挙に参加することの重要性について理解を深めることができるようにすることが大切である。さらに，法律の改正に伴い選挙権年齢が満20歳以上から満18歳以上に引き下げられたことを踏まえ，選挙権をはじめとする政治に参加する権利を行使する良識ある主権者として，主体的に政治に参加することについての自覚を養うことが大切である。

D　私たちと国際社会の諸課題

　この大項目は，国際社会に対する理解を深めることができるようにし，国際社会における我が国の役割について多面的・多角的に考察，構想し，表現できるよ

うにするとともに，人類の一員としてよりよい社会を築いていくために解決しなければならない様々な課題について探究し，自分の考えを説明，論述できるようにすることを主なねらいとしている。

　その際，世界平和を確立するための熱意と協力の態度を育成するとともに，人類の福祉の増大を図り，現在及び将来の人類がよりよい社会を築いていくために解決すべき課題について考え続けていく態度を育成することが大切である。

　特に，国際政治に関する内容の学習においては，単なる国際機構名などの知識の習得に終わることなく，なぜ現在このような国際機構が設立され活動しているのか，どのような目的をもって活動しているかなどを理解できるようにすることが大切である。

　また，国際社会における我が国の役割を多面的・多角的に考察，構想し，表現したり，課題を探究し，自分の考えを説明，論述したりする際には，内容のAの「(2)現代社会を捉える枠組み」の学習の成果を生かし，国際社会に関する様々な事象や課題を捉え，考察，構想する際の概念的な枠組みとして対立と合意，効率と公正，協調，持続可能性などに着目したり関連付けたりして，国際社会に関する様々な事象などを理解できるようにしたり，合意形成や社会参画を視野に入れながら，国際社会に関する課題の解決に向けて多面的・多角的に考察，構想できるようにする。さらに，理解した内容や考察，構想した過程や結果について，その妥当性や効果，実現可能性などを踏まえて表現できるように指導することを主なねらいとしている。

　以上のねらいに基づき，この大項目における二つの中項目は，次のような観点から内容が構成されている。

　「(1)世界平和と人類の福祉の増大」では，世界平和の実現と人類の福祉の増大のためには，国家間の相互の主権の尊重と協力，各国民の相互理解と協力及び国際連合をはじめとする国際機構などの役割が大切であることを理解できるようにし，日本国憲法の平和主義についての理解を基に，我が国の安全と防衛，国際貢献を含む国際社会における我が国の役割について多面的・多角的に考察，構想し，表現できるようにするとともに，世界平和を確立するための熱意と協力の態度を育成するようにする。

　「(2)よりよい社会を目指して」では，持続可能な社会を形成することに向けて課題を設定，探究し，自分の考えを説明，論述できるようにする。

　なお，この中項目は，社会科のまとめとして位置付けられているため，社会科の学習全体を通して習得した「知識及び技能」を活用するとともに，社会的事象の地理的な見方・考え方，社会的事象の歴史的な見方・考え方，現代社会の見方・考え方などからなる社会的な見方・考え方を働かせ，課題の解決に向けて探

究し，自分の考えを説明，論述できるようにすることが大切である。また，その際，適切かつ十分な授業時数を配当することが必要である。

以上のような大項目のねらいと内容構成の趣旨を踏まえ，現実の国際社会に対する関心を高め，身近で具体的な事例を取り上げて学習を展開し，将来人類の一員としてよりよい社会を築いていく意欲と態度を育成するように配慮することが大切である。

その際，「分野の内容に関係する専門家や関係諸機関などと円滑な連携・協働を図り，社会との関わりを意識した課題を追究したり解決したりする活動を充実させること」（内容の取扱い）が大切である。

---

(1) 世界平和と人類の福祉の増大

　　対立と合意，効率と公正，協調，持続可能性などに着目して，課題を追究したり解決したりする活動を通して，次の事項を身に付けることができるよう指導する。

　ア　次のような知識を身に付けること。

　　(ｱ) 世界平和の実現と人類の福祉の増大のためには，国際協調の観点から，国家間の相互の主権の尊重と協力，各国民の相互理解と協力及び国際連合をはじめとする国際機構などの役割が大切であることを理解すること。その際，領土（領海，領空を含む。），国家主権，国際連合の働きなど基本的な事項について理解すること。

　　(ｲ) 地球環境，資源・エネルギー，貧困などの課題の解決のために経済的，技術的な協力などが大切であることを理解すること。

　イ　次のような思考力，判断力，表現力等を身に付けること。

　　(ｱ) 日本国憲法の平和主義を基に，我が国の安全と防衛，国際貢献を含む国際社会における我が国の役割について多面的・多角的に考察，構想し，表現すること。

（内容の取扱い）

---

(5) 内容のDについては，次のとおり取り扱うものとする。

　ア　(1)については，次のとおり取り扱うものとすること。

　　(ｱ) アの(ｱ)の「国家間の相互の主権の尊重と協力」との関連で，国旗及び国歌の意義並びにそれらを相互に尊重することが国際的な儀礼であることの理解を通して，それらを尊重する態度を養うように配慮すること。また，「領土（領海，領空を含む。），国家主権」に

> ついては関連させて取り扱い，我が国が，固有の領土である竹島や北方領土に関し残されている問題の平和的な手段による解決に向けて努力していることや，尖閣諸島をめぐり解決すべき領有権の問題は存在していないことなどを取り上げること。「国際連合をはじめとする国際機構などの役割」については，国際連合における持続可能な開発のための取組についても触れること。
>
> (イ) イの(ア)の「国際社会における我が国の役割」に関連させて，核兵器などの脅威に触れ，戦争を防止し，世界平和を確立するための熱意と協力の態度を育成するように配慮すること。また，国際社会における文化や宗教の多様性について取り上げること。

　この中項目は，国際社会において国家が互いに尊重し協力し合うために大切なものは何か，世界平和と人類の福祉の増大のために，世界の国々ではどのような協力が行われているのか，我が国はどのような協力を行っているのか，地球上にはどのような問題が存在し，その解決に向けて国際社会はどのような取組を行っているのか，今後どのようなことができるか，といった現実の国際社会などに関する理解を基に考察，構想し，表現することができる適切な問いを設け，それらの課題を追究したり解決したりする活動を通して，世界の平和と人類の福祉の増大のために熱意と協力の態度を育成することを主なねらいとしている。

　アは，この中項目で身に付ける「知識」に関わる事項である。

　アの(ア)の**世界平和の実現と人類の福祉の増大のためには，国際協調の観点から，国家間の相互の主権の尊重と協力，各国民の相互理解と協力及び国際連合をはじめとする国際機構などの役割が大切であることを理解すること。その際，領土（領海，領空を含む。），国家主権，国際連合の働きなど基本的な事項について理解すること**については，国際政治は国際協調の観点に基づいて国家間の対立の克服が試みられていることを，「領土（領海，領空を含む。），国家主権，国際連合の働きなど基本的な事項」を踏まえて理解できるようにすることを意味している。

　領土（領海，領空を含む。），国家主権，国際連合の働きなど基本的な事項について理解することとは，固有の領土（領海，領空を含む。）をもち，対外的に独立を守る権利（主権）をもつ国家は，国際社会において，原則的に平等の地位を与えられており，全ての国家の主権が相互に尊重されなければならないことを理解できるようにすること，そして，我が国と国際社会との関わりについての理解を基に，国際的な相互依存関係の深まりの中において，国際連合の総会，安全保障理事会など主要な組織の目的や働きの概要に触れながら，「誰一人取り残さない」との理念の下，自然環境や資源の有限性，貧困，イノベーションなどに関わ

る17のゴール（目標）・169のターゲットからなる持続可能な開発目標（SDGs）を設定し，持続可能な開発のための取組を各国の国家主権を前提に進めている国際連合をはじめとする国際機構の役割が大切になってきている現状を理解できるようにするとともに，国際社会において，国家や国際機構以外の組織が活動していることを理解できるようにすることを意味している。

　その際，**領土（領海，領空を含む。）** については，地理的分野における「領域の範囲や変化とその特色」，歴史的分野における「領土の画定」などの学習の成果を踏まえ，国家間の問題として，我が国においても，固有の領土である竹島や北方領土（歯舞群島，色丹島，国後島，択捉島）に関し未解決の問題が残されていること，領土問題の発生から現在に至る経緯，及び渡航や漁業，海洋資源開発などが制限されたり，船舶の拿捕，船員の抑留が行われたり，その中で過去には日本側に死傷者が出たりするなど不法占拠のために発生している問題についての理解を基に，我が国の立場が歴史的にも国際法上も正当であること，我が国が平和的な手段による解決に向けて努力していることを，国家主権と関連付けて理解できるようにする。なお，我が国の固有の領土である尖閣諸島をめぐる情勢については，現在に至る経緯，我が国の立場が歴史的にも国際法上も正当であることについての理解を基に，尖閣諸島をめぐり解決すべき領有権の問題は存在していないことを理解できるようにする。

　また，**国家主権** に関連して，基本的人権の保障が国境を越えた人類共通の課題であることの理解を基に，北朝鮮による日本人拉致問題などについて，対立と合意，協調などに着目して課題を的確に捉え，我が国がその解決に向けて，国際社会の明確な理解と支持を受けて努力していることを理解できるようにすることも必要である。

　さらに，**国家間の相互の主権の尊重と協力** に関連して，国際理解と国際協力に対して積極的に取り組む意欲を高めるとともに，小学校における学習の上に立って，国旗及び国歌がそれぞれの国の象徴であること，国旗及び国歌は国によって定められ方が様々であり我が国においては法律によって「日章旗」が国旗であり「君が代」が国歌であることが定められていること，国家間において相互に主権を尊重し協力し合っていく上でそれらを相互に尊重することが大切であることを理解できるようにする。また，国旗及び国歌が取り扱われる具体的な場面を取り上げることなどを通して，それらを相互に尊重することが国際的な儀礼であることを理解できるようにするとともに，これらの指導を通じ，我が国のみならず諸外国の国旗及び国歌を尊重する態度を養うように配慮する必要がある。

　アの(イ)の**地球環境，資源・エネルギー，貧困などの課題の解決のために経済的，技術的な協力などが大切であることを理解すること** とは，地球環境に関わっ

ては，内容のBの「(2)国民の生活と政府の役割」のアの(ｱ)の「公害の防止など環境の保全」の学習との関連を図りながら，環境汚染や自然破壊が，地域や国家の問題であるとともに，地球規模の問題となり，国際協力の重要性の高まりの中で，我が国の貢献が期待されていること，**資源・エネルギー**に関わっては，有限である資源・エネルギーが不足してきていること，一層の省資源，省エネルギー及びリサイクルなどの必要性が求められていること，新しい資源・エネルギーの開発やその利用が必要であること，**貧困**に関わっては，先進国と発展途上国との関係や経済的な格差ばかりではなく，発展途上国間においても経済的な格差が広がっていることとともに，貧困の背景には発展途上国においては人口の急増があることなどを理解できるようにし，それらの課題を解決し，人類の福祉の増大を図るためには，例えば，政府開発援助（ODA）をはじめとする我が国の国際貢献を取り上げ，経済的，技術的な協力などが大切であることや，貧困の解消に向けての取組を行っていることなどを具体的に理解できるようにすることを意味している。

イは，この中項目で身に付ける「思考力，判断力，表現力等」に関わる事項である。

イの(ｱ)の**日本国憲法の平和主義を基に，我が国の安全と防衛，国際貢献を含む国際社会における我が国の役割について多面的・多角的に考察，構想し，表現すること**とは，「戦争を防止し，世界平和を確立するための熱意と協力の態度を育成するように配慮すること」（内容の取扱い）と示されているように，戦争や地域紛争を防止し，世界平和を確立するための熱意と協力の態度を育成するように指導し，人間の生命の尊さ，平和の尊さを自覚できるようにすることに向けて多面的・多角的に考察，構想し，表現できるようにすることを意味している。

日本国憲法の平和主義を基にとは，内容のCの「(1)人間の尊重と日本国憲法の基本的原則」における平和主義の原則についての学習との関連を図り，日本国民が，第二次世界大戦その他過去の戦争に対する反省と第二次世界大戦の末期に受けた原爆の被害などのいたましい経験から，政府の行為によって再び戦争の惨禍が起こることのないように望み，平和を愛する諸国民の公正と信義に信頼して，国の安全と生存を保持しようと願い，国際紛争解決の手段としての戦争を放棄し，陸海空軍その他の戦力を保持しないことを決意したこと，そして人類が，ひとしく恐怖と欠乏から免れ，平和のうちに生存することを心より願っていることについて理解を深めることができるようにすることを意味している。

その上で，**我が国の安全と防衛，国際貢献を含む国際社会における我が国の役割について多面的・多角的に考察，構想し，表現する**とは，各国が自国の防衛のために努力を払っていることに触れるとともに，歴史的分野における「現代の日

本と世界」の学習などとの関連を踏まえつつ，国際情勢の変化の中，自衛隊が我が国の防衛や国際社会の平和と安全の維持のために果たしている役割，日米安全保障条約などにも触れながら，平和主義を原則とする日本国憲法の下において，我が国の安全とアジアひいては世界の平和をいかにして実現すべきか，また，さらに我が国が行っている世界の平和と人類の福祉に貢献している様々な国際貢献についての理解を基に，国際社会における我が国の役割はどのようなものか，ということについて多面的・多角的に考察，構想し，表現できるようにすることを意味している。

その際，**核兵器などの脅威に触れ，戦争を防止し，世界平和を確立するための熱意と協力の態度を育成するように配慮すること**（内容の取扱い）とあるのは，核兵器をはじめとする様々な脅威の増大に触れるとともに，ひとたび戦争が起これば，それは人類を破滅させる危険があることや，文化や宗教，民族などの違い，経済格差などの様々な要因によって発生する地域紛争やテロリズムの脅威にさらされている現状の理解を基に，日本国民は，憲法の平和主義に基づいて，戦争や地域紛争を防止し平和を確立するために率先して努めなければならない使命をもっていることについて自覚できるようにすることを意味している。

また，アの(ｱ)の「国際連合をはじめとする国際機構などの役割」の理解を基に，例えば，持続可能な開発目標（SDGs）に触れながら，対立と合意，持続可能性などに着目して具体的な課題を捉え，我が国でもその解決を目指し，持続可能で強靱，そして誰一人取り残さない，経済，社会，環境の統合的向上が実現された未来への先駆者を目指すことをビジョンとして掲げて取組を進めていることと関連付けて，我が国が抱える課題と国際社会全体に関わる課題の解決に向けて多面的，多角的に考察，構想し，表現できるようにすることも考えられる。

さらに，地理的分野における「世界各地の人々の生活と環境」など学習の成果を基に，「国際社会における文化や宗教の多様性について取り上げ」（内容の取扱い）ながら，国家間の相互の協力や各国民の相互理解と協力が世界平和の実現と人類の福祉の増大にとって大切であることについて理解できるようにすることが大切である。

---

(2) よりよい社会を目指して

　持続可能な社会を形成することに向けて，社会的な見方・考え方を働かせ，課題を探究する活動を通して，次の事項を身に付けることができるよう指導する。

　ア　私たちがよりよい社会を築いていくために解決すべき課題を多面的・多角的に考察，構想し，自分の考えを説明，論述すること。

（内容の取扱い）

> イ （2）については，身近な地域や我が国の取組との関連性に着目させ，世界的な視野と地域的な視点に立って探究させること。また，社会科のまとめとして位置付け，適切かつ十分な授業時数を配当すること。

　この中項目は，私たちがよりよい社会を築いていくためにはどうしたらよいのかについて，持続可能な社会を形成するという観点から，課題を設けて探究し，自分の考えを説明，論述し，これから社会参画をしていくための手掛かりを得ることを主なねらいとしている。この中項目に「持続可能な社会を形成することに向けて」とあるのは，国際連合の決議にも示されているように，社会の持続可能な発展のためには教育の果たす役割が重要であるからである。指導に当たっては，公民的分野で学習してきた成果の活用に加えて，「地理的分野及び歴史的分野の学習の成果を活用するとともに，これらの分野で育成された資質・能力が，更に高まり発展するようにすること」（内容の取扱い(1)ア）に留意することが必要である。

　持続可能な社会を形成するについては，ここでは，将来の世代のニーズを満たすようにしながら，現在の世代のニーズを満たすような社会の形成を意味している。すなわち，持続可能な社会を形成するためには，世代間の公平，地域間の公平，男女間の平等，社会的寛容，貧困削減，環境の保全，経済の開発，社会の発展を調和の下に進めていくことが必要であることを理解できるようにすることを意味しており，このことの理解を基に探究できるようにすることが大切である。

　また，**社会的な見方・考え方を働かせ**とあるのは，課題の探究に当たっては，社会科のまとめとして位置付けられているこの中項目の特質に応じ，これまでの地理的分野，歴史的分野及び公民的分野における課題を追究したり解決したりする活動において働かせてきた，社会的事象の地理的な見方・考え方，社会的事象の歴史的な見方・考え方，及び現代社会の見方・考え方などを総合的に働かせることを期待して，これらの「見方・考え方」の総称である「社会的な見方・考え方を働かせ」，探究することとしているのである。

　なお，この中項目は「社会科のまとめとして」（内容の取扱い）位置付けられており，指導に当たっては，「適切かつ十分な授業時数を配当すること」（内容の取扱い）が必要である。

　アは，この中項目で身に付ける「思考力，判断力，表現力等」に関わる事項である。

　課題を探究する活動で生徒が探究する，私たちがよりよい社会を築いていくた

めに解決すべき課題の設定に関わっては,「身近な地域や我が国の取組との関連性に着目させ」(内容の取扱い)るなどの工夫を行い,生徒自ら課題を適切に設定できるようにすることが大切である。これらの点を踏まえた上で,よりよい社会の形成を視野に,課題を探究し,その解決に向けて,多面的・多角的に考察,構想した自分の考えの過程や結果を説明,論述することを求めているのである。したがって,今までに習得した「知識及び技能」に基づいて学習が展開されるため,他の中項目とは異なり,具体的な内容は示していない。

なお,課題の探究については,一定の方法があるわけではないが,一般に,課題の設定,資料の収集と読取り,考察,構想とまとめ,といった手順が考えられる。

その際,例えば,中間発表,ディベート,議論,プレゼンテーションなどを行い,最終的にはレポートとしてまとめることが考えられる。また,科学的な探究の過程や思考の過程を論理的に表現できるようにすることも大切である。レポートの作成については,例えば,「探究のテーマ」,「テーマ設定の理由」,「探究の方法」,「探究の内容(調べて分かったこと)」,「探究のまとめ(理解したこと,考察,構想したこと)」,「参考資料」などの項目を設けて記述するなどして,一つのまとまったものに仕上げて生徒が成就感をもつようにすることが大切である。

さらに,「社会的事象は相互に関連し合っていることに留意し,特定の内容に偏ることなく,分野全体として見通しをもったまとまりのある学習が展開できるようにすること」(内容の取扱い(1)ア)が必要である。そして,これらの学習を通して,国や地方公共団体の取組,地球規模での努力や国際協力や国際協調などが大切であることを理解できるようにし,自らの生活を見直すとともに,現在及び将来の人類がよりよい社会を築いていくために解決すべきこととして,これらの課題を考え続けていく態度を養うことが必要である。

(3) 内容の取扱い

> (1) 内容の取扱いについては,次の事項に配慮するものとする。
> ア 地理的分野及び歴史的分野の学習の成果を活用するとともに,これらの分野で育成された資質・能力が,更に高まり発展するようにすること。また,社会的事象は相互に関連し合っていることに留意し,特定の内容に偏ることなく,分野全体として見通しをもったまとまりのある学習が展開できるようにすること。

この項の前段は,公民的分野の指導に当たっては他の二分野の学習で育成され

た資質・能力を一層養うようにすることが公民的分野の目指す資質・能力の育成及び社会科の目標の達成にとって重要であることを従前と同じく述べたものである。

このことは，地理的分野及び歴史的分野の学習の基礎の上に公民的分野の学習を展開するという教科の基本的な構造にも関わっているので，学習指導上，基本的に配慮すべきものである。

とりわけ，三分野の関連を図り社会科のまとめとして設けられている内容のDの「(2)よりよい社会を目指して」は，その趣旨を十分理解して学習指導を展開することが必要である。

次に，後段の指摘であるが，これは社会的事象が相互に関連し合っているという特質を踏まえて，内容の大項目又は中項目の一部に偏重した学習を展開することのないようにし，内容のまとまりに留意して指導を行うよう注意を促したものである。

特に，分野全体の見通しをもったまとまりのある学習を展開するに当たっては，この分野を貫く，柱書で示された目標と，資質・能力の三つの柱に沿った(1)から(3)までの目標の実現に向けて十分留意することが必要である。すなわち，「個人の尊厳と人権の尊重の意義，特に自由・権利と責任・義務との関係を広い視野から正しく認識」することを基に，「広い視野に立ち，グローバル化する国際社会に主体的に生きる平和で民主的な国家及び社会の形成者に必要な公民としての資質・能力の基礎」を育成することを基本として，内容のAからDまでのそれぞれの指導内容と全体との有機的な関連を図る必要がある。

以上のことに留意し，それぞれの大項目の指導に当たっては，四つの大項目の内容相互の関連に十分留意した指導計画の作成を図ることが大切である。

> イ　生徒が内容の基本的な意味を理解できるように配慮し，現代社会の見方・考え方を働かせ，日常の社会生活と関連付けながら具体的事例を通して，政治や経済などに関わる制度や仕組みの意義や働きについて理解を深め，多面的・多角的に考察，構想し，表現できるようにすること。

今日，グローバル化，情報化の進展をはじめとして社会は大きく変化しており，今後，国民が生活上の様々な新しい問題に直面していくことが予想される中で，国民生活上の諸問題は，国民経済の動向や政治の運営の在り方に関連して生ずるものが多い。したがって，国民が変化する社会の中で様々な問題に主体的に対応し，よりよい社会を形成していくためには，現代の政治や経済に関する様々な事象や課題を捉え，考察，構想する際の概念的な枠組みとして対立と合意，効率と公正など多様な概念などに着目したり関連付けたりして，政治や経済などに

関する様々な事象などを理解できるようにしたり，政治や経済などに関する課題の解決に向けて考察，構想できるようにしたりする力の基礎をしっかりと養っておくことが一層必要となるのである。そのため，現代社会の見方・考え方を働かせた学習指導の展開が求められているのである。

ここでいう現代社会の見方・考え方とは，前述のとおり，現代社会の諸課題の解決に向けて，政治，経済及び国際社会などに関する様々な事象や課題を多様な視点（概念や理論など）に着目して捉えたり，課題解決に向けて有用な概念や理論などと関連付けて考えたりするなどの「視点や方法（考え方）」として整理したところである。

生徒は，様々な社会的事象の関連や本質，意義を捉え，考え，説明したり，現代社会の諸課題の解決に向けて構想したりする際，「対立と合意」，「効率と公正」，「個人の尊重と法の支配」，「民主主義」，「分業と交換」，「希少性」，「協調」，「持続可能性」などといった政治，法，経済などに関する基本的な概念に着目したり，これらの概念を関連付けたりして考えることによって，その解釈をより的確なものとしたり，課題解決の在り方をより公正に判断したりすることが可能となる。公民的分野では，このような概念に着目して考えることを「概念的な枠組み」と捉え，現代社会の見方・考え方として用いている。

中学校の段階においては，このような政治，法，経済などに関する基本的な概念や考え方を具体的な事例を通して学び，これらの基本的な概念や考え方を，生徒が今までもっていた政治や経済などを捉え，考察，構想する際に着目したり関連付けたりする概念的な枠組みの中に新たに組み入れることにより，自らの現代社会の見方・考え方を鍛えることが大切であり，さらに，生涯にわたる学習を通して，「学びに向かう力，人間性等」を一層育成することにもつながるものである。

なお，内容のAからDまでには，政治や経済などに関する基本的な概念や考え方が，中学生の段階で習得すべきものとして示されているので，前節までの解説を踏まえ，生徒が十分理解し納得して習得することができるよう指導内容の構成を工夫して指導することが大切である。

また従来から高度で抽象的な内容や細かな事柄が網羅的に扱われ，用語の解説や制度についての解説に陥りがちになっているという指摘があった。しかし大切なことは，なぜそのような制度や仕組みを作ったのか，なぜそのような仕組みがあるのかということであり，制度や仕組みそのものを詳細に説明して理解できるようにすることではない。例えば，「金融」については，「なぜ金融機関はあるのか」，「金融機関にはどのような役割があるのか」などについて扱い，網羅的，専門的な用語の説明に陥らないようにすることが大切である。

> ウ　分野全体を通して，課題の解決に向けて習得した知識を活用して，事実を基に多面的・多角的に考察，構想したことを説明したり，論拠を基に自分の意見を説明，論述させたりすることにより，思考力，判断力，表現力等を養うこと。また，考察，構想させる場合には，資料を読み取らせて解釈させたり，議論などを行って考えを深めさせたりするなどの工夫をすること。

　今回の学習指導要領の改訂では，学校教育を通じて育成を目指す資質・能力を「何を理解しているか，何ができるか（生きて働く「知識・技能」の習得）」，「理解していること・できることをどう使うか（未知の状況にも対応できる「思考力・判断力・表現力等」の育成）」，「どのように社会・世界と関わり，よりよい人生を送るか（学びを人生や社会に生かそうとする「学びに向かう力・人間性等」の涵養）」の三つの柱に整理するとともに，各教科等の目標や内容についても，この三つの柱に基づき整理を図ったところである。その際，とりわけ「思考力・判断力・表現力等」の育成に関わって，言語活動を充実させることは引き続き大切であり，必要とされている。

　言語活動は，コミュニケーションや感性・情緒の基盤であると同時に，論理や思考などの知的活動においても重要な役割を果たしている。また，基本的な概念などの理解や活用においても重要な役割を果たすものとなるのである。そこで指導に際しては，言語活動の充実に留意しつつ，指導計画にレポートの作成や議論などを位置付けることが求められる。

　その際，例えば，レポートの作成において，視点を明確にして事象の差異点や共通点を報告すること，事象を概念や法則などを用いて解釈し説明すること，情報を分析して論述すること，議論などを通して互いの考えを伝え合い，自らの考えや集団の考えを発展させることを通して「思考力，判断力，表現力等」の育成を図ることなどの工夫が必要である。

　特に内容のＤの「(2)よりよい社会を目指して」については，十分に時間を確保して指導をすることが大切である。また，自分と関わらせて考察，構想し，自分の考えを説明，論述できるようにする学習活動を取り入れるなどの工夫も必要である。

第3章 指導計画の作成と内容の取扱い

● 1　指導計画の作成上の配慮事項

指導計画の作成に当たっての配慮事項は，次のとおりである。

> (1) 単元など内容や時間のまとまりを見通して，その中で育む資質・能力の育成に向けて，生徒の主体的・対話的で深い学びの実現を図るようにすること。その際，分野の特質に応じた見方・考え方を働かせ，社会的事象の意味や意義などを考察し，概念などに関する知識を獲得したり，社会との関わりを意識した課題を追究したり解決したりする活動の充実を図ること。また，知識に偏り過ぎた指導にならないようにするため，基本的な事柄を厳選して指導内容を構成するとともに，各分野において，第2の内容の範囲や程度に十分配慮しつつ事柄を再構成するなどの工夫をして，基本的な内容が確実に身に付くよう指導すること。

　この事項は，社会科の指導計画の作成に当たり，生徒の主体的・対話的で深い学びの実現を目指した授業改善を進めることとし，社会科の特質に応じて，効果的な学習が展開できるように配慮すべき内容を示したものである。
　社会科の指導に当たっては，(1)「知識及び技能」が習得されること，(2)「思考力，判断力，表現力等」を育成すること，(3)「学びに向かう力，人間性等」を涵養することが偏りなく実現されるよう，単元など内容や時間のまとまりを見通しながら，主体的・対話的で深い学びの実現に向けた授業改善を行うことが重要である。
　生徒に社会科の指導を通して「知識及び技能」や「思考力，判断力，表現力等」の育成を目指す授業改善を行うことはこれまでも多くの実践が重ねられてきている。そのような着実に取り組まれてきた実践を否定し，全く異なる指導方法を導入しなければならないと捉えるのではなく，生徒や学校の実態，指導の内容に応じ，「主体的な学び」，「対話的な学び」，「深い学び」の視点から授業改善を図ることが重要である。
　主体的・対話的で深い学びは，必ずしも1単位時間の授業の中で全てが実現されるものではない。単元など内容や時間のまとまりの中で，例えば，主体的に学習に取り組めるよう学習の見通しを立てたり学習したことを振り返ったりして自身の学びや変容を自覚できる場面をどこに設定するか，対話によって自分の考え

などを広げたり深めたりする場面をどこに設定するか,学びの深まりをつくりだすために,生徒が考える場面と教師が教える場面をどのように組み立てるか,といった視点で授業改善を進めることが求められる。また,生徒や学校の実態に応じ,多様な学習活動を組み合わせて授業を組み立てていくことが重要であり,単元のまとまりを見通した学習を行うに当たり基礎となる「知識及び技能」の習得に課題が見られる場合には,それを身に付けるために,生徒の主体性を引き出すなどの工夫を重ね,確実な習得を図ることが必要である。

　主体的・対話的で深い学びの実現に向けた授業改善を進めるに当たり,特に「深い学び」の視点に関して,各教科等の学びの深まりの鍵となるのが「見方・考え方」である。各教科等の特質に応じた物事を捉える視点や考え方である「見方・考え方」を,習得・活用・探究という学びの過程の中で働かせることを通じて,より質の高い深い学びにつなげることが重要である。

　中学校社会科においては,各分野の特質に応じた見方・考え方を働かせて学ぶことにより,事実等に関する知識を相互に関連付けて概念に関する知識を獲得したり,社会的事象からそこに見られる課題を見いだしてその解決に向けて多面的・多角的に考察,構想し,表現できるようにし,主体的に社会に関わろうとする態度を養うようにしたり,生徒同士の協働や学習の内容に関係する専門家などとの対話を通して自らの考えを広め深めたりするなどして,深い学びを実現するよう授業改善を図ることが大切である。

　単元など内容や時間のまとまりを見通して,その中で育む資質・能力の育成に向けて,生徒の主体的・対話的で深い学びの実現を図るようにすることについては,総則やその解説等においても示されているように,今回の学習指導要領の改訂が学習の内容と方法の両方を重視し,生徒の学びの過程を質的に高めていくことを目指していることから,特に配慮事項として加えられた文言である。「何を学ぶか」という学習内容と,「どのように学ぶか」という学習の過程を組み合わせて授業を考えることは,その前提となる「何ができるようになるか」を明確にするとともに,授業改善の主要な視点として重要である。また,カリキュラム・マネジメントの側面からも,社会科の各分野の教育内容を,分野間のみならず教科等横断的な視点で,組織的に配列するためにも,単元という形で内容や時間の一定のまとまりを単位として,組み立てていくことが大切である。

　その際,生徒が自ら問いを立てたり,仮説や追究方法を考えたりするなど課題解決的な学習の過程をより発展させた学習過程も考えられる。それは,学習場面を細分化せずに生徒の主体性を更に生かすことを想定したものであり,学習内容や社会に見られる課題等に応じて展開されるものと考えられる。

　社会との関わりを意識した課題を追究したり解決したりする活動については,

社会科がこれまで「適切な課題を設けて行う学習」として示してきたものを，今回の改訂では，よりよい社会の実現を視野に課題を主体的に解決するために必要な資質・能力を一層養うことなどをねらいとしていることから，より具体的に表現したものである。よって，ここでの活動は，引き続き社会の変化に主体的に対応できる力を養うとともに，生涯学習の基礎を培う趣旨から，自ら学ぶ意欲や課題を見いだし追究する力を養うことが重要である。また，その際には，生徒や学校の実態に応じ指導の内容や方法を検討し，生徒の主体的な学習を促すような構成，展開を工夫することも大切である。

　この配慮事項の，また以降の後段は，社会科が長い間解決を迫られてきた課題であり，それへの具体的な対応を求めたもので，従前の平成20年改訂の学習指導要領と同じ趣旨を述べている。今回の改訂に際して，中央教育審議会答申では，教科の枠組みを超えて，学校教育の全体で育成を目指す資質・能力の三つの柱の一つとして，生きて働く「知識・技能」の習得が求められている。そこでは基礎的・基本的な知識を確実に習得しながら，既習の知識と関連付けたり組み合わせたりしていくことにより，学習内容の深い理解と，個別の知識の定着を図るとともに，社会における様々な場面で活用できる概念としていくことの重要性を示している。そこで社会科においても，引き続き各分野ともに内容の厳選に努め，細かな事象を網羅的に羅列する学習にならないようにしている。したがって，指導内容の構成に当たっては，「2　内容」及び「3　内容の取扱い」の趣旨を理解し，各項目のねらいを十分把握するとともに，指導内容の厳選に努める必要がある。

　各分野においてとあるのは，この学習が特定の分野のみで行うのでなく，地理的分野，歴史的分野及び公民的分野のそれぞれにおいて実施するものであることを意味している。

　第2の内容の範囲や程度に十分配慮しつつ事柄を再構成するなどの工夫をしての中の**第2の内容の範囲や程度に十分配慮しつつ**については，一般に課題を設けて行う学習は，設定した課題によって関連ある様々な事柄が派生的に取り扱われ，結果として学習内容が高度になったり過多になったりしやすいことから，指導内容や課題の設定に関しては学習指導要領で示した各分野の内容の程度と範囲に十分配慮する必要があることを示したものである。

　また，**事柄を再構成するなどの工夫をして**については，「社会との関わりを意識した課題を追究したり解決したりする活動」が，特に別の内容を用意するのではなく，学習指導要領で示した内容の中で課題追究的な学習に適したものを選び，それを構成し直すなどの工夫をして行うものであることを意味している。

　基本的な内容が確実に身に付くよう指導するについては，各項目において指導

内容を検討するに当たって，例えば，諸地域や各時代の細かな構成要素を網羅的に扱ったり，諸要素の成因を細かく追究したり，用語や事柄を細かく列挙してその解説のみの指導に陥ったりするような扱いは避け，各項目のねらいや生徒の特性等に十分配慮して，基本的な事柄を精選して扱う必要があるということを意味している。

なお，「2　内容」の柱書に示す「事項」とは，実際の指導内容においては中単元や小単元に当たると想定されることから，数単位時間を配当して課題を見いだし追究することで展開できるよう工夫することが望まれる。

> (2) 小学校社会科の内容との関連及び各分野相互の有機的な関連を図るとともに，地理的分野及び歴史的分野の基礎の上に公民的分野の学習を展開するこの教科の基本的な構造に留意して，全体として教科の目標が達成できるようにする必要があること。

ここで指摘されている配慮事項は，小学校社会科の内容との関連を図るとともに，各分野相互の関連を図り，第1学年から第3学年までを見通した全体的な指導計画を作成し，全体として中学校社会科の目標が達成できるようにすることを示している。

すなわち，小学校社会科の学習の成果を生かすとともに，地理的分野と歴史的分野を並行して学習させ，その基礎の上に公民的分野を学習させるというこの教科の基本的な構造を踏まえて，各分野の学習が調和のとれたものにすることにより，教科の目標が達成できるようにしなければならない。第3学年においては歴史的分野と公民的分野の学習が設けられているが，このような考え方に基づき，最初に歴史的分野の学習を行い，それが終了してから公民的分野の学習を行うこととなる。また，各分野はそれぞれの特質に応じて「知識及び技能」を活用して課題を解決するために必要な「思考力，判断力，表現力等」を育成し，主体的に学習に取り組む態度を養うことを目指している。そのため，学習活動として言語活動を取り入れ，その充実を図っている。それだけに，相互補完の関係を踏まえ，各分野の特質に応じた学習指導を展開するとともに，他分野の位置付けや役割に留意し，全体として調和がとれるようにする必要がある。

なお，各分野においては，分野の特質に応じた「見方・考え方」を働かせ，課題を追究したり解決したりする活動を展開することが求められるが，その際，例えば，地理的分野においては社会的事象の地理的な見方・考え方を働かせるだけでなく，学習する内容によっては，並行して学習している歴史的分野における社会的事象の歴史的な見方・考え方を働かせることも考えられる。このことは，歴

史的分野及び公民的分野の学習においても同様であり，各分野の有機的な関連を生かすところに社会科の意味があるのであって，社会科の基本的な性格をしっかり認識することが大切である。

> (3) 各分野の履修については，第1，第2学年を通じて地理的分野及び歴史的分野を並行して学習させることを原則とし，第3学年において歴史的分野及び公民的分野を学習させること。各分野に配当する授業時数は，地理的分野115単位時間，歴史的分野135単位時間，公民的分野100単位時間とすること。これらの点に留意し，各学校で創意工夫して適切な指導計画を作成すること。

ここで示されている配慮事項の前段において，「第1，第2学年を通じて地理的分野と歴史的分野を並行して学習させることを原則とし，第3学年においては歴史的分野及び公民的分野を学習させること」とあるのは，「地理的分野及び歴史的分野の基礎の上に公民的分野の学習を展開するこの教科の基本的な構造」を踏まえてこの教科の履修について述べたものであり，第1学年と第2学年では地理的分野と歴史的分野を並行して学習させ，更に第3学年では最初に歴史的分野について学習することとしている。したがって，地理的分野は第1，第2学年あわせて115単位時間履修させ，歴史的分野については第1，第2学年あわせて95単位時間，第3学年の最初に40単位時間履修させ，その上で公民的分野を100単位時間履修させることになる。

これらの点に留意し，各学校で創意工夫して適切な指導計画を作成することと示したのは，第1学年，第2学年の社会科の授業時数は，それぞれ105単位時間であるが，これを地理的分野と歴史的分野に適切に配分するためには，従前同様に工夫が必要となるからである。

> (4) 障害のある生徒などについては，学習活動を行う場合に生じる困難さに応じた指導内容や指導方法の工夫を計画的，組織的に行うこと。

障害者の権利に関する条約に掲げられたインクルーシブ教育システムの構築を目指し，生徒の自立と社会参加を一層推進していくためには，通常の学級，通級による指導，特別支援学級，特別支援学校において，生徒の十分な学びを確保し，一人一人の生徒の障害の状態や発達の段階に応じた指導や支援を一層充実させていく必要がある。

通常の学級においても，発達障害を含む障害のある生徒が在籍している可能性

があることを前提に，全ての教科等において，一人一人の教育的ニーズに応じたきめ細かな指導や支援ができるよう，障害種別の指導の工夫のみならず，各教科等の学びの過程において考えられる困難さに対する指導の工夫の意図，手立てを明確にすることが重要である。

これを踏まえ，今回の改訂では，障害のある生徒などの指導に当たっては，個々の生徒によって，見えにくさ，聞こえにくさ，道具の操作の困難さ，移動上の制約，健康面や安全面での制約，発音のしにくさ，心理的な不安定，人間関係形成の困難さ，読み書きや計算等の困難さ，注意の集中を持続することが苦手であることなど，学習活動を行う場合に生じる困難さが異なることに留意し，個々の生徒の困難さに応じた指導内容や指導方法を工夫することを，各教科等において示している。

その際，社会科の目標や内容の趣旨，学習活動のねらいを踏まえ，学習内容の変更や学習活動の代替を安易に行うことがないよう留意するとともに，生徒の学習負担や心理面にも配慮する必要がある。

例えば，社会科における配慮として，次のようなものが考えられる。

地図等の資料から必要な情報を見付け出したり，読み取ったりすることが困難な場合には，読み取りやすくするために，地図等の情報を拡大したり，見る範囲を限定したりして，掲載されている情報を精選し，視点を明確にするなどの配慮をする。

また，社会的事象等に興味・関心がもてない場合には，その社会的事象等の意味を理解しやすくするため，社会の動きと身近な生活がつながっていることを実感できるよう，特別活動などとの関連付けなどを通して，実際的な体験を取り入れ，学習の順序を分かりやすく説明し，安心して学習できるようにするなどの配慮をする。

さらに，学習過程における動機付けの場面において学習上の課題を見いだすことが難しい場合には，社会的事象等を読み取りやすくするために，写真などの資料や発問を工夫すること，また，方向付けの場面において，予想を立てることが困難な場合には，見通しがもてるようヒントになる事実をカード等に整理して示し，学習順序を考えられるようにすること，そして，情報収集や考察，まとめの場面において，どの観点で考えるのか難しい場合には，ヒントが記入されているワークシートを作成することなどの配慮をする。

なお，学校においては，こうした点を踏まえ，個別の指導計画を作成し，必要な配慮を記載し，他教科等の担任と共有したり，翌年度の担任等に引き継いだりすることが必要である。

> (5) 第1章総則の第1の2の(2)に示す道徳教育の目標に基づき，道徳科などとの関連を考慮しながら，第3章特別の教科道徳の第2に示す内容について，社会科の特質に応じて適切な指導をすること。

社会科の指導においては，その特質に応じて，道徳について適切に指導する必要があることを示すものである。

第1章総則第1の2(2)においては，「学校における道徳教育は，特別の教科である道徳（以下「道徳科」という。）を要として学校の教育活動全体を通じて行うものであり，道徳科はもとより，各教科，総合的な学習の時間及び特別活動のそれぞれの特質に応じて，生徒の発達の段階を考慮して，適切な指導を行うこと」と規定されている。

社会科における道徳教育の指導においては，学習活動や学習態度への配慮，教師の態度や行動による感化とともに，以下に示すような社会科と道徳教育との関連を明確に意識しながら，適切な指導を行う必要がある。

社会科においては，目標の(3)において，「社会的事象について，よりよい社会の実現を視野に課題を主体的に解決しようとする態度を養うとともに，多面的・多角的な考察や深い理解を通して涵養される我が国の国土や歴史に対する愛情，国民主権を担う公民として，自国を愛し，その平和と繁栄を図ることや，他国や他国の文化を尊重することの大切さについての自覚などを深める」と示している。多面的・多角的な考察や深い理解を通して涵養される我が国の国土や歴史に対する愛情は，伝統と文化を尊重し，それらを育んできた我が国と郷土を愛することなどにつながるものである。また，国民主権を担う公民として，自国を愛し，その平和と繁栄を図ることや，他国や他国の文化を尊重することの大切さについての自覚などを深め，自由・権利と責任・義務との関係を広い視野から正しく認識し，権利・義務の主体者として公正に判断しようとする力など，グローバル化する国際社会に主体的に生きる平和で民主的な国家及び社会の形成者に必要な公民としての資質・能力の基礎を育成することは，道徳教育の要としての特別の教科である道徳（以下「道徳科」という。）の第2のCの［社会参画，公共の精神］に示された「社会参画の意識と社会連帯の自覚を高め，公共の精神をもってよりよい社会生活の実現に努めること」などと密接な関わりをもつものである。

このことについては，「中学校学習指導要領解説　特別の教科　道徳編」には，「『社会参画の意識』とは，次の内容項目である「勤労」とも相まって，共同生活を営む人々の集団である社会の一員として，その社会における様々な計画に積極的に関わろうとすることである。個人が安心・安全によりよく生活するために

は，社会の形成を人任せにするのではなく，主体的に参画し，社会的な役割と責任を果たすことが大事になる。自分が生きている身の回りを含めた社会に関わることの意義の理解の下に，実際に関わっていこうとする態度を育てていくことが求められる」，「『公共の精神』とは，社会全体の利益のために尽くす精神である。政治や社会に関する豊かな知識や判断力，論理的・批判的精神をもって自ら考え，社会に主体的に参画し，公正なルールを形成し遵守する精神である。この精神に基づき，社会の発展に寄与する態度を養うことが大切であり，このことは国家及び社会の形成者として必要とされる基本的な資質である。社会全体に目を向けるとき，個人の向上と社会の発展とが，矛盾しないような在り方が求められ，よりよい社会の実現に向けた個々の努力が日々積み重ねられることが必要となる」と示されていることに留意する必要がある。道徳科の指導に資するため，社会科で扱った内容や教材の中で適切なものを，道徳科に活用することが効果的な場合もある。また，社会科の目標の実現に資するため，道徳科で取り上げたことに関係のある内容や教材を社会科で扱う場合に，道徳科における指導の成果を生かすように工夫することも考えられる。そのためにも，社会科の年間指導計画の作成などに際して，道徳教育の全体計画との関連，指導の内容及び時期等に配慮し，両者が相互に効果を高め合うようにすることが大切である。

2 内容の取扱いについての配慮事項

> (1) 社会的な見方・考え方を働かせることをより一層重視する観点に立って，社会的事象の意味や意義，事象の特色や事象間の関連，社会に見られる課題などについて，考察したことや選択・判断したことを論理的に説明したり，立場や根拠を明確にして議論したりするなどの言語活動に関わる学習を一層重視すること。

既述のとおり，「社会的な見方・考え方」については，課題を追究したり解決したりする活動において，社会的事象等の意味や意義，特色や相互の関連を考察したり，社会に見られる課題を把握して，その解決に向けて構想したりする際の「視点や方法（考え方）」として整理している。よって，「社会的な見方・考え方を働かせることをより一層重視する観点に立」つということは，そこに示された，「社会的事象の意味や意義，事象の特色や事象間の関連」を考察したり，「社会に見られる課題」を把握して，その解決に向けて構想したりすることにつながるものであると考えられる。

社会科においては，これまでも様々な資料を適切に収集し，活用して事象を多面的・多角的に考察し公正に判断するとともに，適切に表現する能力と態度を育てることを各分野共通の目標としてきた。それが平成20年改訂の学習指導要領において，教科等，学校種を超えて学習の基盤と位置付けられた言語能力とその育成のための言語活動の充実が求められてきた趣旨を引き継ぎつつ，資料等を有効に活用して論理的に説明したり，立場や根拠を明確にして議論したりするなどの社会科ならではの言語活動に関わる学習を一層重視する必要がある。

> (2) 情報の収集，処理や発表などに当たっては，学校図書館や地域の公共施設などを活用するとともに，コンピュータや情報通信ネットワークなどの情報手段を積極的に活用し，指導に生かすことで，生徒が主体的に調べ分かろうとして学習に取り組めるようにすること。その際，課題の追究や解決の見通しをもって生徒が主体的に情報手段を活用できるようにするとともに，情報モラルの指導にも留意すること。

　学校教育の情報化の進展に対応する観点から，「情報の収集，処理や発表などに当たっては，学校図書館や地域の公共施設などを活用するとともに，コンピュータや情報通信ネットワークなどの情報手段を積極的に活用」することが大切である。コンピュータや情報通信ネットワークなどの情報手段の活用は，様々な情報を多様な方法で生徒に提示することにより，生徒自身，課題の追究や解決の見通しをもって，主体的に調べ分かろうとして学習に取り組むことが可能となる。また，生徒による主体的なコンピュータや情報通信ネットワークなどの情報手段の活用については，個別の事柄や概念などに関する知識の習得や，情報の収集，処理，共有や交流，及び発表などを通して社会科の学習をより豊かなものにする可能性をもっている。そこで，指導に際しては，コンピュータや情報通信ネットワークなどの情報手段の積極的な活用が期待される。また，生徒にコンピュータや情報通信ネットワークなどの情報手段を活用させる際には，情報モラルの指導にも留意することが大切である。

> (3) 調査や諸資料から，社会的事象に関する様々な情報を効果的に収集し，読み取り，まとめる技能を身に付ける学習活動を重視するとともに，作業的で具体的な体験を伴う学習の充実を図るようにすること。その際，地図や年表を読んだり作成したり，現代社会の諸課題を捉え，多面的・多角的に考察，構想するに当たっては，関連する新聞，読み物，統計その他の資料に平素から親しみ適切に活用したり，観察や調査など

> の過程と結果を整理し報告書にまとめ，発表したりするなどの活動を取り入れるようにすること。

　「技能」を身に付けることに関しては，各分野の目標において，具体的に次のように記述している。地理的分野では「調査や諸資料から地理に関する様々な情報を効果的に調べまとめる技能を身に付けるようにする」，歴史的分野では「諸資料から歴史に関する様々な情報を効果的に調べまとめる技能を身に付けるようにする」，公民的分野では「諸資料から現代の社会的事象に関する情報を効果的に調べまとめる技能を身に付けるようにする」との記述である。

　社会的事象に関する様々な情報の活用について「第3 指導計画の作成と内容の取扱い」の2の(3)の配慮事項として示したのは，こうした三分野の目標を受けて，指導の全般にわたって適切な情報活用を促す学習活動を展開することを重視しているからである。

　なお，今回の改訂においては，「作業的で具体的な体験を伴う学習」について，これを重視している。これは，作業的で具体的な体験を伴う自らの直接的な活動を通して社会的事象を捉え，認識を深めていくことを期待しているからである。また，言語活動の充実を一層図る観点から，「地図や年表を読んだり作成したり，現代社会の諸課題を捉え，多面的・多角的に考察，構想するに当たっては，関連する新聞，読み物，統計その他の資料に平素から親しみ適切に活用したり，観察や調査などの過程と結果を整理し報告書にまとめ，発表したりする」と示し，表現力の育成を一層重視している。それは，過程を含めて結果を整理し報告書にまとめたり発表したりする活動は，情報の収集，選択，処理に関する技能を高めるばかりでなく，豊かな表現力を育成する上でも重要だからである。それだけに，今回の改訂の趣旨を踏まえて，技能習得のためのより一層の授業改善に努めることが大切である。

> (4) 社会的事象については，生徒の考えが深まるよう様々な見解を提示するよう配慮し，多様な見解のある事柄，未確定な事柄を取り上げる場合には，有益適切な教材に基づいて指導するとともに，特定の事柄を強調し過ぎたり，一面的な見解を十分な配慮なく取り上げたりするなどの偏った取扱いにより，生徒が多面的・多角的に考察したり，事実を客観的に捉え，公正に判断したりすることを妨げることのないよう留意すること。

　これは，各分野の指導において，社会的事象について多面的・多角的に考察し

たり，事実を客観的に捉え，公正に判断したりすることのできる生徒の育成を目指す際の留意点を示したものである。

社会科の目標に規定されている「グローバル化する国際社会に主体的に生きる平和で民主的な国家及び社会の形成者に必要な公民としての資質・能力の基礎」を育成することに向けて，「多様な見解のある事柄，未確定な事柄」なども含む現実の課題に関する社会的事象を取り扱うことは，生徒が現実の社会の在り方について具体的に考察，構想したり，国民主権を担う公民としての自覚などを深めたりするために効果的である。一方，これらの社会的事象について，一面的な見解を十分な配慮なく取り上げた場合，ともすると恣意的な考察や判断に陥る恐れがあるため，このような規定を設けている。

「多様な見解のある事柄，未確定な事柄」については，一つの見解が絶対的に正しく，他の見解は誤りであると断定することは困難であるとともに，一般に，とりわけ政治においては自分の意見をもちながら議論を交わし合意形成を図っていくことが重要であるから，公民的分野のみならず，地理的分野及び歴史的分野の学習においても，一つの結論を出すよりも結論に至るまでの冷静で理性的な議論の過程が大切であることを理解できるように指導し，全体として社会科の目標が実現されるように配慮することが必要である。

また，「有益適切な教材」である諸資料に基づいて「多面的・多角的に考察したり，事実を客観的に捉え，公正に判断したりすることを妨げることのないよう留意すること」について，その拠り所となる資料に関しては，その資料の出典や用途，作成の経緯等を含めて吟味した上で使用することが必要である。

このことに関しては，平成27年3月4日付け初等中等教育局長通知「学校における補助教材の適正な取扱いについて」（26文科初第1257号）に記されているように，諸資料を補助教材として使用することを検討する際には，その内容及び取扱いに関して，

① 教育基本法，学校教育法，学習指導要領等の趣旨に従っていること，
② その使用される学年の児童生徒の心身の発達の段階に即していること，
③ 多様な見方や考え方のできる事柄，未確定な事柄を取り上げる場合には，特定の事柄を強調し過ぎたり，一面的な見解を十分な配慮なく取り上げたりするなど，特定の見方や考え方に偏った取扱いとならないこと，

に十分留意することが必要である。

この通知の趣旨を踏まえ，各分野の指導においては，生徒の発達の段階を考慮して，社会的事象について多面的・多角的に考察したり，事実を客観的に捉え，公正に判断したりすることができるよう配慮することが大切である。

これらのことに配慮して，「よりよい社会の実現を視野に課題を主体的に解決

しようとする態度を養うとともに，多面的・多角的な考察や深い理解を通して涵養される我が国の国土や歴史に対する愛情，国民主権を担う公民として，自国を愛し，その平和と繁栄を図ることや，他国や他国の文化を尊重することの大切さについての自覚などを深める」ことをねらう中学校社会科の目標が実現できるようにすることが大切である。

3　教育基本法第14条及び第15条に関する事項の取扱い

> 3　第2の内容の指導に当たっては，教育基本法第14条及び第15条の規定に基づき，適切に行うよう特に慎重に配慮して，政治及び宗教に関する教育を行うものとする。

　ここでは，第3章2の(4)の規定に加えて，政治及び宗教に関する事項を扱う際に留意すべきことが示されている。

　政治及び宗教に関する教育については教育基本法第14条，第15条の規定に基づいて，適切に行うよう特に慎重に配慮することが必要である。

　政治に関する教育については，良識ある公民として必要な政治的教養を尊重して行う必要があるとともに，いわゆる党派的政治教育を行うことのないようにする必要がある。

　また，宗教に関する教育については，宗教に関する寛容の態度，宗教に関する一般的な教養及び宗教の社会生活における地位を尊重して行う必要がある。このうち，宗教に関する一般的な教養については，宗教の役割を客観的に学ぶことの重要性に鑑み，平成18年の教育基本法改正により，追加されたものである。なお，国・公立学校においては特定の宗教のための宗教教育その他宗教的活動を行うことのないようにする必要がある。

　　（政治教育）
　第14条　良識ある公民として必要な政治的教養は，教育上尊重されなければならない。
　②　法律に定める学校は，特定の政党を支持し，又はこれに反対するための政治教育その他政治的活動をしてはならない。
　　（宗教教育）
　第15条　宗教に関する寛容の態度，宗教に関する一般的な教養及び宗教の社会生活における地位は，教育上尊重されなければならない。
　②　国及び地方公共団体が設置する学校は，特定の宗教のための宗教教育その

他宗教的活動をしてはならない。

3
教育基本法第14条及び第15条に関する事項の取扱い

参考資料1　小・中学校社会科において育成を目指す資質・能力

		知識及び技能	思考力，判断力，表現力等
小学校社会		・地域や我が国の国土の地理的環境，現代社会の仕組みや働き，地域や我が国の歴史や伝統と文化を通して社会生活について理解する。 ・様々な資料や調査活動を通して情報を適切に調べまとめる技能を身に付けるようにする。	・社会的事象の特色や相互の関連，意味を多角的に考えたり，社会に見られる課題を把握して，その解決に向けて社会への関わり方を選択・判断したりする力，考えたことや選択・判断したことを適切に表現する力を養う。
	3年	身近な地域や市区町村の地理的環境，地域の安全を守るための諸活動や地域の産業と消費生活の様子，地域の様子の移り変わりについて，人々の生活との関連を踏まえて理解するとともに，調査活動，地図帳や各種の具体的資料を通して，必要な情報を調べまとめる技能を身に付けるようにする。	社会的事象の特色や相互の関連，意味を考える力，社会に見られる課題を把握して，その解決に向けて社会への関わり方を選択・判断する力，考えたことや選択・判断したことを表現する力を養う。
	4年	自分たちの都道府県の地理的環境の特色，地域の人々の健康と生活環境を支える働きや自然災害から地域の安全を守るための諸活動，地域の伝統と文化や地域の発展に尽くした先人の働きなどについて，人々の生活との関連を踏まえて理解するとともに，調査活動，地図帳や各種の具体的資料を通して，必要な情報を調べまとめる技能を身に付けるようにする。	社会的事象の特色や相互の関連，意味を考える力，社会に見られる課題を把握して，その解決に向けて社会への関わり方を選択・判断する力，考えたことや選択・判断したことを表現する力を養う。
	5年	我が国の国土の地理的環境の特色や産業の現状，社会の情報化と産業の関わりについて，国民生活との関連を踏まえて理解するとともに，地図帳や地球儀，統計などの各種の基礎的資料を通して，情報を適切に調べまとめる技能を身に付けるようにする。	社会的事象の特色や相互の関連，意味を多角的に考える力，社会に見られる課題を把握して，その解決に向けて社会への関わり方を選択・判断する力，考えたことや選択・判断したことを説明したり，それらを基に議論したりする力を養う。
	6年	我が国の政治の考え方と仕組みや働き，国家及び社会の発展に大きな働きをした先人の業績や優れた文化遺産，我が国と関係の深い国の生活やグローバル化する国際社会における我が国の役割について理解するとともに，地図帳や地球儀，統計や年表などの各種の基礎的資料を通して，情報を適切に調べまとめる技能を身に付けるようにする。	社会的事象の特色や相互の関連，意味を多角的に考える力，社会に見られる課題を把握して，その解決に向けて社会への関わり方を選択・判断する力，考えたことや選択・判断したことを説明したり，それらを基に議論したりする力を養う。
中学校社会		・我が国の国土と歴史，現代の政治，経済，国際関係等に関して理解するとともに，調査や諸資料から様々な情報を効果的に調べまとめる技能を身に付けるようにする。	・社会的事象の意味や意義，特色や相互の関連を多面的・多角的に考察したり，社会に見られる課題の解決に向けて選択・判断したりする力，思考・判断したことを説明したり，それらを基に議論したりする力を養う。
	地理的分野	・我が国の国土及び世界の諸地域に関して，地域の諸事象や地域的特色を理解するとともに，調査や諸資料から地理に関する様々な情報を効果的に調べまとめる技能を身に付けるようにする。	・地理に関わる事象の意味や意義，特色や相互の関連を，位置や分布，場所，人間と自然環境との相互依存関係，空間的相互依存作用，地域などに着目して，多面的・多角的に考察したり，地理的な課題の解決に向けて公正に選択・判断したりする力，思考・判断したことを説明したり，それらを基に議論したりする力を養う。
	歴史的分野	・我が国の歴史の大きな流れを，世界の歴史を背景に，各時代の特色を踏まえて理解するとともに，諸資料から歴史に関する様々な情報を効果的に調べまとめる技能を身に付けるようにする。	・歴史に関わる事象の意味や意義，伝統と文化の特色などを，時期や年代，推移，比較，相互の関連や現在とのつながりなどに着目して多面的・多角的に考察したり，歴史に見られる課題を把握し複数の立場や意見を踏まえて公正に選択・判断したりする力，思考・判断したことを説明したり，それらを基に議論したりする力を養う。
	公民的分野	・個人の尊厳と人権の尊重の意義，特に自由・権利と責任・義務との関係を広い視野から正しく認識し，民主主義，民主政治の意義，国民の生活の向上と経済活動との関わり，現代の社会生活及び国際関係などについて，個人と社会との関わりを中心に理解を深めるとともに，諸資料から現代の社会的事象に関する情報を効果的に調べまとめる技能を身に付けるようにする。	・社会的事象の意味や意義，特色や相互の関連を現代の社会生活と関連付けて多面的・多角的に考察したり，現代社会に見られる課題について公正に判断したりする力，思考・判断したことを説明したり，それらを基に議論したりする力を養う。

学びに向かう力，人間性等
・社会的事象について，よりよい社会を考え主体的に問題解決しようとする態度を養う。 ・多角的な思考や理解を通して涵養される地域社会に対する誇りと愛情，地域社会の一員としての自覚，我が国の国土と歴史に対する愛情，我が国の将来を担う国民としての自覚，世界の国々の人々と共に生きていくことの大切さについての自覚などを養う。
社会的事象について，主体的に学習の問題を解決しようとする態度や，よりよい社会を考え学習したことを社会生活に生かそうとする態度を養うとともに，思考や理解を通して，地域社会に対する誇りと愛情，地域社会の一員としての自覚を養う。
社会的事象について，主体的に学習の問題を解決しようとする態度や，よりよい社会を考え学習したことを社会生活に生かそうとする態度を養うとともに，思考や理解を通して，地域社会に対する誇りと愛情，地域社会の一員としての自覚を養う。
社会的事象について，主体的に学習の問題を解決しようとする態度や，よりよい社会を考え学習したことを社会生活に生かそうとする態度を養うとともに，多角的な思考や理解を通して，我が国の国土に対する愛情，我が国の産業の発展を願い我が国の将来を担う国民としての自覚を養う。
社会的事象について，主体的に学習の問題を解決しようとする態度や，よりよい社会を考え学習したことを社会生活に生かそうとする態度を養うとともに，多角的な思考や理解を通して，我が国の歴史や伝統を大切にして国を愛する心情，我が国の将来を担う国民としての自覚や平和を願う日本人として世界の国々の人々と共に生きることの大切さについての自覚を養う。
・社会的事象について，よりよい社会の実現を視野に課題を主体的に解決しようとする態度を養うとともに，多面的・多角的な考察や深い理解を通して涵養される我が国の国土や歴史に対する愛情，国民主権を担う公民として，自国を愛し，その平和と繁栄を図ることや，他国や他国の文化を尊重することの大切さについての自覚などを深める。 ・日本や世界の地域に関わる諸事象について，よりよい社会の実現を視野にそこで見られる課題を主体的に追究，解決しようとする態度を養うとともに，多面的・多角的な考察や深い理解を通して涵養される我が国の国土に対する愛情，世界の諸地域の多様な生活文化を尊重しようとすることの大切さについての自覚などを深める。
・歴史に関わる諸事象について，よりよい社会の実現を視野にそこで見られる課題を主体的に追究，解決しようとする態度を養うとともに，多面的・多角的な考察や深い理解を通して涵養される我が国の歴史に対する愛情，国民としての自覚，国家及び社会並びに文化の発展や人々の生活の向上に尽くした歴史上の人物と現在に伝わる文化遺産を尊重しようとすることの大切さについての自覚などを深め，国際協調の精神を養う。
・現代の社会的事象について，現代社会に見られる課題の解決を視野に主体的に社会に関わろうとする態度を養うとともに，多面的・多角的な考察や深い理解を通して涵養される，国民主権を担う公民として，自国を愛し，その平和と繁栄を図ることや，各国が相互に主権を尊重し，各国民が協力し合うことの大切さについての自覚などを深める。

小・中学校社会科において育成を目指す資質・能力

参考資料2　小・中学校社会科における内容の枠組みと対象

枠組み		地理的環境と人々の生活			現代社
対象		地域	日本	世界	経済・産業
小学校	3年	(1)身近な地域や市の様子 イ(7)「仕事の種類や産地の分布」			(2)地域に見られる生産や販売の仕事
	4年	(1)県の様子 (5)県内の特色ある地域の様子	ア(7)「47都道府県の名称と位置」		(2)人々の健康 内容の取扱い(3)イ「開発,産業などの事例(選択)」
	5年		(1)我が国の国土の様子と国民生活 イ(7)「生産物の種類や分布」 イ(7)「工業の盛んな地域の分布」 (5)我が国の国土の自然環境と国民生活との関連	イ(7)「世界の大陸と主な海洋,世界の主な国々」	ア(イ)「自然環境に適応して生活していること」 (2)我が国の農業や水産業における食料生産 (3)我が国の工業生産 (4)我が国の情報と産業との関わり (5)我が国の国土の
	6年			イ(7)「外国の人々の生活の様子」	
中学校	地理的分野	C(1)地域調査の手法 C(4)地域の在り方	A(1)② 日本の地域構成 C(2)日本の地域的特色と地域区分 C(3)日本の諸地域	A(1)① 世界の地域構成 B(1)世界各地の人々の生活と環境 B(2)世界の諸地域	③ 資源・エネルギーと産業 ③ 産業を中核とした考察の仕方
	歴史的分野				
	公民的分野		(1)「少子高齢化」	(1)「情報化,グローバル化」	A(1) B 私たちと経済 (1)市場の働きと経済 (2)国民の生活と政府の役割

の仕組みや働きと人々の生活		歴史と人々の生活		
政治	国際関係	地域	日本	世界
イ(ｲ)「市役所などの公共施設の場所と働き」	内容の取扱い(4)ウ「国際化」	(4)市の様子の移り変わり		
(3)地域の安全を守る働き	イ(ｲ)「外国との関わり」			
生活環境を支える事業		内容の取扱い(1)ア「公衆衛生の向上」		
(3)自然災害から人々を守る活動		イ(ｲ)「過去に発生した地域の自然災害」		
	内容の取扱い(4)ア「国際交流に取り組む地域」	内容の取扱い(4)ア「地場産業,伝統的な文化」（選択） (4)県内の伝統や文化,先人の働き		
	イ(ｲ)「輸入など外国との関わり」		イ(ｱ)「生産量の変化」 イ(ｲ)「技術の向上」	
	イ(ｳ)「貿易や運輸」		イ(ｱ)「工業製品の改良」 イ(ｲ)「情報を生かして発展する産業」	
自然環境と国民生活との関連				
(1)我が国の政治の働き			(2)我が国の歴史上の主な事象	ア(ｷ)「国際社会での重要な役割」
イ(ｲ)「我が国の国際協力」	(3)グローバル化する世界と日本の役割			内容の取扱い(2)オ「当時の世界との関わり」
	州という地域の広がりや地域内の結び付き			
	④交通・通信		地域の伝統や歴史的な背景を踏まえた視点	
		地域の変容		
(1)「ギリシャ・ローマの文明」		A 歴史との対話 (2)身近な地域の歴史	B 近世までの日本とアジア (1)古代までの日本 (2)中世の日本 (3)近世の日本	(1)(ｱ)世界の古代文明や宗教の起こり (2)(ｱ)武家政治の成立とユーラシアの交流 (3)(ｱ)世界の動きと統一事業
(1)「市民革命」,「立憲国家の成立と議会政治」「国民の政治的自覚の高まり」 (2)「我が国の民主化と再建の過程」			C 近現代の日本と世界 (1)近代の日本と世界 (2)現代の日本と世界	(1)(ｱ)欧米諸国における近代社会の成立とアジア諸国の動き (2)(ｱ)日本の民主化と冷戦下の国際社会 など
私たちが生きる現代社会と文化の特色		(1)「文化の継承と創造の意義」		
A(2)現代社会を捉える枠組み				
C 私たちと政治	D 私たちと国際社会の諸課題			
(1)人間の尊重と日本国憲法の基本的原則 (2)民主政治と政治参加	(1)世界平和と人類の福祉の増大			
D(2)よりよい社会を目指して				

小・中学校社会科における内容の枠組みと対象

参考資料3　社会的事象等について調べまとめる技能

		技能の例
情報を収集する技能	手段を考えて課題解決に必要な社会的事象等に関する情報を収集する技能	【1】調査活動を通して ○野外調査活動 ・調査の観点（数，量，配置等）に基づいて，現地の様子や実物を観察し情報を集める ・景観のスケッチや写真撮影等を通して観察し，情報を集める ・地図を現地に持って行き，現地との対応関係を観察し，情報を集める ○社会調査活動 ・行政機関や事業者，地域住民等を対象に聞き取り調査，アンケート調査などを行い，情報を集める 【2】諸資料を通して ○資料の種類 ・地図（様々な種類の地図）や地球儀から，位置関係や形状，分布，面積，記載内容などの情報を集める ・年表から，出来事やその時期，推移などの情報を集める ・統計（表やグラフ）から傾向や変化などの情報を集める ・新聞，図書や文書，音声，画像（動画，静止画），現物資料などから様々な情報を集める
情報を読み取る技能	収集した情報を社会的な見方・考え方に沿って読み取る技能	【1】情報全体の傾向性を踏まえて ・位置や分布，広がり，形状などの全体的な傾向を読み取る ・量やその変化，区分や移動などの全体的な傾向を読み取る ・博物館や郷土資料館等の展示品目の配列から，展示テーマの趣旨を読み取る 【2】必要な情報を選んで ○事実を正確に読み取る ・形状，色，数，種類，大きさ，名称などに関する情報を読み取る ・方位，記号，高さ，区分などを読み取る（地図） ・年号や時期，前後関係などを読み取る（年表） ○有用な情報を選んで読み取る ・学習上の課題の解決につながる情報を読み取る ・諸情報の中から，目的に応じた情報を選別して読み取る ○信頼できる情報について読み取る
情報をまとめる技能	読み取った情報を課題解決に向けてまとめる技能	【1】基礎資料として ・聞き取って自分のメモにまとめる ・地図上にドットでまとめる ・数値情報をグラフに転換する（雨温図など） 【2】分類・整理して ・項目やカテゴリーなどに整理してまとめる ・順序や因果関係などで整理して年表にまとめる ・位置や方位，範囲などで整理して白地図上にまとめる ・相互関係を整理して図（イメージマップやフローチャートなど）にまとめる ・情報機器を用いて，デジタル化した情報を統合したり，編集したりしてまとめる

【出典】教育課程部会　社会・地理歴史・公民ワーキンググループにおける審議の取りまとめ

（小・中・高等学校）

○その他
- 模擬体験などの体験活動を通して人々の仕事などに関する情報を集める
- 博物館や郷土資料館等の施設，学校図書館や公共図書館，コンピュータなどを活用して映像，読み物や紀行文，旅行経験者の体験記など様々な情報を集める
- コンピュータや情報通信ネットワークなどを活用して，目的に応じて様々な情報を集める

【3】情報手段の特性や情報の正しさに留意して
- 資料の表題，出典，年代，作成者などを確認し，その信頼性を踏まえつつ情報を集める
- 情報手段の特性に留意して情報を集める
- 情報発信者の意図，発信過程などに留意して情報を集める

【3】複数の情報を見比べたり結び付けたりして
- 異なる情報を見比べ（時期や範囲の異なる地域の様子など）たり，結び付け（地形条件と土地利用の様子など）たりして読み取る
- 同一の事象に関する異種の資料（グラフと文章など）の情報を見比べたり結び付けたりして読み取る
- 同種の資料における異なる表現（複数の地図，複数のグラフ，複数の新聞など）を見比べたり結び付けたりして読み取る

【4】資料の特性に留意して
- 地図の主題や示された情報の種類を踏まえて読み取る
- 歴史資料の作成目的，作成時期，作成者を踏まえて読み取る
- 統計等の単位や比率を踏まえて読み取る

社会的事象等について調べまとめる技能

【3】情報を受け手に向けた分かりやすさに留意して
- 効果的な形式でまとめる
- 主題に沿ってまとめる
- レイアウトを工夫してまとめる
- 表などの数値で示された情報を地図等に変換する

（平成 28 年 8 月 26 日）資料 7

参考資料4　社会科に関係する教材や資料集等について

　文部科学省ホームページ（http://www.mext.go.jp/a_menu/shotou/new-cs/1383986.htm）にある「社会科に関係する教材や資料集等のウェブサイトについて」に，社会科に関係する，例えば，以下の教育内容に関する教材や資料集等のアドレスを掲載しております。各教育内容を指導する際の参考としてご利用下さい。

　※　項目名は五十音順

- 海洋に関する教育
- 金融に関する教育
- 社会保障に関する教育
- 主権者教育
- 消費者教育
- 臓器移植に関する教育
- 租税に関する教育
- 地理に関する教育
- 農業に関する教育
- ハンセン病に関する教育
- 法に関する教育
- 放射線に関する教育
- マイナンバーに関する教育
- 薬害に関する教育
- 拉致問題に関する教育
- 領土に関する教育
- ワークルールに関する教育
- その他の基礎資料

付録

目次

- 付録1：学校教育法施行規則（抄）
- 付録2：中学校学習指導要領　第1章　総則
- 付録3：中学校学習指導要領　第2章　第2節　社会
- 付録4：小学校学習指導要領　第2章　第2節　社会
- 付録5：中学校学習指導要領　第3章　特別の教科　道徳
- 付録6：「道徳の内容」の学年段階・学校段階の一覧表

学校教育法施行規則（抄）

昭和二十二年五月二十三日文部省令第十一号
一部改正：平成二十九年三月三十一日文部科学省令第二十号
平成三十年八月二十七日文部科学省令第二十七号

第四章　小学校

第二節　教育課程

第五十条　小学校の教育課程は，国語，社会，算数，理科，生活，音楽，図画工作，家庭，体育及び外国語の各教科（以下この節において「各教科」という。），特別の教科である道徳，外国語活動，総合的な学習の時間並びに特別活動によつて編成するものとする。

2　私立の小学校の教育課程を編成する場合は，前項の規定にかかわらず，宗教を加えることができる。この場合においては，宗教をもつて前項の特別の教科である道徳に代えることができる。

第五十四条　児童が心身の状況によつて履修することが困難な各教科は，その児童の心身の状況に適合するように課さなければならない。

第五十五条　小学校の教育課程に関し，その改善に資する研究を行うため特に必要があり，かつ，児童の教育上適切な配慮がなされていると文部科学大臣が認める場合においては，文部科学大臣が別に定めるところにより，第五十条第一項，第五十一条（中学校連携型小学校にあつては第五十二条の三，第七十九条の九第二項に規定する中学校併設型小学校にあつては第七十九条の十二において準用する第七十九条の五第一項）又は第五十二条の規定によらないことができる。

第五十五条の二　文部科学大臣が，小学校において，当該小学校又は当該小学校が設置されている地域の実態に照らし，より効果的な教育を実施するため，当該小学校又は当該地域の特色を生かした特別の教育課程を編成して教育を実施する必要があり，かつ，当該特別の教育課程について，教育基本法（平成十八年法律第百二十号）及び学校教育法第三十条第一項の規定等に照らして適切であり，児童の教育上適切な配慮がなされているものとして文部科学大臣が定める基準を満たしていると認める場合においては，文部科学大臣が別に定めるところにより，第五十条第一項，第五十一条（中学校連携型小学校にあつては第五十二条の三，第七十九条の九第二項に規定する中学校併設型小学校にあつては第七十九条の十二において準用する第七十九条の五第一項）又は第五十二条の規定の全部又は一部によらないことができる。

第五十六条　小学校において，学校生活への適応が困難であるため相当の期間小学校を欠席し引き続き欠席すると認められる児童を対象として，その実態に配慮した特別の教育課程を編成して教育を実施する必要があると文部科学大臣が認める場合においては，文部科学大臣が別に定めるところにより，第五十条第一項，第五十一条（中学校連携型小学校にあつては第五十二条の三，第七十九条の九第二項に規定する中学校併設型小学校にあつては

第七十九条の十二において準用する第七十九条の五第一項）又は第五十二条の規定によらないことができる。

第五十六条の二　小学校において，日本語に通じない児童のうち，当該児童の日本語を理解し，使用する能力に応じた特別の指導を行う必要があるものを教育する場合には，文部科学大臣が別に定めるところにより，第五十条第一項，第五十一条（中学校連携型小学校にあつては第五十二条の三，第七十九条の九第二項に規定する中学校併設型小学校にあつては第七十九条の十二において準用する第七十九条の五第一項）及び第五十二条の規定にかかわらず，特別の教育課程によることができる。

第五十六条の三　前条の規定により特別の教育課程による場合においては，校長は，児童が設置者の定めるところにより他の小学校，義務教育学校の前期課程又は特別支援学校の小学部において受けた授業を，当該児童の在学する小学校において受けた当該特別の教育課程に係る授業とみなすことができる。

第五十六条の四　小学校において，学齢を経過した者のうち，その者の年齢，経験又は勤労の状況その他の実情に応じた特別の指導を行う必要があるものを夜間その他特別の時間において教育する場合には，文部科学大臣が別に定めるところにより，第五十条第一項，第五十一条（中学校連携型小学校にあつては第五十二条の三，第七十九条の九第二項に規定する中学校併設型小学校にあつては第七十九条の十二において準用する第七十九条の五第一項）及び第五十二条の規定にかかわらず，特別の教育課程によることができる。

第三節　学年及び授業日

第六十一条　公立小学校における休業日は，次のとおりとする。ただし，第三号に掲げる日を除き，当該学校を設置する地方公共団体の教育委員会（公立大学法人の設置する小学校にあつては，当該公立大学法人の理事長。第三号において同じ。）が必要と認める場合は，この限りでない。
　一　国民の祝日に関する法律（昭和二十三年法律第百七十八号）に規定する日
　二　日曜日及び土曜日
　三　学校教育法施行令第二十九条第一項の規定により教育委員会が定める日
第六十二条　私立小学校における学期及び休業日は，当該学校の学則で定める。

第五章　中学校

第七十二条　中学校の教育課程は，国語，社会，数学，理科，音楽，美術，保健体育，技術・家庭及び外国語の各教科（以下本章及び第七章中「各教科」という。），特別の教科である道徳，総合的な学習の時間並びに特別活動によつて編成するものとする。

第七十三条　中学校（併設型中学校，第七十四条の二第二項に規定する小学校連携型中学

校，第七十五条第二項に規定する連携型中学校及び第七十九条の九第二項に規定する小学校併設型中学校を除く。）の各学年における各教科，特別の教科である道徳，総合的な学習の時間及び特別活動のそれぞれの授業時数並びに各学年におけるこれらの総授業時数は，別表第二に定める授業時数を標準とする。

第七十四条　中学校の教育課程については，この章に定めるもののほか，教育課程の基準として文部科学大臣が別に公示する中学校学習指導要領によるものとする。

第七十九条　第四十一条から第四十九条まで，第五十条第二項，第五十四条から第六十八条までの規定は，中学校に準用する。この場合において，第四十二条中「五学級」とあるのは「二学級」と，第五十五条から第五十六条の二まで及び第五十六条の四の規定中「第五十条第一項」とあるのは「第七十二条」と，「第五十一条（中学校連携型小学校にあつては第五十二条の三，第七十九条の九第二項に規定する中学校併設型小学校にあつては第七十九条の十二において準用する第七十九条の五第一項）」とあるのは「第七十三条（併設型中学校にあつては第百十七条において準用する第百七条，小学校連携型中学校にあつては第七十四条の三，連携型中学校にあつては第七十六条，第七十九条の九第二項に規定する小学校併設型中学校にあつては第七十九条の十二において準用する第七十九条の五第二項）」と，「第五十二条」とあるのは「第七十四条」と，第五十五条の二中「第三十条第一項」とあるのは「第四十六条」と，第五十六条の三中「他の小学校，義務教育学校の前期課程又は特別支援学校の小学部」とあるのは「他の中学校，義務教育学校の後期課程，中等教育学校の前期課程又は特別支援学校の中学部」と読み替えるものとする。

第八章　特別支援教育

第百三十四条の二　校長は，特別支援学校に在学する児童等について個別の教育支援計画（学校と医療，保健，福祉，労働等に関する業務を行う関係機関及び民間団体（次項において「関係機関等」という。）との連携の下に行う当該児童等に対する長期的な支援に関する計画をいう。）を作成しなければならない。

2　校長は，前項の規定により個別の教育支援計画を作成するに当たつては，当該児童等又はその保護者の意向を踏まえつつ，あらかじめ，関係機関等と当該児童等の支援に関する必要な情報の共有を図らなければならない。

第百三十八条　小学校，中学校若しくは義務教育学校又は中等教育学校の前期課程における特別支援学級に係る教育課程については，特に必要がある場合は，第五十条第一項（第七十九条の六第一項において準用する場合を含む。），第五十一条，第五十二条（第七十九条の六第一項において準用する場合を含む。），第五十二条の三，第七十二条（第七十九条の六第二項及び第百八条第一項において準用する場合を含む。），第七十三条，第七十四条（第七十九条の六第二項及び第百八条第一項において準用する場合を含む。），第七十四条の三，第七十六条，第七十九条の五（第七十九条の十二において準用する場合を含む。）

及び第百七条（第百十七条において準用する場合を含む。）の規定にかかわらず，特別の教育課程によることができる。

第百三十九条の二　第百三十四条の二の規定は，小学校，中学校若しくは義務教育学校又は中等教育学校の前期課程における特別支援学級の児童又は生徒について準用する。

第百四十条　小学校，中学校，義務教育学校，高等学校又は中等教育学校において，次の各号のいずれかに該当する児童又は生徒（特別支援学級の児童及び生徒を除く。）のうち当該障害に応じた特別の指導を行う必要があるものを教育する場合には，文部科学大臣が別に定めるところにより，第五十条第一項（第七十九条の六第一項において準用する場合を含む。），第五十一条，第五十二条（第七十九条の六第一項において準用する場合を含む。），第五十二条の三，第七十二条（第七十九条の六第二項及び第百八条第一項において準用する場合を含む。），第七十三条，第七十四条（第七十九条の六第二項及び第百八条第一項において準用する場合を含む。），第七十四条の三，第七十六条，第七十九条の五（第七十九条の十二において準用する場合を含む。），第八十三条及び第八十四条（第百八条第二項において準用する場合を含む。）並びに第百七条（第百十七条において準用する場合を含む。）の規定にかかわらず，特別の教育課程によることができる。

一　言語障害者
二　自閉症者
三　情緒障害者
四　弱視者
五　難聴者
六　学習障害者
七　注意欠陥多動性障害者
八　その他障害のある者で，この条の規定により特別の教育課程による教育を行うことが適当なもの

第百四十一条　前条の規定により特別の教育課程による場合においては，校長は，児童又は生徒が，当該小学校，中学校，義務教育学校，高等学校又は中等教育学校の設置者の定めるところにより他の小学校，中学校，義務教育学校，高等学校，中等教育学校又は特別支援学校の小学部，中学部若しくは高等部において受けた授業を，当該小学校，中学校，義務教育学校，高等学校又は中等教育学校において受けた当該特別の教育課程に係る授業とみなすことができる。

第百四十一条の二　第百三十四条の二の規定は，第百四十条の規定により特別の指導が行われている児童又は生徒について準用する。

附　則（平成二十九年三月三十一日文部科学省令第二十号）

この省令は，平成三十二年四月一日から施行する。

別表第二（第七十三条関係）

区　分		第1学年	第2学年	第3学年
各教科の授業時数	国　語	140	140	105
	社　会	105	105	140
	数　学	140	105	140
	理　科	105	140	140
	音　楽	45	35	35
	美　術	45	35	35
	保健体育	105	105	105
	技術・家庭	70	70	35
	外国語	140	140	140
特別の教科である道徳の授業時数		35	35	35
総合的な学習の時間の授業時数		50	70	70
特別活動の授業時数		35	35	35
総授業時数		1015	1015	1015

備考

一　この表の授業時数の一単位時間は，五十分とする。

二　特別活動の授業時数は，中学校学習指導要領で定める学級活動（学校給食に係るものを除く。）に充てるものとする。

中学校学習指導要領 第1章 総則

● 第1 中学校教育の基本と教育課程の役割

1 各学校においては,教育基本法及び学校教育法その他の法令並びにこの章以下に示すところに従い,生徒の人間として調和のとれた育成を目指し,生徒の心身の発達の段階や特性及び学校や地域の実態を十分考慮して,適切な教育課程を編成するものとし,これらに掲げる目標を達成するよう教育を行うものとする。

2 学校の教育活動を進めるに当たっては,各学校において,第3の1に示す主体的・対話的で深い学びの実現に向けた授業改善を通して,創意工夫を生かした特色ある教育活動を展開する中で,次の(1)から(3)までに掲げる事項の実現を図り,生徒に生きる力を育むことを目指すものとする。

(1) 基礎的・基本的な知識及び技能を確実に習得させ,これらを活用して課題を解決するために必要な思考力,判断力,表現力等を育むとともに,主体的に学習に取り組む態度を養い,個性を生かし多様な人々との協働を促す教育の充実に努めること。その際,生徒の発達の段階を考慮して,生徒の言語活動など,学習の基盤をつくる活動を充実するとともに,家庭との連携を図りながら,生徒の学習習慣が確立するよう配慮すること。

(2) 道徳教育や体験活動,多様な表現や鑑賞の活動等を通して,豊かな心や創造性の涵養を目指した教育の充実に努めること。

学校における道徳教育は,特別の教科である道徳(以下「道徳科」という。)を要として学校の教育活動全体を通じて行うものであり,道徳科はもとより,各教科,総合的な学習の時間及び特別活動のそれぞれの特質に応じて,生徒の発達の段階を考慮して,適切な指導を行うこと。

道徳教育は,教育基本法及び学校教育法に定められた教育の根本精神に基づき,人間としての生き方を考え,主体的な判断の下に行動し,自立した人間として他者と共によりよく生きるための基盤となる道徳性を養うことを目標とすること。

道徳教育を進めるに当たっては,人間尊重の精神と生命に対する畏敬の念を家庭,学校,その他社会における具体的な生活の中に生かし,豊かな心をもち,伝統と文化を尊重し,それらを育んできた我が国と郷土を愛し,個性豊かな文化の創造を図るとともに,平和で民主的な国家及び社会の形成者として,公共の精神を尊び,社会及び国家の発展に努め,他国を尊重し,国際社会の平和と発展や環境の保全に貢献し未来を拓く主体性のある日本人の育成に資することとなるよう特に留意すること。

(3) 学校における体育・健康に関する指導を,生徒の発達の段階を考慮して,学校の教育活動全体を通じて適切に行うことにより,健康で安全な生活と豊かなスポーツライフの実現を目指した教育の充実に努めること。特に,学校における食育の推進並びに体力の向上に関する指導,安全に関する指導及び心身の健康の保持増進に関する指導については,保健体育科,技術・家庭科及び特別活動の時間はもとより,各教科,道徳科及び総合的な学習の時間などにおいてもそれぞれの特質に応じて適切に行うよう努めること。また,それらの指導を通して,家庭や地域社会との連携を図りながら,日常生活において適切な体育・健康に関する活動の実践を促し,生涯を通じて健康・安全で活力ある生活を送るための基礎が培われるよう配慮すること。

3 2の(1)から(3)までに掲げる事項の実現を図り,豊かな創造性を備え持続可能な社会の創り手となることが期待される生徒に,生きる力を育むことを目指すに当たっては,学校教育全体並びに各教科,道徳科,総合的な学習の時間及び特別活動(以下「各教科等」という。ただし,第2の3の(2)のア及びウにおいて,特別活動については学級活動(学校給食に係るものを除く。)に

付録2

限る。）の指導を通してどのような資質・能力の育成を目指すのかを明確にしながら，教育活動の充実を図るものとする。その際，生徒の発達の段階や特性等を踏まえつつ，次に掲げることが偏りなく実現できるようにするものとする。
(1) 知識及び技能が習得されるようにすること。
(2) 思考力，判断力，表現力等を育成すること。
(3) 学びに向かう力，人間性等を涵養すること。
4 　各学校においては，生徒や学校，地域の実態を適切に把握し，教育の目的や目標の実現に必要な教育の内容等を教科等横断的な視点で組み立てていくこと，教育課程の実施状況を評価してその改善を図っていくこと，教育課程の実施に必要な人的又は物的な体制を確保するとともにその改善を図っていくことなどを通して，教育課程に基づき組織的かつ計画的に各学校の教育活動の質の向上を図っていくこと（以下「カリキュラム・マネジメント」という。）に努めるものとする。

● 第2　教育課程の編成

1 　各学校の教育目標と教育課程の編成
　　教育課程の編成に当たっては，学校教育全体や各教科等における指導を通して育成を目指す資質・能力を踏まえつつ，各学校の教育目標を明確にするとともに，教育課程の編成についての基本的な方針が家庭や地域とも共有されるよう努めるものとする。その際，第4章総合的な学習の時間の第2の1に基づき定められる目標との関連を図るものとする。
2 　教科等横断的な視点に立った資質・能力の育成
(1) 各学校においては，生徒の発達の段階を考慮し，言語能力，情報活用能力（情報モラルを含む。），問題発見・解決能力等の学習の基盤となる資質・能力を育成していくことができるよう，各教科等の特質を生かし，教科等横断的な視点から教育課程の編成を図るものとする。
(2) 各学校においては，生徒や学校，地域の実態及び生徒の発達の段階を考慮し，豊かな人生の実現や災害等を乗り越えて次代の社会を形成することに向けた現代的な諸課題に対応して求められる資質・能力を，教科等横断的な視点で育成していくことができるよう，各学校の特色を生かした教育課程の編成を図るものとする。
3 　教育課程の編成における共通的事項
(1) 内容等の取扱い
　ア　第2章以下に示す各教科，道徳科及び特別活動の内容に関する事項は，特に示す場合を除き，いずれの学校においても取り扱わなければならない。
　イ　学校において特に必要がある場合には，第2章以下に示していない内容を加えて指導することができる。また，第2章以下に示す内容の取扱いのうち内容の範囲や程度等を示す事項は，全ての生徒に対して指導するものとする内容の範囲や程度等を示したものであり，学校において特に必要がある場合には，この事項にかかわらず加えて指導することができる。ただし，これらの場合には，第2章以下に示す各教科，道徳科及び特別活動の目標や内容の趣旨を逸脱したり，生徒の負担過重となったりすることのないようにしなければならない。
　ウ　第2章以下に示す各教科，道徳科及び特別活動の内容に掲げる事項の順序は，特に示す場合を除き，指導の順序を示すものではないので，学校においては，その取扱いについて適切な工夫を加えるものとする。
　エ　学校において2以上の学年の生徒で編制する学級について特に必要がある場合には，各教科の目標の達成に支障のない範囲内で，各教科の目標及び内容について学年別の順序によらないことができる。

付録2

オ 各学校においては，生徒や学校，地域の実態を考慮して，生徒の特性等に応じた多様な学習活動が行えるよう，第2章に示す各教科や，特に必要な教科を，選択教科として開設し生徒に履修させることができる。その場合にあっては，全ての生徒に指導すべき内容との関連を図りつつ，選択教科の授業時数及び内容を適切に定め選択教科の指導計画を作成し，生徒の負担過重となることのないようにしなければならない。また，特に必要な教科の名称，目標，内容などについては，各学校が適切に定めるものとする。

カ 道徳科を要として学校の教育活動全体を通じて行う道徳教育の内容は，第3章特別の教科道徳の第2に示す内容とし，その実施に当たっては，第6に示す道徳教育に関する配慮事項を踏まえるものとする。

(2) 授業時数等の取扱い

ア 各教科等の授業は，年間35週以上にわたって行うよう計画し，週当たりの授業時数が生徒の負担過重にならないようにするものとする。ただし，各教科等や学習活動の特質に応じ効果的な場合には，夏季，冬季，学年末等の休業日の期間に授業日を設定する場合を含め，これらの授業を特定の期間に行うことができる。

イ 特別活動の授業のうち，生徒会活動及び学校行事については，それらの内容に応じ，年間，学期ごと，月ごとなどに適切な授業時数を充てるものとする。

ウ 各学校の時間割については，次の事項を踏まえ適切に編成するものとする。

(ア) 各教科等のそれぞれの授業の1単位時間は，各学校において，各教科等の年間授業時数を確保しつつ，生徒の発達の段階及び各教科等や学習活動の特質を考慮して適切に定めること。

(イ) 各教科等の特質に応じ，10分から15分程度の短い時間を活用して特定の教科等の指導を行う場合において，当該教科等を担当する教師が，単元や題材など内容や時間のまとまりを見通した中で，その指導内容の決定や指導の成果の把握と活用等を責任をもって行う体制が整備されているときは，その時間を当該教科等の年間授業時数に含めることができること。

(ウ) 給食，休憩などの時間については，各学校において工夫を加え，適切に定めること。

(エ) 各学校において，生徒や学校，地域の実態，各教科等や学習活動の特質等に応じて，創意工夫を生かした時間割を弾力的に編成できること。

エ 総合的な学習の時間における学習活動により，特別活動の学校行事に掲げる各行事の実施と同様の成果が期待できる場合においては，総合的な学習の時間における学習活動をもって相当する特別活動の学校行事に掲げる各行事の実施に替えることができる。

(3) 指導計画の作成等に当たっての配慮事項

各学校においては，次の事項に配慮しながら，学校の創意工夫を生かし，全体として，調和のとれた具体的な指導計画を作成するものとする。

ア 各教科等の指導内容については，(1)のアを踏まえつつ，単元や題材など内容や時間のまとまりを見通しながら，そのまとめ方や重点の置き方に適切な工夫を加え，第3の1に示す主体的・対話的で深い学びの実現に向けた授業改善を通して資質・能力を育む効果的な指導ができるようにすること。

イ 各教科等及び各学年相互間の関連を図り，系統的，発展的な指導ができるようにすること。

4 学校段階間の接続

教育課程の編成に当たっては，次の事項に配慮しながら，学校段階間の接続を図るものとする。

(1) 小学校学習指導要領を踏まえ，小学校教育までの学習の成果が中学校教育に円滑に接続され，義務教育段階の終わりまでに育成することを目指す資質・能力を，生徒が確実に身に付けるこ

付録2

とができるよう工夫すること。特に，義務教育学校，小学校連携型中学校及び小学校併設型中学校においては，義務教育9年間を見通した計画的かつ継続的な教育課程を編成すること。
(2) 高等学校学習指導要領を踏まえ，高等学校教育及びその後の教育との円滑な接続が図られるよう工夫すること。特に，中等教育学校，連携型中学校及び併設型中学校においては，中等教育6年間を見通した計画的かつ継続的な教育課程を編成すること。

● 第3 教育課程の実施と学習評価

1 主体的・対話的で深い学びの実現に向けた授業改善
　各教科等の指導に当たっては，次の事項に配慮するものとする。
(1) 第1の3の(1)から(3)までに示すことが偏りなく実現されるよう，単元や題材など内容や時間のまとまりを見通しながら，生徒の主体的・対話的で深い学びの実現に向けた授業改善を行うこと。
　特に，各教科等において身に付けた知識及び技能を活用したり，思考力，判断力，表現力等や学びに向かう力，人間性等を発揮させたりして，学習の対象となる物事を捉え思考することにより，各教科等の特質に応じた物事を捉える視点や考え方（以下「見方・考え方」という。）が鍛えられていくことに留意し，生徒が各教科等の特質に応じた見方・考え方を働かせながら，知識を相互に関連付けてより深く理解したり，情報を精査して考えを形成したり，問題を見いだして解決策を考えたり，思いや考えを基に創造したりすることに向かう過程を重視した学習の充実を図ること。
(2) 第2の2の(1)に示す言語能力の育成を図るため，各学校において必要な言語環境を整えるとともに，国語科を要としつつ各教科等の特質に応じて，生徒の言語活動を充実すること。あわせて，(7)に示すとおり読書活動を充実すること。
(3) 第2の2の(1)に示す情報活用能力の育成を図るため，各学校において，コンピュータや情報通信ネットワークなどの情報手段を活用するために必要な環境を整え，これらを適切に活用した学習活動の充実を図ること。また，各種の統計資料や新聞，視聴覚教材や教育機器などの教材・教具の適切な活用を図ること。
(4) 生徒が学習の見通しを立てたり学習したことを振り返ったりする活動を，計画的に取り入れるように工夫すること。
(5) 生徒が生命の有限性や自然の大切さ，主体的に挑戦してみることや多様な他者と協働することの重要性などを実感しながら理解することができるよう，各教科等の特質に応じた体験活動を重視し，家庭や地域社会と連携しつつ体系的・継続的に実施できるよう工夫すること。
(6) 生徒が自ら学習課題や学習活動を選択する機会を設けるなど，生徒の興味・関心を生かした自主的，自発的な学習が促されるよう工夫すること。
(7) 学校図書館を計画的に利用しその機能の活用を図り，生徒の主体的・対話的で深い学びの実現に向けた授業改善に生かすとともに，生徒の自主的，自発的な学習活動や読書活動を充実すること。また，地域の図書館や博物館，美術館，劇場，音楽堂等の施設の活用を積極的に図り，資料を活用した情報の収集や鑑賞等の学習活動を充実すること。
2 学習評価の充実
　学習評価の実施に当たっては，次の事項に配慮するものとする。
(1) 生徒のよい点や進歩の状況などを積極的に評価し，学習したことの意義や価値を実感できるようにすること。また，各教科等の目標の実現に向けた学習状況を把握する観点から，単元や題材など内容や時間のまとまりを見通しながら評価の場面や方法を工夫して，学習の過程や成

果を評価し，指導の改善や学習意欲の向上を図り，資質・能力の育成に生かすようにすること。
(2) 創意工夫の中で学習評価の妥当性や信頼性が高められるよう，組織的かつ計画的な取組を推進するとともに，学年や学校段階を越えて生徒の学習の成果が円滑に接続されるように工夫すること。

第4 生徒の発達の支援

1 生徒の発達を支える指導の充実
　教育課程の編成及び実施に当たっては，次の事項に配慮するものとする。
(1) 学習や生活の基盤として，教師と生徒との信頼関係及び生徒相互のよりよい人間関係を育てるため，日頃から学級経営の充実を図ること。また，主に集団の場面で必要な指導や援助を行うガイダンスと，個々の生徒の多様な実態を踏まえ，一人一人が抱える課題に個別に対応した指導を行うカウンセリングの双方により，生徒の発達を支援すること。
(2) 生徒が，自己の存在感を実感しながら，よりよい人間関係を形成し，有意義で充実した学校生活を送る中で，現在及び将来における自己実現を図っていくことができるよう，生徒理解を深め，学習指導と関連付けながら，生徒指導の充実を図ること。
(3) 生徒が，学ぶことと自己の将来とのつながりを見通しながら，社会的・職業的自立に向けて必要な基盤となる資質・能力を身に付けていくことができるよう，特別活動を要としつつ各教科等の特質に応じて，キャリア教育の充実を図ること。その中で，生徒が自らの生き方を考え主体的に進路を選択することができるよう，学校の教育活動全体を通じ，組織的かつ計画的な進路指導を行うこと。
(4) 生徒が，基礎的・基本的な知識及び技能の習得も含め，学習内容を確実に身に付けることができるよう，生徒や学校の実態に応じ，個別学習やグループ別学習，繰り返し学習，学習内容の習熟の程度に応じた学習，生徒の興味・関心等に応じた課題学習，補充的な学習や発展的な学習などの学習活動を取り入れることや，教師間の協力による指導体制を確保することなど，指導方法や指導体制の工夫改善により，個に応じた指導の充実を図ること。その際，第3の1の(3)に示す情報手段や教材・教具の活用を図ること。

2 特別な配慮を必要とする生徒への指導
(1) 障害のある生徒などへの指導
　ア 障害のある生徒などについては，特別支援学校等の助言又は援助を活用しつつ，個々の生徒の障害の状態等に応じた指導内容や指導方法の工夫を組織的かつ計画的に行うものとする。
　イ 特別支援学級において実施する特別の教育課程については，次のとおり編成するものとする。
　　(ｱ) 障害による学習上又は生活上の困難を克服し自立を図るため，特別支援学校小学部・中学部学習指導要領第7章に示す自立活動を取り入れること。
　　(ｲ) 生徒の障害の程度や学級の実態等を考慮の上，各教科の目標や内容を下学年の教科の目標や内容に替えたり，各教科を，知的障害者である生徒に対する教育を行う特別支援学校の各教科に替えたりするなどして，実態に応じた教育課程を編成すること。
　ウ 障害のある生徒に対して，通級による指導を行い，特別の教育課程を編成する場合には，特別支援学校小学部・中学部学習指導要領第7章に示す自立活動の内容を参考とし，具体的な目標や内容を定め，指導を行うものとする。その際，効果的な指導が行われるよう，各教科等と通級による指導との関連を図るなど，教師間の連携に努めるものとする。

付録2

エ　障害のある生徒などについては，家庭，地域及び医療や福祉，保健，労働等の業務を行う関係機関との連携を図り，長期的な視点で生徒への教育的支援を行うために，個別の教育支援計画を作成し活用することに努めるとともに，各教科等の指導に当たって，個々の生徒の実態を的確に把握し，個別の指導計画を作成し活用することに努めるものとする。特に，特別支援学級に在籍する生徒や通級による指導を受ける生徒については，個々の生徒の実態を的確に把握し，個別の教育支援計画や個別の指導計画を作成し，効果的に活用するものとする。

(2) 海外から帰国した生徒などの学校生活への適応や，日本語の習得に困難のある生徒に対する日本語指導

　ア　海外から帰国した生徒などについては，学校生活への適応を図るとともに，外国における生活経験を生かすなどの適切な指導を行うものとする。

　イ　日本語の習得に困難のある生徒については，個々の生徒の実態に応じた指導内容や指導方法の工夫を組織的かつ計画的に行うものとする。特に，通級による日本語指導については，教師間の連携に努め，指導についての計画を個別に作成することなどにより，効果的な指導に努めるものとする。

(3) 不登校生徒への配慮

　ア　不登校生徒については，保護者や関係機関と連携を図り，心理や福祉の専門家の助言又は援助を得ながら，社会的自立を目指す観点から，個々の生徒の実態に応じた情報の提供その他の必要な支援を行うものとする。

　イ　相当の期間中学校を欠席し引き続き欠席すると認められる生徒を対象として，文部科学大臣が認める特別の教育課程を編成する場合には，生徒の実態に配慮した教育課程を編成するとともに，個別学習やグループ別学習など指導方法や指導体制の工夫改善に努めるものとする。

(4) 学齢を経過した者への配慮

　ア　夜間その他の特別の時間に授業を行う課程において学齢を経過した者を対象として特別の教育課程を編成する場合には，学齢を経過した者の年齢，経験又は勤労状況その他の実情を踏まえ，中学校教育の目的及び目標並びに第2章以下に示す各教科等の目標に照らして，中学校教育を通じて育成を目指す資質・能力を身に付けることができるようにするものとする。

　イ　学齢を経過した者を教育する場合には，個別学習やグループ別学習など指導方法や指導体制の工夫改善に努めるものとする。

第5　学校運営上の留意事項

1　教育課程の改善と学校評価，教育課程外の活動との連携等

　ア　各学校においては，校長の方針の下に，校務分掌に基づき教職員が適切に役割を分担しつつ，相互に連携しながら，各学校の特色を生かしたカリキュラム・マネジメントを行うよう努めるものとする。また，各学校が行う学校評価については，教育課程の編成，実施，改善が教育活動や学校運営の中核となることを踏まえ，カリキュラム・マネジメントと関連付けながら実施するよう留意するものとする。

　イ　教育課程の編成及び実施に当たっては，学校保健計画，学校安全計画，食に関する指導の全体計画，いじめの防止等のための対策に関する基本的な方針など，各分野における学校の全体計画等と関連付けながら，効果的な指導が行われるように留意するものとする。

ウ 教育課程外の学校教育活動と教育課程の関連が図られるように留意するものとする。特に，生徒の自主的，自発的な参加により行われる部活動については，スポーツや文化，科学等に親しませ，学習意欲の向上や責任感，連帯感の涵養等，学校教育が目指す資質・能力の育成に資するものであり，学校教育の一環として，教育課程との関連が図られるよう留意すること。その際，学校や地域の実態に応じ，地域の人々の協力，社会教育施設や社会教育関係団体等の各種団体との連携などの運営上の工夫を行い，持続可能な運営体制が整えられるようにするものとする。
2 家庭や地域社会との連携及び協働と学校間の連携
　教育課程の編成及び実施に当たっては，次の事項に配慮するものとする。
　　ア 学校がその目的を達成するため，学校や地域の実態等に応じ，教育活動の実施に必要な人的又は物的な体制を家庭や地域の人々の協力を得ながら整えるなど，家庭や地域社会との連携及び協働を深めること。また，高齢者や異年齢の子供など，地域における世代を越えた交流の機会を設けること。
　　イ 他の中学校や，幼稚園，認定こども園，保育所，小学校，高等学校，特別支援学校などとの間の連携や交流を図るとともに，障害のある幼児児童生徒との交流及び共同学習の機会を設け，共に尊重し合いながら協働して生活していく態度を育むようにすること。

● 第6 道徳教育に関する配慮事項

　道徳教育を進めるに当たっては，道徳教育の特質を踏まえ，前項までに示す事項に加え，次の事項に配慮するものとする。
1 各学校においては，第1の2の(2)に示す道徳教育の目標を踏まえ，道徳教育の全体計画を作成し，校長の方針の下に，道徳教育の推進を主に担当する教師（以下「道徳教育推進教師」という。）を中心に，全教師が協力して道徳教育を展開すること。なお，道徳教育の全体計画の作成に当たっては，生徒や学校，地域の実態を考慮して，学校の道徳教育の重点目標を設定するとともに，道徳科の指導方針，第3章特別の教科道徳の第2に示す内容との関連を踏まえた各教科，総合的な学習の時間及び特別活動における指導の内容及び時期並びに家庭や地域社会との連携の方法を示すこと。
2 各学校においては，生徒の発達の段階や特性等を踏まえ，指導内容の重点化を図ること。その際，小学校における道徳教育の指導内容を更に発展させ，自立心や自律性を高め，規律ある生活をすること，生命を尊重する心や自らの弱さを克服して気高く生きようとする心を育てること，法やきまりの意義に関する理解を深めること，自らの将来の生き方を考え主体的に社会の形成に参画する意欲と態度を養うこと，伝統と文化を尊重し，それらを育んできた我が国と郷土を愛するとともに，他国を尊重すること，国際社会に生きる日本人としての自覚を身に付けることに留意すること。
3 学校や学級内の人間関係や環境を整えるとともに，職場体験活動やボランティア活動，自然体験活動，地域の行事への参加などの豊かな体験を充実すること。また，道徳教育の指導内容が，生徒の日常生活に生かされるようにすること。その際，いじめの防止や安全の確保等にも資することとなるよう留意すること。
4 学校の道徳教育の全体計画や道徳教育に関する諸活動などの情報を積極的に公表したり，道徳教育の充実のために家庭や地域の人々の積極的な参加や協力を得たりするなど，家庭や地域社会との共通理解を深め，相互の連携を図ること。

付録2

中学校学習指導要領 第2章 第2節 社会

● 第1 目標

社会的な見方・考え方を働かせ，課題を追究したり解決したりする活動を通して，広い視野に立ち，グローバル化する国際社会に主体的に生きる平和で民主的な国家及び社会の形成者に必要な公民としての資質・能力の基礎を次のとおり育成することを目指す。

(1) 我が国の国土と歴史，現代の政治，経済，国際関係等に関して理解するとともに，調査や諸資料から様々な情報を効果的に調べまとめる技能を身に付けるようにする。

(2) 社会的事象の意味や意義，特色や相互の関連を多面的・多角的に考察したり，社会に見られる課題の解決に向けて選択・判断したりする力，思考・判断したことを説明したり，それらを基に議論したりする力を養う。

(3) 社会的事象について，よりよい社会の実現を視野に課題を主体的に解決しようとする態度を養うとともに，多面的・多角的な考察や深い理解を通して涵養される我が国の国土や歴史に対する愛情，国民主権を担う公民として，自国を愛し，その平和と繁栄を図ることや，他国や他国の文化を尊重することの大切さについての自覚などを深める。

● 第2 各分野の目標及び内容

〔地理的分野〕

1 目 標

社会的事象の地理的な見方・考え方を働かせ，課題を追究したり解決したりする活動を通して，広い視野に立ち，グローバル化する国際社会に主体的に生きる平和で民主的な国家及び社会の形成者に必要な公民としての資質・能力の基礎を次のとおり育成することを目指す。

(1) 我が国の国土及び世界の諸地域に関して，地域の諸事象や地域的特色を理解するとともに，調査や諸資料から地理に関する様々な情報を効果的に調べまとめる技能を身に付けるようにする。

(2) 地理に関わる事象の意味や意義，特色や相互の関連を，位置や分布，場所，人間と自然環境との相互依存関係，空間的相互依存作用，地域などに着目して，多面的・多角的に考察したり，地理的な課題の解決に向けて公正に選択・判断したりする力，思考・判断したことを説明したり，それらを基に議論したりする力を養う。

(3) 日本や世界の地域に関わる諸事象について，よりよい社会の実現を視野にそこで見られる課題を主体的に追究，解決しようとする態度を養うとともに，多面的・多角的な考察や深い理解を通して涵養される我が国の国土に対する愛情，世界の諸地域の多様な生活文化を尊重しようとすることの大切さについての自覚などを深める。

2 内 容

A 世界と日本の地域構成

(1) 地域構成

次の①と②の地域構成を取り上げ，位置や分布などに着目して，課題を追究したり解決したりする活動を通して，以下のア及びイの事項を身に付けることができるよう指導する。

① 世界の地域構成　② 日本の地域構成

ア 次のような知識を身に付けること。

(ｱ) 緯度と経度，大陸と海洋の分布，主な国々の名称と位置などを基に，世界の地域構成を大観し理解すること。

(ｲ) 我が国の国土の位置，世界各地との時差，領域の範囲や変化とその特色などを基に，日本の地域構成を大観し理解すること。

イ 次のような思考力，判断力，表現力等を身に付けること。

(ｱ) 世界の地域構成の特色を，大陸と海洋の分布や主な国の位置，緯度や経度などに着目して多面的・多角的に考察し，表現すること。

(ｲ) 日本の地域構成の特色を，周辺の海洋の広がりや国土を構成する島々の位置などに着目して多面的・多角的に考察し，表現すること。

B 世界の様々な地域

(1) 世界各地の人々の生活と環境

場所や人間と自然環境との相互依存関係などに着目して，課題を追究したり解決したりする活動を通して，次の事項を身に付けることができるよう指導する。

ア 次のような知識を身に付けること。

(ｱ) 人々の生活は，その生活が営まれる場所の自然及び社会的条件から影響を受けたり，その場所の自然及び社会的条件に影響を与えたりすることを理解すること。

(ｲ) 世界各地における人々の生活やその変容を基に，世界の人々の生活や環境の多様性を理解すること。その際，世界の主な宗教の分布についても理解すること。

イ 次のような思考力，判断力，表現力等を身に付けること。

(ｱ) 世界各地における人々の生活の特色やその変容の理由を，その生活が営まれる場所の自然及び社会的条件などに着目して多面的・多角的に考察し，表現すること。

(2) 世界の諸地域

次の①から⑥までの各州を取り上げ，空間的相互依存作用や地域などに着目して，主題を設けて課題を追究したり解決したりする活動を通して，以下のア及びイの事項を身に付けることができるよう指導する。

① アジア　　② ヨーロッパ　　③ アフリカ
④ 北アメリカ　⑤ 南アメリカ　　⑥ オセアニア

ア 次のような知識を身に付けること。

(ｱ) 世界各地で顕在化している地球的課題は，それが見られる地域の地域的特色の影響を受けて，現れ方が異なることを理解すること。

(ｲ) ①から⑥までの世界の各州に暮らす人々の生活を基に，各州の地域的特色を大観し理解すること。

イ 次のような思考力，判断力，表現力等を身に付けること。

(ｱ) ①から⑥までの世界の各州において，地域で見られる地球的課題の要因や影響を，州という地域の広がりや地域内の結び付きなどに着目して，それらの地域的特色と関連付けて多面的・多角的に考察し，表現すること。

C 日本の様々な地域

(1) 地域調査の手法

場所などに着目して，課題を追究したり解決したりする活動を通して，次の事項を身に付けることができるよう指導する。

ア 次のような知識及び技能を身に付けること。

(ｱ) 観察や野外調査，文献調査を行う際の視点や方法，地理的なまとめ方の基礎を理解すること。

(ｲ) 地形図や主題図の読図，目的や用途に適した地図の作成などの地理的技能を身に付けること。

イ　次のような思考力，判断力，表現力等を身に付けること。

(ｱ) 地域調査において，対象となる場所の特徴などに着目して，適切な主題や調査，まとめとなるように，調査の手法やその結果を多面的・多角的に考察し，表現すること。

(2) 日本の地域的特色と地域区分

次の①から④までの項目を取り上げ，分布や地域などに着目して，課題を追究したり解決したりする活動を通して，以下のア及びイの事項を身に付けることができるよう指導する。

① 自然環境　　② 人口　　③ 資源・エネルギーと産業

④ 交通・通信

ア　次のような知識及び技能を身に付けること。

(ｱ) 日本の地形や気候の特色，海洋に囲まれた日本の国土の特色，自然災害と防災への取組などを基に，日本の自然環境に関する特色を理解すること。

(ｲ) 少子高齢化の課題，国内の人口分布や過疎・過密問題などを基に，日本の人口に関する特色を理解すること。

(ｳ) 日本の資源・エネルギー利用の現状，国内の産業の動向，環境やエネルギーに関する課題などを基に，日本の資源・エネルギーと産業に関する特色を理解すること。

(ｴ) 国内や日本と世界との交通・通信網の整備状況，これを活用した陸上，海上輸送などの物流や人の往来などを基に，国内各地の結び付きや日本と世界との結び付きの特色を理解すること。

(ｵ) ①から④までの項目に基づく地域区分を踏まえ，我が国の国土の特色を大観し理解すること。

(ｶ) 日本や国内地域に関する各種の主題図や資料を基に，地域区分をする技能を身に付けること。

イ　次のような思考力，判断力，表現力等を身に付けること。

(ｱ) ①から④までの項目について，それぞれの地域区分を，地域の共通点や差異，分布などに着目して，多面的・多角的に考察し，表現すること。

(ｲ) 日本の地域的特色を，①から④までの項目に基づく地域区分などに着目して，それらを関連付けて多面的・多角的に考察し，表現すること。

(3) 日本の諸地域

次の①から⑤までの考察の仕方を基にして，空間的相互依存作用や地域などに着目して，主題を設けて課題を追究したり解決したりする活動を通して，以下のア及びイの事項を身に付けることができるよう指導する。

① 自然環境を中核とした考察の仕方

② 人口や都市・村落を中核とした考察の仕方

③ 産業を中核とした考察の仕方

④ 交通や通信を中核とした考察の仕方

⑤ その他の事象を中核とした考察の仕方

ア　次のような知識を身に付けること。

(ｱ) 幾つかに区分した日本のそれぞれの地域について，その地域的特色や地域の課題を理解すること。

(ｲ) ①から⑤までの考察の仕方で取り上げた特色ある事象と，それに関連する他の事象や，そこで生ずる課題を理解すること。

イ 次のような思考力，判断力，表現力等を身に付けること。
(ｱ) 日本の諸地域において，それぞれ①から⑤までで扱う中核となる事象の成立条件を，地域の広がりや地域内の結び付き，人々の対応などに着目して，他の事象やそこで生ずる課題と有機的に関連付けて多面的・多角的に考察し，表現すること。

(4) 地域の在り方
空間的相互依存作用や地域などに着目して，課題を追究したり解決したりする活動を通して，次の事項を身に付けることができるよう指導する。

ア 次のような知識を身に付けること。
(ｱ) 地域の実態や課題解決のための取組を理解すること。
(ｲ) 地域的な課題の解決に向けて考察，構想したことを適切に説明，議論しまとめる手法について理解すること。

イ 次のような思考力，判断力，表現力等を身に付けること。
(ｱ) 地域の在り方を，地域の結び付きや地域の変容，持続可能性などに着目し，そこで見られる地理的な課題について多面的・多角的に考察，構想し，表現すること。

3 内容の取扱い

(1) 内容のA，B及びCについては，この順序で取り扱うものとし，既習の学習成果を生かすこと。

(2) 内容の取扱いについては，次の事項に配慮するものとする。

ア 世界や日本の場所や地域の特色には，一般的共通性と地方的特殊性があり，また，地域に見られる諸事象は，その地域の規模の違いによって現れ方が異なることに留意すること。

イ 地図の読図や作図，景観写真の読み取り，地域に関する情報の収集や処理などの地理的技能を身に付けるに当たっては，系統性に留意して計画的に指導すること。その際，教科用図書「地図」を十分に活用すること。

ウ 学習で取り上げる地域や国については，各項目間の調整を図り，一部の地域に偏ることのないようにすること。

エ 地域の特色や変化を捉えるに当たっては，歴史的分野との連携を踏まえ，歴史的背景に留意して地域的特色を追究するよう工夫するとともに，公民的分野との関連にも配慮すること。

オ 地域的特色を追究する過程で生物や地学的な事象などを取り上げる際には，地域的特色を捉える上で必要な範囲にとどめること。

(3) 内容のAについては，次のとおり取り扱うものとする。

ア (1)については，次のとおり取り扱うものとする。
(ｱ) 日本の地域構成を扱う際には，都道府県の名称と位置のほかに都道府県庁所在地名も取り上げること。
(ｲ) 「領域の範囲や変化とその特色」については，我が国の海洋国家としての特色を取り上げるとともに，竹島や北方領土が我が国の固有の領土であることなど，我が国の領域をめぐる問題も取り上げるようにすること。その際，尖閣諸島については我が国の固有の領土であり，領土問題は存在しないことも扱うこと。
(ｳ) 地球儀や地図を積極的に活用し，学習全体を通して，大まかに世界地図や日本地図を描けるようにすること。

(4) 内容のBについては，次のとおり取り扱うものとする。
ア (1)については，世界各地の人々の生活の特色やその変容の理由と，その生活が営まれる場所の自然及び社会的条件との関係を考察するに当たって，衣食住の特色や，生活と宗教と

付録3

の関わりなどを取り上げるようにすること。
　イ　(2)については，次のとおり取り扱うものとする。
　　(ｱ)　州ごとに設ける主題については，各州に暮らす人々の生活の様子を的確に把握できる事象を取り上げるとともに，そこで特徴的に見られる地球的課題と関連付けて取り上げること。
　　(ｲ)　取り上げる地球的課題については，地域間の共通性に気付き，我が国の国土の認識を深め，持続可能な社会づくりを考える上で効果的であるという観点から設定すること。また，州ごとに異なるものとなるようにすること。
(5)　内容のCについては，次のとおり取り扱うものとする。
　ア　(1)については，次のとおり取り扱うものとする。
　　(ｱ)　地域調査に当たっては，対象地域は学校周辺とし，主題は学校所在地の事情を踏まえて，防災，人口の偏在，産業の変容，交通の発達などの事象から適切に設定し，観察や調査を指導計画に位置付けて実施すること。なお，学習の効果を高めることができる場合には，内容のCの(3)の中の学校所在地を含む地域の学習や，Cの(4)と結び付けて扱うことができること。
　　(ｲ)　様々な資料を的確に読み取ったり，地図を有効に活用して事象を説明したりするなどの作業的な学習活動を取り入れること。また，課題の追究に当たり，例えば，防災に関わり危険を予測したり，人口の偏在に関わり人口動態を推測したりする際には，縮尺の大きな地図や統計その他の資料を含む地理空間情報を適切に取り扱い，その活用の技能を高めるようにすること。
　イ　(2)については，次のとおり取り扱うものとする。
　　(ｱ)　①から④までで示した日本の地域的特色については，系統的に理解を深めるための基本的な事柄で構成すること。
　　(ｲ)　地域区分に際しては，日本の地域的特色を見いだしやすくなるようにそれぞれ適切な数で区分すること。
　ウ　(3)については，次のとおり取り扱うものとする。
　　(ｱ)　日本の諸地域については，国内を幾つかの地域に区分して取り上げることとし，その地域区分は，指導の観点や学校所在地の事情などを考慮して適切に決めること。
　　(ｲ)　学習する地域ごとに①から⑤までの考察の仕方を一つ選択することとし，①から④までの考察の仕方は，少なくとも一度は取り扱うこと。また，⑤の考察の仕方は，様々な事象や事柄の中から，取り上げる地域に応じた適切なものを適宜設定すること。
　　(ｳ)　地域の考察に当たっては，そこに暮らす人々の生活・文化，地域の伝統や歴史的な背景，地域の持続可能な社会づくりを踏まえた視点に留意すること。
　エ　(4)については，次のとおり取り扱うものとする。
　　(ｱ)　取り上げる地域や課題については，各学校において具体的に地域の在り方を考察できるような，適切な規模の地域や適切な課題を取り上げること。
　　(ｲ)　学習の効果を高めることができる場合には，内容のCの(1)の学習や，Cの(3)の中の学校所在地を含む地域の学習と結び付けて扱うことができること。
　　(ｳ)　考察，構想，表現する際には，学習対象の地域と類似の課題が見られる他の地域と比較したり，関連付けたりするなど，具体的に学習を進めること。
　　(ｴ)　観察や調査の結果をまとめる際には，地図や諸資料を有効に活用して事象を説明したり，自分の解釈を加えて論述したり，意見交換したりするなどの学習活動を充実させること。

〔歴史的分野〕
1　目　標
　社会的事象の歴史的な見方・考え方を働かせ，課題を追究したり解決したりする活動を通して，広い視野に立ち，グローバル化する国際社会に主体的に生きる平和で民主的な国家及び社会の形成者に必要な公民としての資質・能力の基礎を次のとおり育成することを目指す。
(1) 我が国の歴史の大きな流れを，世界の歴史を背景に，各時代の特色を踏まえて理解するとともに，諸資料から歴史に関する様々な情報を効果的に調べまとめる技能を身に付けるようにする。
(2) 歴史に関わる事象の意味や意義，伝統と文化の特色などを，時期や年代，推移，比較，相互の関連や現在とのつながりなどに着目して多面的・多角的に考察したり，歴史に見られる課題を把握し複数の立場や意見を踏まえて公正に選択・判断したりする力，思考・判断したことを説明したり，それらを基に議論したりする力を養う。
(3) 歴史に関わる諸事象について，よりよい社会の実現を視野にそこで見られる課題を主体的に追究，解決しようとする態度を養うとともに，多面的・多角的な考察や深い理解を通して涵養される我が国の歴史に対する愛情，国民としての自覚，国家及び社会並びに文化の発展や人々の生活の向上に尽くした歴史上の人物と現在に伝わる文化遺産を尊重しようとすることの大切さについての自覚などを深め，国際協調の精神を養う。

2　内　容
A　歴史との対話
　(1) 私たちと歴史
　　　課題を追究したり解決したりする活動を通して，次の事項を身に付けることができるよう指導する。
　　ア　次のような知識及び技能を身に付けること。
　　　(ｱ) 年代の表し方や時代区分の意味や意義についての基本的な内容を理解すること。
　　　(ｲ) 資料から歴史に関わる情報を読み取ったり，年表などにまとめたりするなどの技能を身に付けること。
　　イ　次のような思考力，判断力，表現力等を身に付けること。
　　　(ｱ) 時期や年代，推移，現在の私たちとのつながりなどに着目して，小学校での学習を踏まえて歴史上の人物や文化財，出来事などから適切なものを取り上げ，時代区分との関わりなどについて考察し表現すること。
　(2) 身近な地域の歴史
　　　課題を追究したり解決したりする活動を通して，次の事項を身に付けることができるよう指導する。
　　ア　次のような知識及び技能を身に付けること。
　　　(ｱ) 自らが生活する地域や受け継がれてきた伝統や文化への関心をもって，具体的な事柄との関わりの中で，地域の歴史について調べたり，収集した情報を年表などにまとめたりするなどの技能を身に付けること。
　　イ　次のような思考力，判断力，表現力等を身に付けること。
　　　(ｱ) 比較や関連，時代的な背景や地域的な環境，歴史と私たちとのつながりなどに着目して，地域に残る文化財や諸資料を活用して，身近な地域の歴史的な特徴を多面的・多角的に考察し，表現すること。
B　近世までの日本とアジア
　(1) 古代までの日本

課題を追究したり解決したりする活動を通して，次の事項を身に付けることができるよう指導する。

ア　次のような知識を身に付けること。
　(ア)　世界の古代文明や宗教のおこり
　　　　世界の古代文明や宗教のおこりを基に，世界の各地で文明が築かれたことを理解すること。
　(イ)　日本列島における国家形成
　　　　日本列島における農耕の広まりと生活の変化や当時の人々の信仰，大和朝廷（大和政権）による統一の様子と東アジアとの関わりなどを基に，東アジアの文明の影響を受けながら我が国で国家が形成されていったことを理解すること。
　(ウ)　律令国家の形成
　　　　律令国家の確立に至るまでの過程，摂関政治などを基に，東アジアの文物や制度を積極的に取り入れながら国家の仕組みが整えられ，その後，天皇や貴族による政治が展開したことを理解すること。
　(エ)　古代の文化と東アジアとの関わり
　　　　仏教の伝来とその影響，仮名文字の成立などを基に，国際的な要素をもった文化が栄え，それらを基礎としながら文化の国風化が進んだことを理解すること。

イ　次のような思考力，判断力，表現力等を身に付けること。
　(ア)　古代文明や宗教が起こった場所や環境，農耕の広まりや生産技術の発展，東アジアとの接触や交流と政治や文化の変化などに着目して，事象を相互に関連付けるなどして，アの(ア)から(エ)までについて古代の社会の変化の様子を多面的・多角的に考察し，表現すること。
　(イ)　古代までの日本を大観して，時代の特色を多面的・多角的に考察し，表現すること。

(2) 中世の日本

課題を追究したり解決したりする活動を通して，次の事項を身に付けることができるよう指導する。

ア　次のような知識を身に付けること。
　(ア)　武家政治の成立とユーラシアの交流
　　　　鎌倉幕府の成立，元寇（モンゴル帝国の襲来）などを基に，武士が台頭して主従の結び付きや武力を背景とした武家政権が成立し，その支配が広まったこと，元寇がユーラシアの変化の中で起こったことを理解すること。
　(イ)　武家政治の展開と東アジアの動き
　　　　南北朝の争乱と室町幕府，日明貿易，琉球の国際的な役割などを基に，武家政治の展開とともに，東アジア世界との密接な関わりが見られたことを理解すること。
　(ウ)　民衆の成長と新たな文化の形成
　　　　農業など諸産業の発達，畿内を中心とした都市や農村における自治的な仕組みの成立，武士や民衆などの多様な文化の形成，応仁の乱後の社会的な変動などを基に，民衆の成長を背景とした社会や文化が生まれたことを理解すること。

イ　次のような思考力，判断力，表現力等を身に付けること。
　(ア)　武士の政治への進出と展開，東アジアにおける交流，農業や商工業の発達などに着目して，事象を相互に関連付けるなどして，アの(ア)から(ウ)までについて中世の社会の変化の様子を多面的・多角的に考察し，表現すること。
　(イ)　中世の日本を大観して，時代の特色を多面的・多角的に考察し，表現すること。

付録3

(3) 近世の日本

課題を追究したり解決したりする活動を通して，次の事項を身に付けることができるよう指導する。

ア　次のような知識を身に付けること。

(ｱ) 世界の動きと統一事業

ヨーロッパ人来航の背景とその影響，織田・豊臣による統一事業とその当時の対外関係，武将や豪商などの生活文化の展開などを基に，近世社会の基礎がつくられたことを理解すること。

(ｲ) 江戸幕府の成立と対外関係

江戸幕府の成立と大名統制，身分制と農村の様子，鎖国などの幕府の対外政策と対外関係などを基に，幕府と藩による支配が確立したことを理解すること。

(ｳ) 産業の発達と町人文化

産業や交通の発達，教育の普及と文化の広がりなどを基に，町人文化が都市を中心に形成されたことや，各地方の生活文化が生まれたことを理解すること。

(ｴ) 幕府の政治の展開

社会の変動や欧米諸国の接近，幕府の政治改革，新しい学問・思想の動きなどを基に，幕府の政治が次第に行き詰まりをみせたことを理解すること。

イ　次のような思考力，判断力，表現力等を身に付けること。

(ｱ) 交易の広がりとその影響，統一政権の諸政策の目的，産業の発達と文化の担い手の変化，社会の変化と幕府の政策の変化などに着目して，事象を相互に関連付けるなどして，アの(ｱ)から(ｴ)までについて近世の社会の変化の様子を多面的・多角的に考察し，表現すること。

(ｲ) 近世の日本を大観して，時代の特色を多面的・多角的に考察し，表現すること。

C　近現代の日本と世界

(1) 近代の日本と世界

課題を追究したり解決したりする活動を通して，次の事項を身に付けることができるよう指導する。

ア　次のような知識を身に付けること。

(ｱ) 欧米における近代社会の成立とアジア諸国の動き

欧米諸国における産業革命や市民革命，アジア諸国の動きなどを基に，欧米諸国が近代社会を成立させてアジアへ進出したことを理解すること。

(ｲ) 明治維新と近代国家の形成

開国とその影響，富国強兵・殖産興業政策，文明開化の風潮などを基に，明治維新によって近代国家の基礎が整えられて，人々の生活が大きく変化したことを理解すること。

(ｳ) 議会政治の始まりと国際社会との関わり

自由民権運動，大日本帝国憲法の制定，日清・日露戦争，条約改正などを基に，立憲制の国家が成立して議会政治が始まるとともに，我が国の国際的な地位が向上したことを理解すること。

(ｴ) 近代産業の発展と近代文化の形成

我が国の産業革命，この時期の国民生活の変化，学問・教育・科学・芸術の発展などを基に，我が国で近代産業が発展し，近代文化が形成されたことを理解すること。

(ｵ) 第一次世界大戦前後の国際情勢と大衆の出現

第一次世界大戦の背景とその影響，民族運動の高まりと国際協調の動き，我が国の国民

の政治的自覚の高まりと文化の大衆化などを基に，第一次世界大戦前後の国際情勢及び我が国の動きと，大戦後に国際平和への努力がなされたことを理解すること。
　　　(カ)　第二次世界大戦と人類への惨禍
　　　　　経済の世界的な混乱と社会問題の発生，昭和初期から第二次世界大戦の終結までの我が国の政治・外交の動き，中国などアジア諸国との関係，欧米諸国の動き，戦時下の国民の生活などを基に，軍部の台頭から戦争までの経過と，大戦が人類全体に惨禍を及ぼしたことを理解すること。
　　イ　次のような思考力，判断力，表現力等を身に付けること。
　　　(ア)　工業化の進展と政治や社会の変化，明治政府の諸改革の目的，議会政治や外交の展開，近代化がもたらした文化への影響，経済の変化の政治への影響，戦争に向かう時期の社会や生活の変化，世界の動きと我が国との関連などに着目して，事象を相互に関連付けるなどして，アの(ア)から(カ)までについて近代の社会の変化の様子を多面的・多角的に考察し，表現すること。
　　　(イ)　近代の日本と世界を大観して，時代の特色を多面的・多角的に考察し，表現すること。
　(2)　現代の日本と世界
　　　課題を追究したり解決したりする活動を通して，次の事項を身に付けることができるよう指導する。
　　ア　次のような知識を身に付けること。
　　　(ア)　日本の民主化と冷戦下の国際社会
　　　　　冷戦，我が国の民主化と再建の過程，国際社会への復帰などを基に，第二次世界大戦後の諸改革の特色や世界の動きの中で新しい日本の建設が進められたことを理解すること。
　　　(イ)　日本の経済の発展とグローバル化する世界
　　　　　高度経済成長，国際社会との関わり，冷戦の終結などを基に，我が国の経済や科学技術の発展によって国民の生活が向上し，国際社会において我が国の役割が大きくなってきたことを理解すること。
　　イ　次のような思考力，判断力，表現力等を身に付けること。
　　　(ア)　諸改革の展開と国際社会の変化，政治の展開と国民生活の変化などに着目して，事象を相互に関連付けるなどして，アの(ア)及び(イ)について現代の社会の変化の様子を多面的・多角的に考察し，表現すること。
　　　(イ)　現代の日本と世界を大観して，時代の特色を多面的・多角的に考察し，表現すること。
　　　(ウ)　これまでの学習を踏まえ，歴史と私たちとのつながり，現在と未来の日本や世界の在り方について，課題意識をもって多面的・多角的に考察，構想し，表現すること。
３　内容の取扱い
　(1)　内容の取扱いについては，次の事項に配慮するものとする。
　　ア　生徒の発達の段階を考慮して，各時代の特色や時代の転換に関係する基礎的・基本的な歴史に関わる事象を重点的に選んで指導内容を構成すること。
　　イ　調査や諸資料から歴史に関わる事象についての様々な情報を効果的に収集し，読み取り，まとめる技能を身に付ける学習を重視すること。その際，年表を活用した読み取りやまとめ，文献，図版などの多様な資料，地図などの活用を十分に行うこと。
　　ウ　歴史に関わる事象の意味・意義や特色，事象間の関連を説明したり，課題を設けて追究したり，意見交換したりするなどの学習を重視して，思考力，判断力，表現力等を養うとともに，学習内容の確かな理解と定着を図ること。
　　エ　各時代の文化については，代表的な事例を取り上げてその特色を考察させるようにするこ

と。

オ 歴史に見られる国際関係や文化交流のあらましを理解させ，我が国と諸外国の歴史や文化が相互に深く関わっていることを考察させるようにすること。その際，歴史に見られる文化や生活の多様性に気付かせること。

カ 国家及び社会並びに文化の発展や人々の生活の向上に尽くした歴史上の人物と現在に伝わる文化遺産について，生徒の興味・関心を育てる指導に努めるとともに，それらの時代的背景や地域性などと関連付けて考察させるようにすること。その際，身近な地域の歴史上の人物と文化遺産を取り上げることにも留意すること。

キ 歴史に関わる事象の指導に当たっては，地理的分野との連携を踏まえ，地理的条件にも着目して取り扱うよう工夫するとともに，公民的分野との関連にも配慮すること。

ク 日本人の生活や生活に根ざした文化については，政治の動き，社会の動き，各地域の地理的条件，身近な地域の歴史とも関連付けて指導したり，民俗学や考古学などの成果の活用や博物館，郷土資料館などの施設を見学・調査したりするなど具体的に学ぶことを通して理解させるように工夫すること。

(2) 内容のAについては，次のとおり取り扱うものとする。

ア (1)については，中学校の歴史学習の導入として実施することを原則とすること。小学校での学習を踏まえ，扱う内容や活動を工夫すること。「課題を追究したり解決したりする活動」については，内容のB以下の学習と関わらせて，歴史を追究するために，課題意識をもって学ぶことを促す適切な学習活動を設けるような工夫をすること。(1)のアの(ｱ)の「年代の表し方や時代区分」の学習については，導入における学習内容を基盤にし，内容のB以下の学習と関わらせて継続的・計画的に進めること。また，(1)のイの(ｱ)の「時期や年代，推移，現在の私たちとのつながり」については，内容のB以下の学習と関わらせて，事象相互の関連などにも留意し，それぞれの時代でこれらに着目して考察することが大切であることに気付かせること。

イ (2)については，内容のB以下の学習と関わらせて計画的に実施し，地域の特性に応じた時代を取り上げるようにするとともに，人々の生活や生活に根ざした伝統や文化に着目した取扱いを工夫すること。その際，博物館，郷土資料館などの地域の施設の活用や地域の人々の協力も考慮すること。

(3) 内容のBについては，次のとおり取り扱うものとする。

ア (1)のアの(ｱ)の「世界の古代文明」については，人類の出現にも触れ，中国の文明をはじめとして諸文明の特徴を取り扱い，生活技術の発達，文字の使用，国家のおこりと発展などの共通する特徴に気付かせるようにすること。また，ギリシャ・ローマの文明について，政治制度など民主政治の来歴の観点から取り扱うこと。「宗教のおこり」については，仏教，キリスト教，イスラム教などを取り上げ，古代の文明とともに大きく捉えさせるようにすること。(1)のアの(ｲ)の「日本列島における国家形成」については，狩猟・採集を行っていた人々の生活が農耕の広まりとともに変化していったことに気付かせるようにすること。また，考古学などの成果を活用するとともに，古事記，日本書紀，風土記などにまとめられた神話・伝承などの学習を通して，当時の人々の信仰やものの見方などに気付かせるよう留意すること。「大和朝廷（大和政権）による統一の様子と東アジアとの関わり」については，古墳の広まりにも触れるとともに，大陸から移住してきた人々の我が国の社会や文化に果たした役割にも気付かせるようにすること。(1)のアの(ｳ)の「律令国家の確立に至るまでの過程」については，聖徳太子の政治，大化の改新から律令国家の確立に至るまでの過程を，小学校での学習内容を活用して大きく捉えさせるようにすること。なお，「聖徳太子の

政治」を取り上げる際には，聖徳太子が古事記や日本書紀においては「厩戸皇子」などと表記され，後に「聖徳太子」と称されるようになったことに触れること。

イ　(2)のアの(ア)の「ユーラシアの変化」については，モンゴル帝国の拡大によるユーラシアの結び付きについて気付かせること。(2)のアの(イ)の「琉球の国際的な役割」については，琉球の文化についても触れること。(2)のアの(ウ)の「武士や民衆などの多様な文化の形成」については，代表的な事例を取り上げてその特色を捉えさせるようにすること。その際，この時代の文化の中に現在に結び付くものが見られることに気付かせるようにすること。また，禅宗の文化的な影響についても触れること。「応仁の乱後の社会的な変動」については，戦国の動乱も取り扱うようにすること。

ウ　(3)のアの(ア)の「ヨーロッパ人来航の背景」については，新航路の開拓を中心に取り扱い，その背景となるアジアの交易の状況やムスリム商人などの役割と世界の結び付きに気付かせること。また，宗教改革についても触れること。「織田・豊臣による統一事業」については，検地・刀狩などの政策を取り扱うようにすること。(3)のアの(イ)の「鎖国などの幕府の対外政策と対外関係」については，オランダ，中国との交易のほか，朝鮮との交流や琉球の役割，北方との交易をしていたアイヌについて取り扱うようにすること。その際，アイヌの文化についても触れること。「幕府と藩による支配」については，その支配の下に大きな戦乱のない時期を迎えたことなどに気付かせること。(3)のアの(ウ)の「産業や交通の発達」については，身近な地域の特徴を生かすようにすること。「各地方の生活文化」については，身近な地域の事例を取り上げるように配慮し，藩校や寺子屋などによる「教育の普及」や社会的な「文化の広がり」と関連させて，現在との結び付きに気付かせるようにすること。(3)のアの(エ)の「幕府の政治改革」については，百姓一揆などに結び付く農村の変化や商業の発達などへの対応という観点から，代表的な事例を取り上げるようにすること。

(4) 内容のCについては，次のとおり取り扱うものとする。

ア　(1)のアの(ア)の「市民革命」については，政治体制の変化や人権思想の発達や広がり，現代の政治とのつながりなどと関連付けて，アメリカの独立，フランス革命などを扱うこと。「アジア諸国の動き」については，欧米諸国の進出に対するアジア諸国の対応と変容という観点から，代表的な事例を取り上げるようにすること。(1)のアの(イ)の「開国とその影響」については，(1)のアの(ア)の欧米諸国のアジア進出と関連付けて取り扱うようにすること。「富国強兵・殖産興業政策」については，この政策の下に新政府が行った，廃藩置県，学制・兵制・税制の改革，身分制度の廃止，領土の画定などを取り扱うようにすること。その際，北方領土に触れるとともに，竹島，尖閣諸島の編入についても触れること。「明治維新」については，複雑な国際情勢の中で独立を保ち，近代国家を形成していった政府や人々の努力に気付かせるようにすること。(1)のアの(ウ)の「日清・日露戦争」については，この頃の大陸との関係を踏まえて取り扱うようにすること。「条約改正」については，当時の国内の社会状況や国際情勢との関わりを踏まえて，欧米諸国と対等な外交関係を樹立する過程の中から代表的な事例を取り上げるようにすること。「立憲制の国家が成立して議会政治が始まる」については，その歴史上の意義や現代の政治とのつながりに気付かせるようにすること。(1)のアの(エ)の「近代文化」については，伝統的な文化の上に欧米文化を受容して形成されたものであることに気付かせるようにすること。(1)のアの(オ)の「第一次世界大戦」については，世界に戦禍が広がった背景や，日本の参戦，ロシア革命なども取り上げて，世界の動きと我が国との関連を踏まえて取り扱うようにすること。「我が国の国民の政治的自覚の高まり」については，大正デモクラシーの時期の政党政治の発達，民主主義的な思想の普及，社会運動の展開を取り扱うようにすること。(1)のアの(カ)については，国際協調と国際平和

の実現に努めることが大切であることに気付かせるようにすること。
　イ　(2)のアの(ア)の「我が国の民主化と再建の過程」については，国民が苦難を乗り越えて新しい日本の建設に努力したことに気付かせるようにすること。その際，男女普通選挙の確立，日本国憲法の制定などを取り扱うこと。(2)のアの(イ)については，沖縄返還，日中国交正常化，石油危機などの節目となる歴史に関わる事象を取り扱うようにすること。また，民族や宗教をめぐる対立や地球環境問題への対応などを取り扱い，これまでの学習と関わらせて考察，構想させるようにすること。

〔公民的分野〕
1　目　標
　現代社会の見方・考え方を働かせ，課題を追究したり解決したりする活動を通して，広い視野に立ち，グローバル化する国際社会に主体的に生きる平和で民主的な国家及び社会の形成者に必要な公民としての資質・能力の基礎を次のとおり育成することを目指す。
(1) 個人の尊厳と人権の尊重の意義，特に自由・権利と責任・義務との関係を広い視野から正しく認識し，民主主義，民主政治の意義，国民の生活の向上と経済活動との関わり，現代の社会生活及び国際関係などについて，個人と社会との関わりを中心に理解を深めるとともに，諸資料から現代の社会的事象に関する情報を効果的に調べまとめる技能を身に付けるようにする。
(2) 社会的事象の意味や意義，特色や相互の関連を現代の社会生活と関連付けて多面的・多角的に考察したり，現代社会に見られる課題について公正に判断したりする力，思考・判断したことを説明したり，それらを基に議論したりする力を養う。
(3) 現代の社会的事象について，現代社会に見られる課題の解決を視野に主体的に社会に関わろうとする態度を養うとともに，多面的・多角的な考察や深い理解を通して涵養される，国民主権を担う公民として，自国を愛し，その平和と繁栄を図ることや，各国が相互に主権を尊重し，各国民が協力し合うことの大切さについての自覚などを深める。

2　内　容
A　私たちと現代社会
(1) 私たちが生きる現代社会と文化の特色
　　位置や空間的な広がり，推移や変化などに着目して，課題を追究したり解決したりする活動を通して，次の事項を身に付けることができるよう指導する。
　ア　次のような知識を身に付けること。
　　(ア) 現代日本の特色として少子高齢化，情報化，グローバル化などが見られることについて理解すること。
　　(イ) 現代社会における文化の意義や影響について理解すること。
　イ　次のような思考力，判断力，表現力等を身に付けること。
　　(ア) 少子高齢化，情報化，グローバル化などが現在と将来の政治，経済，国際関係に与える影響について多面的・多角的に考察し，表現すること。
　　(イ) 文化の継承と創造の意義について多面的・多角的に考察し，表現すること。
(2) 現代社会を捉える枠組み
　　対立と合意，効率と公正などに着目して，課題を追究したり解決したりする活動を通して，次の事項を身に付けることができるよう指導する。
　ア　次のような知識を身に付けること。
　　(ア) 現代社会の見方・考え方の基礎となる枠組みとして，対立と合意，効率と公正などについて理解すること。

(イ) 人間は本来社会的存在であることを基に，個人の尊厳と両性の本質的平等，契約の重要性やそれを守ることの意義及び個人の責任について理解すること。

イ 次のような思考力，判断力，表現力等を身に付けること。

(ア) 社会生活における物事の決定の仕方，契約を通した個人と社会との関係，きまりの役割について多面的・多角的に考察し，表現すること。

B 私たちと経済
(1) 市場の働きと経済

対立と合意，効率と公正，分業と交換，希少性などに着目して，課題を追究したり解決したりする活動を通して，次の事項を身に付けることができるよう指導する。

ア 次のような知識を身に付けること。

(ア) 身近な消費生活を中心に経済活動の意義について理解すること。

(イ) 市場経済の基本的な考え方について理解すること。その際，市場における価格の決まり方や資源の配分について理解すること。

(ウ) 現代の生産や金融などの仕組みや働きを理解すること。

(エ) 勤労の権利と義務，労働組合の意義及び労働基準法の精神について理解すること。

イ 次のような思考力，判断力，表現力等を身に付けること。

(ア) 個人や企業の経済活動における役割と責任について多面的・多角的に考察し，表現すること。

(イ) 社会生活における職業の意義と役割及び雇用と労働条件の改善について多面的・多角的に考察し，表現すること。

(2) 国民の生活と政府の役割

対立と合意，効率と公正，分業と交換，希少性などに着目して，課題を追究したり解決したりする活動を通して，次の事項を身に付けることができるよう指導する。

ア 次のような知識を身に付けること。

(ア) 社会資本の整備，公害の防止など環境の保全，少子高齢社会における社会保障の充実・安定化，消費者の保護について，それらの意義を理解すること。

(イ) 財政及び租税の意義，国民の納税の義務について理解すること。

イ 国民の生活と福祉の向上を図ることに向けて，次のような思考力，判断力，表現力等を身に付けること。

(ア) 市場の働きに委ねることが難しい諸問題に関して，国や地方公共団体が果たす役割について多面的・多角的に考察，構想し，表現すること。

(イ) 財政及び租税の役割について多面的・多角的に考察し，表現すること。

C 私たちと政治
(1) 人間の尊重と日本国憲法の基本的原則

対立と合意，効率と公正，個人の尊重と法の支配，民主主義などに着目して，課題を追究したり解決したりする活動を通して，次の事項を身に付けることができるよう指導する。

ア 次のような知識を身に付けること。

(ア) 人間の尊重についての考え方を，基本的人権を中心に深め，法の意義を理解すること。

(イ) 民主的な社会生活を営むためには，法に基づく政治が大切であることを理解すること。

(ウ) 日本国憲法が基本的人権の尊重，国民主権及び平和主義を基本的原則としていることについて理解すること。

(エ) 日本国及び日本国民統合の象徴としての天皇の地位と天皇の国事に関する行為について理解すること。

イ　次のような思考力，判断力，表現力等を身に付けること。
　　(ｱ)　我が国の政治が日本国憲法に基づいて行われていることの意義について多面的・多角的に考察し，表現すること。
(2)　民主政治と政治参加
　　対立と合意，効率と公正，個人の尊重と法の支配，民主主義などに着目して，課題を追究したり解決したりする活動を通して，次の事項を身に付けることができるよう指導する。
　ア　次のような知識を身に付けること。
　　(ｱ)　国会を中心とする我が国の民主政治の仕組みのあらましや政党の役割を理解すること。
　　(ｲ)　議会制民主主義の意義，多数決の原理とその運用の在り方について理解すること。
　　(ｳ)　国民の権利を守り，社会の秩序を維持するために，法に基づく公正な裁判の保障があることについて理解すること。
　　(ｴ)　地方自治の基本的な考え方について理解すること。その際，地方公共団体の政治の仕組み，住民の権利や義務について理解すること。
　イ　地方自治や我が国の民主政治の発展に寄与しようとする自覚や住民としての自治意識の基礎を育成することに向けて，次のような思考力，判断力，表現力等を身に付けること。
　　(ｱ)　民主政治の推進と，公正な世論の形成や選挙など国民の政治参加との関連について多面的・多角的に考察，構想し，表現すること。
D　私たちと国際社会の諸課題
(1)　世界平和と人類の福祉の増大
　　対立と合意，効率と公正，協調，持続可能性などに着目して，課題を追究したり解決したりする活動を通して，次の事項を身に付けることができるよう指導する。
　ア　次のような知識を身に付けること。
　　(ｱ)　世界平和の実現と人類の福祉の増大のためには，国際協調の観点から，国家間の相互の主権の尊重と協力，各国民の相互理解と協力及び国際連合をはじめとする国際機構などの役割が大切であることを理解すること。その際，領土（領海，領空を含む。），国家主権，国際連合の働きなど基本的な事項について理解すること。
　　(ｲ)　地球環境，資源・エネルギー，貧困などの課題の解決のために経済的，技術的な協力などが大切であることを理解すること。
　イ　次のような思考力，判断力，表現力等を身に付けること。
　　(ｱ)　日本国憲法の平和主義を基に，我が国の安全と防衛，国際貢献を含む国際社会における我が国の役割について多面的・多角的に考察，構想し，表現すること。
(2)　よりよい社会を目指して
　　持続可能な社会を形成することに向けて，社会的な見方・考え方を働かせ，課題を探究する活動を通して，次の事項を身に付けることができるよう指導する。
　ア　私たちがよりよい社会を築いていくために解決すべき課題を多面的・多角的に考察，構想し，自分の考えを説明，論述すること。

3　内容の取扱い
(1)　内容の取扱いについては，次の事項に配慮するものとする。
　ア　地理的分野及び歴史的分野の学習の成果を活用するとともに，これらの分野で育成された資質・能力が，更に高まり発展するようにすること。また，社会的事象は相互に関連し合っていることに留意し，特定の内容に偏ることなく，分野全体として見通しをもったまとまりのある学習が展開できるようにすること。
　イ　生徒が内容の基本的な意味を理解できるように配慮し，現代社会の見方・考え方を働か

せ，日常の社会生活と関連付けながら具体的事例を通して，政治や経済などに関わる制度や仕組みの意義や働きについて理解を深め，多面的・多角的に考察，構想し，表現できるようにすること。

　　ウ　分野全体を通して，課題の解決に向けて習得した知識を活用して，事実を基に多面的・多角的に考察，構想したことを説明したり，論拠を基に自分の意見を説明，論述させたりすることにより，思考力，判断力，表現力等を養うこと。また，考察，構想させる場合には，資料を読み取らせて解釈させたり，議論などを行って考えを深めさせたりするなどの工夫をすること。

　　エ　合意形成や社会参画を視野に入れながら，取り上げた課題について構想したことを，妥当性や効果，実現可能性などを踏まえて表現できるよう指導すること。

　　オ　分野の内容に関係する専門家や関係諸機関などと円滑な連携・協働を図り，社会との関わりを意識した課題を追究したり解決したりする活動を充実させること。

(2) 内容のAについては，次のとおり取り扱うものとする。

　ア　(1)については，次のとおり取り扱うものとすること。

　　(ア)　「情報化」については，人工知能の急速な進化などによる産業や社会の構造的な変化などと関連付けたり，災害時における防災情報の発信・活用などの具体的事例を取り上げたりすること。アの(イ)の「現代社会における文化の意義や影響」については，科学，芸術，宗教などを取り上げ，社会生活との関わりなどについて学習できるように工夫すること。

　　(イ)　イの(イ)の「文化の継承と創造の意義」については，我が国の伝統と文化などを取り扱うこと。

　イ　(1)及び(2)については公民的分野の導入部として位置付け，(1)，(2)の順で行うものとし，適切かつ十分な授業時数を配当すること。

(3) 内容のBについては，次のとおり取り扱うものとする。

　ア　(1)については，次のとおり取り扱うものとすること。

　　(ア)　アの(イ)の「市場における価格の決まり方や資源の配分」については，個人や企業の経済活動が様々な条件の中での選択を通して行われていることや，市場における取引が貨幣を通して行われていることなどを取り上げること。

　　(イ)　イの(ア)の「個人や企業の経済活動における役割と責任」については，起業について触れるとともに，経済活動や起業などを支える金融などの働きについて取り扱うこと。イの(イ)の「社会生活における職業の意義と役割及び雇用と労働条件の改善」については，仕事と生活の調和という観点から労働保護立法についても触れること。

　イ　(2)については，次のとおり取り扱うものとすること。

　　(ア)　アの(ア)の「消費者の保護」については，消費者の自立の支援なども含めた消費者行政を取り扱うこと。

　　(イ)　イの(イ)の「財政及び租税の役割」については，財源の確保と配分という観点から，財政の現状や少子高齢社会など現代社会の特色を踏まえて財政の持続可能性と関連付けて考察し，表現させること。

(4) 内容のCについては，次のとおり取り扱うものとする。

　ア　(2)のアの(ウ)の「法に基づく公正な裁判の保障」に関連させて，裁判員制度についても触れること。

(5) 内容のDについては，次のとおり取り扱うものとする。

　ア　(1)については，次のとおり取り扱うものとすること。

(ア) アの(ア)の「国家間の相互の主権の尊重と協力」との関連で，国旗及び国歌の意義並びにそれらを相互に尊重することが国際的な儀礼であることの理解を通して，それらを尊重する態度を養うように配慮すること。また，「領土（領海，領空を含む。），国家主権」については関連させて取り扱い，我が国が，固有の領土である竹島や北方領土に関し残されている問題の平和的な手段による解決に向けて努力していることや，尖閣諸島をめぐり解決すべき領有権の問題は存在していないことなどを取り上げること。「国際連合をはじめとする国際機構などの役割」については，国際連合における持続可能な開発のための取組についても触れること。

(イ) イの(ア)の「国際社会における我が国の役割」に関連させて，核兵器などの脅威に触れ，戦争を防止し，世界平和を確立するための熱意と協力の態度を育成するように配慮すること。また，国際社会における文化や宗教の多様性について取り上げること。

イ (2)については，身近な地域や我が国の取組との関連性に着目させ，世界的な視野と地域的な視点に立って探究させること。また，社会科のまとめとして位置付け，適切かつ十分な授業時数を配当すること。

● 第3 指導計画の作成と内容の取扱い

1 指導計画の作成に当たっては，次の事項に配慮するものとする。
(1) 単元など内容や時間のまとまりを見通して，その中で育む資質・能力の育成に向けて，生徒の主体的・対話的で深い学びの実現を図るようにすること。その際，分野の特質に応じた見方・考え方を働かせ，社会的事象の意味や意義などを考察し，概念などに関する知識を獲得したり，社会との関わりを意識した課題を追究したり解決したりする活動の充実を図ること。また，知識に偏り過ぎた指導にならないようにするため，基本的な事柄を厳選して指導内容を構成するとともに，各分野において，第2の内容の範囲や程度に十分配慮しつつ事柄を再構成するなどの工夫をして，基本的な内容が確実に身に付くよう指導すること。
(2) 小学校社会科の内容との関連及び各分野相互の有機的な関連を図るとともに，地理的分野及び歴史的分野の基礎の上に公民的分野の学習を展開するこの教科の基本的な構造に留意して，全体として教科の目標が達成できるようにする必要があること。
(3) 各分野の履修については，第1，第2学年を通じて地理的分野及び歴史的分野を並行して学習させることを原則とし，第3学年において歴史的分野及び公民的分野を学習させること。各分野に配当する授業時数は，地理的分野115単位時間，歴史的分野135単位時間，公民的分野100単位時間とすること。これらの点に留意し，各学校で創意工夫して適切な指導計画を作成すること。
(4) 障害のある生徒などについては，学習活動を行う場合に生じる困難さに応じた指導内容や指導方法の工夫を計画的，組織的に行うこと。
(5) 第1章総則の第1の2の(2)に示す道徳教育の目標に基づき，道徳科などとの関連を考慮しながら，第3章特別の教科道徳の第2に示す内容について，社会科の特質に応じて適切な指導をすること。

2 第2の内容の取扱いについては，次の事項に配慮するものとする。
(1) 社会的な見方・考え方を働かせることをより一層重視する観点に立って，社会的事象の意味や意義，事象の特色や事象間の関連，社会に見られる課題などについて，考察したことや選択・判断したことを論理的に説明したり，立場や根拠を明確にして議論したりするなどの言語活動に関わる学習を一層重視すること。

(2) 情報の収集,処理や発表などに当たっては,学校図書館や地域の公共施設などを活用するとともに,コンピュータや情報通信ネットワークなどの情報手段を積極的に活用し,指導に生かすことで,生徒が主体的に調べ分かろうとして学習に取り組めるようにすること。その際,課題の追究や解決の見通しをもって生徒が主体的に情報手段を活用できるようにするとともに,情報モラルの指導にも留意すること。

(3) 調査や諸資料から,社会的事象に関する様々な情報を効果的に収集し,読み取り,まとめる技能を身に付ける学習活動を重視するとともに,作業的で具体的な体験を伴う学習の充実を図るようにすること。その際,地図や年表を読んだり作成したり,現代社会の諸課題を捉え,多面的・多角的に考察,構想するに当たっては,関連する新聞,読み物,統計その他の資料に平素から親しみ適切に活用したり,観察や調査などの過程と結果を整理し報告書にまとめ,発表したりするなどの活動を取り入れるようにすること。

(4) 社会的事象については,生徒の考えが深まるよう様々な見解を提示するよう配慮し,多様な見解のある事柄,未確定な事柄を取り上げる場合には,有益適切な教材に基づいて指導するとともに,特定の事柄を強調し過ぎたり,一面的な見解を十分な配慮なく取り上げたりするなどの偏った取扱いにより,生徒が多面的・多角的に考察したり,事実を客観的に捉え,公正に判断したりすることを妨げることのないよう留意すること。

3 第2の内容の指導に当たっては,教育基本法第14条及び第15条の規定に基づき,適切に行うよう特に慎重に配慮して,政治及び宗教に関する教育を行うものとする。

付録3

小学校学習指導要領　第2章　第2節　社会

● 第1　目標

　社会的な見方・考え方を働かせ，課題を追究したり解決したりする活動を通して，グローバル化する国際社会に主体的に生きる平和で民主的な国家及び社会の形成者に必要な公民としての資質・能力の基礎を次のとおり育成することを目指す。
(1) 地域や我が国の国土の地理的環境，現代社会の仕組みや働き，地域や我が国の歴史や伝統と文化を通して社会生活について理解するとともに，様々な資料や調査活動を通して情報を適切に調べまとめる技能を身に付けるようにする。
(2) 社会的事象の特色や相互の関連，意味を多角的に考えたり，社会に見られる課題を把握して，その解決に向けて社会への関わり方を選択・判断したりする力，考えたことや選択・判断したことを適切に表現する力を養う。
(3) 社会的事象について，よりよい社会を考え主体的に問題解決しようとする態度を養うとともに，多角的な思考や理解を通して，地域社会に対する誇りと愛情，地域社会の一員としての自覚，我が国の国土と歴史に対する愛情，我が国の将来を担う国民としての自覚，世界の国々の人々と共に生きていくことの大切さについての自覚などを養う。

● 第2　各学年の目標及び内容

〔第3学年〕

1　目標

　社会的事象の見方・考え方を働かせ，学習の問題を追究・解決する活動を通して，次のとおり資質・能力を育成することを目指す。
(1) 身近な地域や市区町村の地理的環境，地域の安全を守るための諸活動や地域の産業と消費生活の様子，地域の様子の移り変わりについて，人々の生活との関連を踏まえて理解するとともに，調査活動，地図帳や各種の具体的資料を通して，必要な情報を調べまとめる技能を身に付けるようにする。
(2) 社会的事象の特色や相互の関連，意味を考える力，社会に見られる課題を把握して，その解決に向けて社会への関わり方を選択・判断する力，考えたことや選択・判断したことを表現する力を養う。
(3) 社会的事象について，主体的に学習の問題を解決しようとする態度や，よりよい社会を考え学習したことを社会生活に生かそうとする態度を養うとともに，思考や理解を通して，地域社会に対する誇りと愛情，地域社会の一員としての自覚を養う。

2　内容

(1) 身近な地域や市区町村（以下第2章第2節において「市」という。）の様子について，学習の問題を追究・解決する活動を通して，次の事項を身に付けることができるよう指導する。
　ア　次のような知識及び技能を身に付けること。
　　(ｱ) 身近な地域や自分たちの市の様子を大まかに理解すること。
　　(ｲ) 観察・調査したり地図などの資料で調べたりして，白地図などにまとめること。
　イ　次のような思考力，判断力，表現力等を身に付けること。
　　(ｱ) 都道府県内における市の位置，市の地形や土地利用，交通の広がり，市役所など主な公共施設の場所と働き，古くから残る建造物の分布などに着目して，身近な地域や市の様子

を捉え，場所による違いを考え，表現すること。
　(2) 地域に見られる生産や販売の仕事について，学習の問題を追究・解決する活動を通して，次の事項を身に付けることができるよう指導する。
　　ア　次のような知識及び技能を身に付けること。
　　　(ｱ) 生産の仕事は，地域の人々の生活と密接な関わりをもって行われていることを理解すること。
　　　(ｲ) 販売の仕事は，消費者の多様な願いを踏まえ売り上げを高めるよう，工夫して行われていることを理解すること。
　　　(ｳ) 見学・調査したり地図などの資料で調べたりして，白地図などにまとめること。
　　イ　次のような思考力，判断力，表現力等を身に付けること。
　　　(ｱ) 仕事の種類や産地の分布，仕事の工程などに着目して，生産に携わっている人々の仕事の様子を捉え，地域の人々の生活との関連を考え，表現すること。
　　　(ｲ) 消費者の願い，販売の仕方，他地域や外国との関わりなどに着目して，販売に携わっている人々の仕事の様子を捉え，それらの仕事に見られる工夫を考え，表現すること。
　(3) 地域の安全を守る働きについて，学習の問題を追究・解決する活動を通して，次の事項を身に付けることができるよう指導する。
　　ア　次のような知識及び技能を身に付けること。
　　　(ｱ) 消防署や警察署などの関係機関は，地域の安全を守るために，相互に連携して緊急時に対処する体制をとっていることや，関係機関が地域の人々と協力して火災や事故などの防止に努めていることを理解すること。
　　　(ｲ) 見学・調査したり地図などの資料で調べたりして，まとめること。
　　イ　次のような思考力，判断力，表現力等を身に付けること。
　　　(ｱ) 施設・設備などの配置，緊急時への備えや対応などに着目して，関係機関や地域の人々の諸活動を捉え，相互の関連や従事する人々の働きを考え，表現すること。
　(4) 市の様子の移り変わりについて，学習の問題を追究・解決する活動を通して，次の事項を身に付けることができるよう指導する。
　　ア　次のような知識及び技能を身に付けること。
　　　(ｱ) 市や人々の生活の様子は，時間の経過に伴い，移り変わってきたことを理解すること。
　　　(ｲ) 聞き取り調査をしたり地図などの資料で調べたりして，年表などにまとめること。
　　イ　次のような思考力，判断力，表現力等を身に付けること。
　　　(ｱ) 交通や公共施設，土地利用や人口，生活の道具などの時期による違いに着目して，市や人々の生活の様子を捉え，それらの変化を考え，表現すること。

3　内容の取扱い
　(1) 内容の(1)については，次のとおり取り扱うものとする。
　　ア　学年の導入で扱うこととし，アの(ｱ)については，「自分たちの市」に重点を置くよう配慮すること。
　　イ　アの(ｲ)については，「白地図などにまとめる」際に，教科用図書「地図」（以下第2章第2節において「地図帳」という。）を参照し，方位や主な地図記号について扱うこと。
　(2) 内容の(2)については，次のとおり取り扱うものとする。
　　ア　アの(ｱ)及びイの(ｱ)については，事例として農家，工場などの中から選択して取り上げるようにすること。
　　イ　アの(ｲ)及びイの(ｲ)については，商店を取り上げ，「他地域や外国との関わり」を扱う際には，地図帳などを使用して都道府県や国の名称と位置などを調べるようにすること。

ウ　イの(イ)については，我が国や外国には国旗があることを理解し，それを尊重する態度を養うよう配慮すること。
(3) 内容の(3)については，次のとおり取り扱うものとする。
ア　アの(ア)の「緊急時に対処する体制をとっていること」と「防止に努めていること」については，火災と事故はいずれも取り上げること。その際，どちらかに重点を置くなど効果的な指導を工夫すること。
イ　イの(ア)については，社会生活を営む上で大切な法やきまりについて扱うとともに，地域や自分自身の安全を守るために自分たちにできることなどを考えたり選択・判断したりできるよう配慮すること。
(4) 内容の(4)については，次のとおり取り扱うものとする。
ア　アの(イ)の「年表などにまとめる」際には，時期の区分について，昭和，平成など元号を用いた言い表し方などがあることを取り上げること。
イ　イの(ア)の「公共施設」については，市が公共施設の整備を進めてきたことを取り上げること。その際，租税の役割に触れること。
ウ　イの(ア)の「人口」を取り上げる際には，少子高齢化，国際化などに触れ，これからの市の発展について考えることができるよう配慮すること。

〔第4学年〕
1　目　標
　社会的事象の見方・考え方を働かせ，学習の問題を追究・解決する活動を通して，次のとおり資質・能力を育成することを目指す。
(1) 自分たちの都道府県の地理的環境の特色，地域の人々の健康と生活環境を支える働きや自然災害から地域の安全を守るための諸活動，地域の伝統と文化や地域の発展に尽くした先人の働きなどについて，人々の生活との関連を踏まえて理解するとともに，調査活動，地図帳や各種の具体的資料を通して，必要な情報を調べまとめる技能を身に付けるようにする。
(2) 社会的事象の特色や相互の関連，意味を考える力，社会に見られる課題を把握して，その解決に向けて社会への関わり方を選択・判断する力，考えたことや選択・判断したことを表現する力を養う。
(3) 社会的事象について，主体的に学習の問題を解決しようとする態度や，よりよい社会を考え学習したことを社会生活に生かそうとする態度を養うとともに，思考や理解を通して，地域社会に対する誇りと愛情，地域社会の一員としての自覚を養う。

2　内　容
(1) 都道府県（以下第2章第2節において「県」という。）の様子について，学習の問題を追究・解決する活動を通して，次の事項を身に付けることができるよう指導する。
ア　次のような知識及び技能を身に付けること。
(ア) 自分たちの県の地理的環境の概要を理解すること。また，47都道府県の名称と位置を理解すること。
(イ) 地図帳や各種の資料で調べ，白地図などにまとめること。
イ　次のような思考力，判断力，表現力等を身に付けること。
(ア) 我が国における自分たちの県の位置，県全体の地形や主な産業の分布，交通網や主な都市の位置などに着目して，県の様子を捉え，地理的環境の特色を考え，表現すること。
(2) 人々の健康や生活環境を支える事業について，学習の問題を追究・解決する活動を通して，次の事項を身に付けることができるよう指導する。

ア　次のような知識及び技能を身に付けること。
　　　(ア)　飲料水，電気，ガスを供給する事業は，安全で安定的に供給できるよう進められていることや，地域の人々の健康な生活の維持と向上に役立っていることを理解すること。
　　　(イ)　廃棄物を処理する事業は，衛生的な処理や資源の有効利用ができるよう進められていることや，生活環境の維持と向上に役立っていることを理解すること。
　　　(ウ)　見学・調査したり地図などの資料で調べたりして，まとめること。
　　イ　次のような思考力，判断力，表現力等を身に付けること。
　　　(ア)　供給の仕組みや経路，県内外の人々の協力などに着目して，飲料水，電気，ガスの供給のための事業の様子を捉え，それらの事業が果たす役割を考え，表現すること。
　　　(イ)　処理の仕組みや再利用，県内外の人々の協力などに着目して，廃棄物の処理のための事業の様子を捉え，その事業が果たす役割を考え，表現すること。
(3) 自然災害から人々を守る活動について，学習の問題を追究・解決する活動を通して，次の事項を身に付けることができるよう指導する。
　　ア　次のような知識及び技能を身に付けること。
　　　(ア)　地域の関係機関や人々は，自然災害に対し，様々な協力をして対処してきたことや，今後想定される災害に対し，様々な備えをしていることを理解すること。
　　　(イ)　聞き取り調査をしたり地図や年表などの資料で調べたりして，まとめること。
　　イ　次のような思考力，判断力，表現力等を身に付けること。
　　　(ア)　過去に発生した地域の自然災害，関係機関の協力などに着目して，災害から人々を守る活動を捉え，その働きを考え，表現すること。
(4) 県内の伝統や文化，先人の働きについて，学習の問題を追究・解決する活動を通して，次の事項を身に付けることができるよう指導する。
　　ア　次のような知識及び技能を身に付けること。
　　　(ア)　県内の文化財や年中行事は，地域の人々が受け継いできたことや，それらには地域の発展など人々の様々な願いが込められていることを理解すること。
　　　(イ)　地域の発展に尽くした先人は，様々な苦心や努力により当時の生活の向上に貢献したことを理解すること。
　　　(ウ)　見学・調査したり地図などの資料で調べたりして，年表などにまとめること。
　　イ　次のような思考力，判断力，表現力等を身に付けること。
　　　(ア)　歴史的背景や現在に至る経過，保存や継承のための取組などに着目して，県内の文化財や年中行事の様子を捉え，人々の願いや努力を考え，表現すること。
　　　(イ)　当時の世の中の課題や人々の願いなどに着目して，地域の発展に尽くした先人の具体的事例を捉え，先人の働きを考え，表現すること。
(5) 県内の特色ある地域の様子について，学習の問題を追究・解決する活動を通して，次の事項を身に付けることができるよう指導する。
　　ア　次のような知識及び技能を身に付けること。
　　　(ア)　県内の特色ある地域では，人々が協力し，特色あるまちづくりや観光などの産業の発展に努めていることを理解すること。
　　　(イ)　地図帳や各種の資料で調べ，白地図などにまとめること。
　　イ　次のような思考力，判断力，表現力等を身に付けること。
　　　(ア)　特色ある地域の位置や自然環境，人々の活動や産業の歴史的背景，人々の協力関係などに着目して，地域の様子を捉え，それらの特色を考え，表現すること。

3　内容の取扱い

(1) 内容の(2)については，次のとおり取り扱うものとする。

　ア　アの(ｱ)及び(ｲ)については，現在に至るまでに仕組みが計画的に改善され公衆衛生が向上してきたことに触れること。

　イ　アの(ｱ)及びイの(ｱ)については，飲料水，電気，ガスの中から選択して取り上げること。

　ウ　アの(ｲ)及びイの(ｲ)については，ごみ，下水のいずれかを選択して取り上げること。

　エ　イの(ｱ)については，節水や節電など自分たちにできることを考えたり選択・判断したりできるよう配慮すること。

　オ　イの(ｲ)については，社会生活を営む上で大切な法やきまりについて扱うとともに，ごみの減量や水を汚さない工夫など，自分たちにできることを考えたり選択・判断したりできるよう配慮すること。

(2) 内容の(3)については，次のとおり取り扱うものとする。

　ア　アの(ｱ)については，地震災害，津波災害，風水害，火山災害，雪害などの中から，過去に県内で発生したものを選択して取り上げること。

　イ　アの(ｱ)及びイの(ｱ)の「関係機関」については，県庁や市役所の働きなどを中心に取り上げ，防災情報の発信，避難体制の確保などの働き，自衛隊など国の機関との関わりを取り上げること。

　ウ　イの(ｱ)については，地域で起こり得る災害を想定し，日頃から必要な備えをするなど，自分たちにできることなどを考えたり選択・判断したりできるよう配慮すること。

(3) 内容の(4)については，次のとおり取り扱うものとする。

　ア　アの(ｱ)については，県内の主な文化財や年中行事が大まかに分かるようにするとともに，イの(ｱ)については，それらの中から具体的事例を取り上げること。

　イ　アの(ｲ)及びイの(ｲ)については，開発，教育，医療，文化，産業などの地域の発展に尽くした先人の中から選択して取り上げること。

　ウ　イの(ｱ)については，地域の伝統や文化の保存や継承に関わって，自分たちにできることなどを考えたり選択・判断したりできるよう配慮すること。

(4) 内容の(5)については，次のとおり取り扱うものとする。

　ア　県内の特色ある地域が大まかに分かるようにするとともに，伝統的な技術を生かした地場産業が盛んな地域，国際交流に取り組んでいる地域及び地域の資源を保護・活用している地域を取り上げること。その際，地域の資源を保護・活用している地域については，自然環境，伝統的な文化のいずれかを選択して取り上げること。

　イ　国際交流に取り組んでいる地域を取り上げる際には，我が国や外国には国旗があることを理解し，それを尊重する態度を養うよう配慮すること。

〔第5学年〕

1　目　標

社会的事象の見方・考え方を働かせ，学習の問題を追究・解決する活動を通して，次のとおり資質・能力を育成することを目指す。

(1) 我が国の国土の地理的環境の特色や産業の現状，社会の情報化と産業の関わりについて，国民生活との関連を踏まえて理解するとともに，地図帳や地球儀，統計などの各種の基礎的資料を通して，情報を適切に調べまとめる技能を身に付けるようにする。

(2) 社会的事象の特色や相互の関連，意味を多角的に考える力，社会に見られる課題を把握して，その解決に向けて社会への関わり方を選択・判断する力，考えたことや選択・判断したこ

とを説明したり，それらを基に議論したりする力を養う。
　(3) 社会的事象について，主体的に学習の問題を解決しようとする態度や，よりよい社会を考え学習したことを社会生活に生かそうとする態度を養うとともに，多角的な思考や理解を通して，我が国の国土に対する愛情，我が国の産業の発展を願い我が国の将来を担う国民としての自覚を養う。

2　内　容

(1) 我が国の国土の様子と国民生活について，学習の問題を追究・解決する活動を通して，次の事項を身に付けることができるよう指導する。
　ア　次のような知識及び技能を身に付けること。
　　(ア) 世界における我が国の国土の位置，国土の構成，領土の範囲などを大まかに理解すること。
　　(イ) 我が国の国土の地形や気候の概要を理解するとともに，人々は自然環境に適応して生活していることを理解すること。
　　(ウ) 地図帳や地球儀，各種の資料で調べ，まとめること。
　イ　次のような思考力，判断力，表現力等を身に付けること。
　　(ア) 世界の大陸と主な海洋，主な国の位置，海洋に囲まれ多数の島からなる国土の構成などに着目して，我が国の国土の様子を捉え，その特色を考え，表現すること。
　　(イ) 地形や気候などに着目して，国土の自然などの様子や自然条件から見て特色ある地域の人々の生活を捉え，国土の自然環境の特色やそれらと国民生活との関連を考え，表現すること。

(2) 我が国の農業や水産業における食料生産について，学習の問題を追究・解決する活動を通して，次の事項を身に付けることができるよう指導する。
　ア　次のような知識及び技能を身に付けること。
　　(ア) 我が国の食料生産は，自然条件を生かして営まれていることや，国民の食料を確保する重要な役割を果たしていることを理解すること。
　　(イ) 食料生産に関わる人々は，生産性や品質を高めるよう努力したり輸送方法や販売方法を工夫したりして，良質な食料を消費地に届けるなど，食料生産を支えていることを理解すること。
　　(ウ) 地図帳や地球儀，各種の資料で調べ，まとめること。
　イ　次のような思考力，判断力，表現力等を身に付けること。
　　(ア) 生産物の種類や分布，生産量の変化，輸入など外国との関わりなどに着目して，食料生産の概要を捉え，食料生産が国民生活に果たす役割を考え，表現すること。
　　(イ) 生産の工程，人々の協力関係，技術の向上，輸送，価格や費用などに着目して，食料生産に関わる人々の工夫や努力を捉え，その働きを考え，表現すること。

(3) 我が国の工業生産について，学習の問題を追究・解決する活動を通して，次の事項を身に付けることができるよう指導する。
　ア　次のような知識及び技能を身に付けること。
　　(ア) 我が国では様々な工業生産が行われていることや，国土には工業の盛んな地域が広がっていること及び工業製品は国民生活の向上に重要な役割を果たしていることを理解すること。
　　(イ) 工業生産に関わる人々は，消費者の需要や社会の変化に対応し，優れた製品を生産するよう様々な工夫や努力をして，工業生産を支えていることを理解すること。
　　(ウ) 貿易や運輸は，原材料の確保や製品の販売などにおいて，工業生産を支える重要な役割

を果たしていることを理解すること。
- (エ) 地図帳や地球儀，各種の資料で調べ，まとめること。

イ 次のような思考力，判断力，表現力等を身に付けること。
- (ア) 工業の種類，工業の盛んな地域の分布，工業製品の改良などに着目して，工業生産の概要を捉え，工業生産が国民生活に果たす役割を考え，表現すること。
- (イ) 製造の工程，工場相互の協力関係，優れた技術などに着目して，工業生産に関わる人々の工夫や努力を捉え，その働きを考え，表現すること。
- (ウ) 交通網の広がり，外国との関わりなどに着目して，貿易や運輸の様子を捉え，それらの役割を考え，表現すること。

(4) 我が国の産業と情報との関わりについて，学習の問題を追究・解決する活動を通して，次の事項を身に付けることができるよう指導する。

ア 次のような知識及び技能を身に付けること。
- (ア) 放送，新聞などの産業は，国民生活に大きな影響を及ぼしていることを理解すること。
- (イ) 大量の情報や情報通信技術の活用は，様々な産業を発展させ，国民生活を向上させていることを理解すること。
- (ウ) 聞き取り調査をしたり映像や新聞などの各種資料で調べたりして，まとめること。

イ 次のような思考力，判断力，表現力等を身に付けること。
- (ア) 情報を集め発信するまでの工夫や努力などに着目して，放送，新聞などの産業の様子を捉え，それらの産業が国民生活に果たす役割を考え，表現すること。
- (イ) 情報の種類，情報の活用の仕方などに着目して，産業における情報活用の現状を捉え，情報を生かして発展する産業が国民生活に果たす役割を考え，表現すること。

(5) 我が国の国土の自然環境と国民生活との関連について，学習の問題を追究・解決する活動を通して，次の事項を身に付けることができるよう指導する。

ア 次のような知識及び技能を身に付けること。
- (ア) 自然災害は国土の自然条件などと関連して発生していることや，自然災害から国土を保全し国民生活を守るために国や県などが様々な対策や事業を進めていることを理解すること。
- (イ) 森林は，その育成や保護に従事している人々の様々な工夫と努力により国土の保全など重要な役割を果たしていることを理解すること。
- (ウ) 関係機関や地域の人々の様々な努力により公害の防止や生活環境の改善が図られてきたことを理解するとともに，公害から国土の環境や国民の健康な生活を守ることの大切さを理解すること。
- (エ) 地図帳や各種の資料で調べ，まとめること。

イ 次のような思考力，判断力，表現力等を身に付けること。
- (ア) 災害の種類や発生の位置や時期，防災対策などに着目して，国土の自然災害の状況を捉え，自然条件との関連を考え，表現すること。
- (イ) 森林資源の分布や働きなどに着目して，国土の環境を捉え，森林資源が果たす役割を考え，表現すること。
- (ウ) 公害の発生時期や経過，人々の協力や努力などに着目して，公害防止の取組を捉え，その働きを考え，表現すること。

3 内容の取扱い

(1) 内容の(1)については，次のとおり取り扱うものとする。

ア アの(ア)の「領土の範囲」については，竹島や北方領土，尖閣諸島が我が国の固有の領土

であることに触れること。
　　イ　アの(ウ)については，地図帳や地球儀を用いて，方位，緯度や経度などによる位置の表し方について取り扱うこと。
　　ウ　イの(ア)の「主な国」については，名称についても扱うようにし，近隣の諸国を含めて取り上げること。その際，我が国や諸外国には国旗があることを理解し，それを尊重する態度を養うよう配慮すること。
　　エ　イの(イ)の「自然条件から見て特色ある地域」については，地形条件や気候条件から見て特色ある地域を取り上げること。
(2)　内容の(2)については，次のとおり取り扱うものとする。
　　ア　アの(イ)及びイの(イ)については，食料生産の盛んな地域の具体的事例を通して調べることとし，稲作のほか，野菜，果物，畜産物，水産物などの中から一つを取り上げること。
　　イ　イの(ア)及び(イ)については，消費者や生産者の立場などから多角的に考えて，これからの農業などの発展について，自分の考えをまとめることができるよう配慮すること。
(3)　内容の(3)については，次のとおり取り扱うものとする。
　　ア　アの(イ)及びイの(イ)については，工業の盛んな地域の具体的事例を通して調べることとし，金属工業，機械工業，化学工業，食料品工業などの中から一つを取り上げること。
　　イ　イの(ア)及び(イ)については，消費者や生産者の立場などから多角的に考えて，これからの工業の発展について，自分の考えをまとめることができるよう配慮すること。
(4)　内容の(4)については，次のとおり取り扱うものとする。
　　ア　アの(ア)の「放送，新聞などの産業」については，それらの中から選択して取り上げること。その際，情報を有効に活用することについて，情報の送り手と受け手の立場から多角的に考え，受け手として正しく判断することや送り手として責任をもつことが大切であることに気付くようにすること。
　　イ　アの(イ)及びイの(イ)については，情報や情報技術を活用して発展している販売，運輸，観光，医療，福祉などに関わる産業の中から選択して取り上げること。その際，産業と国民の立場から多角的に考えて，情報化の進展に伴う産業の発展や国民生活の向上について，自分の考えをまとめることができるよう配慮すること。
(5)　内容の(5)については，次のとおり取り扱うものとする。
　　ア　アの(ア)については，地震災害，津波災害，風水害，火山災害，雪害などを取り上げること。
　　イ　アの(ウ)及びイの(ウ)については，大気の汚染，水質の汚濁などの中から具体的事例を選択して取り上げること。
　　ウ　イの(イ)及び(ウ)については，国土の環境保全について，自分たちにできることなどを考えたり選択・判断したりできるよう配慮すること。

〔第６学年〕
１　目　標
　社会的事象の見方・考え方を働かせ，学習の問題を追究・解決する活動を通して，次のとおり資質・能力を育成することを目指す。
(1)　我が国の政治の考え方と仕組みや働き，国家及び社会の発展に大きな働きをした先人の業績や優れた文化遺産，我が国と関係の深い国の生活やグローバル化する国際社会における我が国の役割について理解するとともに，地図帳や地球儀，統計や年表などの各種の基礎的資料を通して，情報を適切に調べまとめる技能を身に付けるようにする。

(2) 社会的事象の特色や相互の関連，意味を多角的に考える力，社会に見られる課題を把握して，その解決に向けて社会への関わり方を選択・判断する力，考えたことや選択・判断したことを説明したり，それらを基に議論したりする力を養う。

(3) 社会的事象について，主体的に学習の問題を解決しようとする態度や，よりよい社会を考え学習したことを社会生活に生かそうとする態度を養うとともに，多角的な思考や理解を通して，我が国の歴史や伝統を大切にして国を愛する心情，我が国の将来を担う国民としての自覚や平和を願う日本人として世界の国々の人々と共に生きることの大切さについての自覚を養う。

2 内容

(1) 我が国の政治の働きについて，学習の問題を追究・解決する活動を通して，次の事項を身に付けることができるよう指導する。

　ア　次のような知識及び技能を身に付けること。
　　(ｱ) 日本国憲法は国家の理想，天皇の地位，国民としての権利及び義務など国家や国民生活の基本を定めていることや，現在の我が国の民主政治は日本国憲法の基本的な考え方に基づいていることを理解するとともに，立法，行政，司法の三権がそれぞれの役割を果たしていることを理解すること。
　　(ｲ) 国や地方公共団体の政治は，国民主権の考え方の下，国民生活の安定と向上を図る大切な働きをしていることを理解すること。
　　(ｳ) 見学・調査したり各種の資料で調べたりして，まとめること。
　イ　次のような思考力，判断力，表現力等を身に付けること。
　　(ｱ) 日本国憲法の基本的な考え方に着目して，我が国の民主政治を捉え，日本国憲法が国民生活に果たす役割や，国会，内閣，裁判所と国民との関わりを考え，表現すること。
　　(ｲ) 政策の内容や計画から実施までの過程，法令や予算との関わりなどに着目して，国や地方公共団体の政治の取組を捉え，国民生活における政治の働きを考え，表現すること。

(2) 我が国の歴史上の主な事象について，学習の問題を追究・解決する活動を通して，次の事項を身に付けることができるよう指導する。

　ア　次のような知識及び技能を身に付けること。その際，我が国の歴史上の主な事象を手掛かりに，大まかな歴史を理解するとともに，関連する先人の業績，優れた文化遺産を理解すること。
　　(ｱ) 狩猟・採集や農耕の生活，古墳，大和朝廷（大和政権）による統一の様子を手掛かりに，むらからくにへと変化したことを理解すること。その際，神話・伝承を手掛かりに，国の形成に関する考え方などに関心をもつこと。
　　(ｲ) 大陸文化の摂取，大化の改新，大仏造営の様子を手掛かりに，天皇を中心とした政治が確立されたことを理解すること。
　　(ｳ) 貴族の生活や文化を手掛かりに，日本風の文化が生まれたことを理解すること。
　　(ｴ) 源平の戦い，鎌倉幕府の始まり，元との戦いを手掛かりに，武士による政治が始まったことを理解すること。
　　(ｵ) 京都の室町に幕府が置かれた頃の代表的な建造物や絵画を手掛かりに，今日の生活文化につながる室町文化が生まれたことを理解すること。
　　(ｶ) キリスト教の伝来，織田・豊臣の天下統一を手掛かりに，戦国の世が統一されたことを理解すること。
　　(ｷ) 江戸幕府の始まり，参勤交代や鎖国などの幕府の政策，身分制を手掛かりに，武士による政治が安定したことを理解すること。

(ク) 歌舞伎や浮世絵，国学や蘭学を手掛かりに，町人の文化が栄え新しい学問がおこったことを理解すること。

(ケ) 黒船の来航，廃藩置県や四民平等などの改革，文明開化などを手掛かりに，我が国が明治維新を機に欧米の文化を取り入れつつ近代化を進めたことを理解すること。

(コ) 大日本帝国憲法の発布，日清・日露の戦争，条約改正，科学の発展などを手掛かりに，我が国の国力が充実し国際的地位が向上したことを理解すること。

(サ) 日中戦争や我が国に関わる第二次世界大戦，日本国憲法の制定，オリンピック・パラリンピックの開催などを手掛かりに，戦後我が国は民主的な国家として出発し，国民生活が向上し，国際社会の中で重要な役割を果たしてきたことを理解すること。

(シ) 遺跡や文化財，地図や年表などの資料で調べ，まとめること。

イ 次のような思考力，判断力，表現力等を身に付けること。

(ア) 世の中の様子，人物の働きや代表的な文化遺産などに着目して，我が国の歴史上の主な事象を捉え，我が国の歴史の展開を考えるとともに，歴史を学ぶ意味を考え，表現すること。

(3) グローバル化する世界と日本の役割について，学習の問題を追究・解決する活動を通して，次の事項を身に付けることができるよう指導する。

ア 次のような知識及び技能を身に付けること。

(ア) 我が国と経済や文化などの面でつながりが深い国の人々の生活は，多様であることを理解するとともに，スポーツや文化などを通して他国と交流し，異なる文化や習慣を尊重し合うことが大切であることを理解すること。

(イ) 我が国は，平和な世界の実現のために国際連合の一員として重要な役割を果たしたり，諸外国の発展のために援助や協力を行ったりしていることを理解すること。

(ウ) 地図帳や地球儀，各種の資料で調べ，まとめること。

イ 次のような思考力，判断力，表現力等を身に付けること。

(ア) 外国の人々の生活の様子などに着目して，日本の文化や習慣との違いを捉え，国際交流の果たす役割を考え，表現すること。

(イ) 地球規模で発生している課題の解決に向けた連携・協力などに着目して，国際連合の働きや我が国の国際協力の様子を捉え，国際社会において我が国が果たしている役割を考え，表現すること。

3 内容の取扱い

(1) 内容の(1)については，次のとおり取り扱うものとする。

ア アの(ア)については，国会などの議会政治や選挙の意味，国会と内閣と裁判所の三権相互の関連，裁判員制度や租税の役割などについて扱うこと。その際，イの(ア)に関わって，国民としての政治への関わり方について多角的に考えて，自分の考えをまとめることができるよう配慮すること。

イ アの(ア)の「天皇の地位」については，日本国憲法に定める天皇の国事に関する行為など児童に理解しやすい事項を取り上げ，歴史に関する学習との関連も図りながら，天皇についての理解と敬愛の念を深めるようにすること。また，「国民としての権利及び義務」については，参政権，納税の義務などを取り上げること。

ウ アの(イ)の「国や地方公共団体の政治」については，社会保障，自然災害からの復旧や復興，地域の開発や活性化などの取組の中から選択して取り上げること。

エ イの(ア)の「国会」について，国民との関わりを指導する際には，各々の国民の祝日に関心をもち，我が国の社会や文化における意義を考えることができるよう配慮すること。

(2) 内容の(2)については,次のとおり取り扱うものとする。

ア アの(ア)から(サ)までについては,児童の興味・関心を重視し,取り上げる人物や文化遺産の重点の置き方に工夫を加えるなど,精選して具体的に理解できるようにすること。その際,アの(サ)の指導に当たっては,児童の発達の段階を考慮すること。

イ アの(ア)から(サ)までについては,例えば,国宝,重要文化財に指定されているものや,世界文化遺産に登録されているものなどを取り上げ,我が国の代表的な文化遺産を通して学習できるように配慮すること。

ウ アの(ア)から(コ)までについては,例えば,次に掲げる人物を取り上げ,人物の働きを通して学習できるよう指導すること。

卑弥呼,聖徳太子,小野妹子,中大兄皇子,中臣鎌足,聖武天皇,行基,鑑真,藤原道長,紫式部,清少納言,平清盛,源頼朝,源義経,北条時宗,足利義満,足利義政,雪舟,ザビエル,織田信長,豊臣秀吉,徳川家康,徳川家光,近松門左衛門,歌川広重,本居宣長,杉田玄白,伊能忠敬,ペリー,勝海舟,西郷隆盛,大久保利通,木戸孝允,明治天皇,福沢諭吉,大隈重信,板垣退助,伊藤博文,陸奥宗光,東郷平八郎,小村寿太郎,野口英世

エ アの(ア)の「神話・伝承」については,古事記,日本書紀,風土記などの中から適切なものを取り上げること。

オ アの(イ)から(サ)までについては,当時の世界との関わりにも目を向け,我が国の歴史を広い視野から捉えられるよう配慮すること。

カ アの(シ)については,年表や絵画など資料の特性に留意した読み取り方についても指導すること。

キ イの(ア)については,歴史学習全体を通して,我が国は長い歴史をもち伝統や文化を育んできたこと,我が国の歴史は政治の中心地や世の中の様子などによって幾つかの時期に分けられることに気付くようにするとともに,現在の自分たちの生活と過去の出来事との関わりを考えたり,過去の出来事を基に現在及び将来の発展を考えたりするなど,歴史を学ぶ意味を考えるようにすること。

(3) 内容の(3)については,次のとおり取り扱うものとする。

ア アについては,我が国の国旗と国歌の意義を理解し,これを尊重する態度を養うとともに,諸外国の国旗と国歌も同様に尊重する態度を養うよう配慮すること。

イ アの(ア)については,我が国とつながりが深い国から数か国を取り上げること。その際,児童が1か国を選択して調べるよう配慮すること。

ウ アの(ア)については,我が国や諸外国の伝統や文化を尊重しようとする態度を養うよう配慮すること。

エ イについては,世界の人々と共に生きていくために大切なことや,今後,我が国が国際社会において果たすべき役割などを多角的に考えたり選択・判断したりできるよう配慮すること。

オ イの(イ)については,網羅的,抽象的な扱いを避けるため,「国際連合の働き」については,ユニセフやユネスコの身近な活動を取り上げること。また,「我が国の国際協力の様子」については,教育,医療,農業などの分野で世界に貢献している事例の中から選択して取り上げること。

● 第3 指導計画の作成と内容の取扱い

1 指導計画の作成に当たっては,次の事項に配慮するものとする。
 (1) 単元など内容や時間のまとまりを見通して,その中で育む資質・能力の育成に向けて,児童の主体的・対話的で深い学びの実現を図るようにすること。その際,問題解決への見通しをもつこと,社会的事象の見方・考え方を働かせ,事象の特色や意味などを考え概念などに関する知識を獲得すること,学習の過程や成果を振り返り学んだことを活用することなど,学習の問題を追究・解決する活動の充実を図ること。
 (2) 各学年の目標や内容を踏まえて,事例の取り上げ方を工夫して,内容の配列や授業時数の配分などに留意して効果的な年間指導計画を作成すること。
 (3) 我が国の47都道府県の名称と位置,世界の大陸と主な海洋の名称と位置については,学習内容と関連付けながら,その都度,地図帳や地球儀などを使って確認するなどして,小学校卒業までに身に付け活用できるように工夫して指導すること。
 (4) 障害のある児童などについては,学習活動を行う場合に生じる困難さに応じた指導内容や指導方法の工夫を計画的,組織的に行うこと。
 (5) 第1章総則の第1の2の(2)に示す道徳教育の目標に基づき,道徳科などとの関連を考慮しながら,第3章特別の教科道徳の第2に示す内容について,社会科の特質に応じて適切な指導をすること。
2 第2の内容の取扱いについては,次の事項に配慮するものとする。
 (1) 各学校においては,地域の実態を生かし,児童が興味・関心をもって学習に取り組めるようにするとともに,観察や見学,聞き取りなどの調査活動を含む具体的な体験を伴う学習やそれに基づく表現活動の一層の充実を図ること。また,社会的事象の特色や意味,社会に見られる課題などについて,多角的に考えたことや選択・判断したことを論理的に説明したり,立場や根拠を明確にして議論したりするなど言語活動に関わる学習を一層重視すること。
 (2) 学校図書館や公共図書館,コンピュータなどを活用して,情報の収集やまとめなどを行うようにすること。また,全ての学年において,地図帳を活用すること。
 (3) 博物館や資料館などの施設の活用を図るとともに,身近な地域及び国土の遺跡や文化財などについての調査活動を取り入れるようにすること。また,内容に関わる専門家や関係者,関係の諸機関との連携を図るようにすること。
 (4) 児童の発達の段階を考慮し,社会的事象については,児童の考えが深まるよう様々な見解を提示するよう配慮し,多様な見解のある事柄,未確定な事柄を取り上げる場合には,有益適切な教材に基づいて指導するとともに,特定の事柄を強調し過ぎたり,一面的な見解を十分な配慮なく取り上げたりするなどの偏った取扱いにより,児童が多角的に考えたり,事実を客観的に捉え,公正に判断したりすることを妨げることのないよう留意すること。

中学校学習指導要領　第3章　特別の教科　道徳

● 第1　目標

第1章総則の第1の2の(2)に示す道徳教育の目標に基づき，よりよく生きるための基盤となる道徳性を養うため，道徳的諸価値についての理解を基に，自己を見つめ，物事を広い視野から多面的・多角的に考え，人間としての生き方についての考えを深める学習を通して，道徳的な判断力，心情，実践意欲と態度を育てる。

● 第2　内容

学校の教育活動全体を通じて行う道徳教育の要である道徳科においては，以下に示す項目について扱う。

A　主として自分自身に関すること

［自主，自律，自由と責任］
　自律の精神を重んじ，自主的に考え，判断し，誠実に実行してその結果に責任をもつこと。

［節度，節制］
　望ましい生活習慣を身に付け，心身の健康の増進を図り，節度を守り節制に心掛け，安全で調和のある生活をすること。

［向上心，個性の伸長］
　自己を見つめ，自己の向上を図るとともに，個性を伸ばして充実した生き方を追求すること。

［希望と勇気，克己と強い意志］
　より高い目標を設定し，その達成を目指し，希望と勇気をもち，困難や失敗を乗り越えて着実にやり遂げること。

［真理の探究，創造］
　真実を大切にし，真理を探究して新しいものを生み出そうと努めること。

B　主として人との関わりに関すること

［思いやり，感謝］
　思いやりの心をもって人と接するとともに，家族などの支えや多くの人々の善意により日々の生活や現在の自分があることに感謝し，進んでそれに応え，人間愛の精神を深めること。

［礼儀］
　礼儀の意義を理解し，時と場に応じた適切な言動をとること。

［友情，信頼］
　友情の尊さを理解して心から信頼できる友達をもち，互いに励まし合い，高め合うとともに，異性についての理解を深め，悩みや葛藤も経験しながら人間関係を深めていくこと。

［相互理解，寛容］
　自分の考えや意見を相手に伝えるとともに，それぞれの個性や立場を尊重し，いろいろなものの見方や考え方があることを理解し，寛容の心をもって謙虚に他に学び，自らを高めていくこと。

C　主として集団や社会との関わりに関すること

［遵法精神，公徳心］
　法やきまりの意義を理解し，それらを進んで守るとともに，そのよりよい在り方について考え，自他の権利を大切にし，義務を果たして，規律ある安定した社会の実現に努めること。

［公正，公平，社会正義］
　　正義と公正さを重んじ，誰に対しても公平に接し，差別や偏見のない社会の実現に努めること。
［社会参画，公共の精神］
　　社会参画の意識と社会連帯の自覚を高め，公共の精神をもってよりよい社会の実現に努めること。
［勤労］
　　勤労の尊さや意義を理解し，将来の生き方について考えを深め，勤労を通じて社会に貢献すること。
［家族愛，家庭生活の充実］
　　父母，祖父母を敬愛し，家族の一員としての自覚をもって充実した家庭生活を築くこと。
［よりよい学校生活，集団生活の充実］
　　教師や学校の人々を敬愛し，学級や学校の一員としての自覚をもち，協力し合ってよりよい校風をつくるとともに，様々な集団の意義や集団の中での自分の役割と責任を自覚して集団生活の充実に努めること。
［郷土の伝統と文化の尊重，郷土を愛する態度］
　　郷土の伝統と文化を大切にし，社会に尽くした先人や高齢者に尊敬の念を深め，地域社会の一員としての自覚をもって郷土を愛し，進んで郷土の発展に努めること。
［我が国の伝統と文化の尊重，国を愛する態度］
　　優れた伝統の継承と新しい文化の創造に貢献するとともに，日本人としての自覚をもって国を愛し，国家及び社会の形成者として，その発展に努めること。
［国際理解，国際貢献］
　　世界の中の日本人としての自覚をもち，他国を尊重し，国際的視野に立って，世界の平和と人類の発展に寄与すること。
D　主として生命や自然，崇高なものとの関わりに関すること
［生命の尊さ］
　　生命の尊さについて，その連続性や有限性なども含めて理解し，かけがえのない生命を尊重すること。
［自然愛護］
　　自然の崇高さを知り，自然環境を大切にすることの意義を理解し，進んで自然の愛護に努めること。
［感動，畏敬の念］
　　美しいものや気高いものに感動する心をもち，人間の力を超えたものに対する畏敬の念を深めること。
［よりよく生きる喜び］
　　人間には自らの弱さや醜さを克服する強さや気高く生きようとする心があることを理解し，人間として生きることに喜びを見いだすこと。

● 第3　指導計画の作成と内容の取扱い

1　各学校においては，道徳教育の全体計画に基づき，各教科，総合的な学習の時間及び特別活動との関連を考慮しながら，道徳科の年間指導計画を作成するものとする。なお，作成に当たっては，第2に示す内容項目について，各学年において全て取り上げることとする。その際，生徒や

学校の実態に応じ，3学年間を見通した重点的な指導や内容項目間の関連を密にした指導，一つの内容項目を複数の時間で扱う指導を取り入れるなどの工夫を行うものとする。

2 第2の内容の指導に当たっては，次の事項に配慮するものとする。

(1) 学級担任の教師が行うことを原則とするが，校長や教頭などの参加，他の教師との協力的な指導などについて工夫し，道徳教育推進教師を中心とした指導体制を充実すること。

(2) 道徳科が学校の教育活動全体を通じて行う道徳教育の要としての役割を果たすことができるよう，計画的・発展的な指導を行うこと。特に，各教科，総合的な学習の時間及び特別活動における道徳教育としては取り扱う機会が十分でない内容項目に関わる指導を補うことや，生徒や学校の実態等を踏まえて指導をより一層深めること，内容項目の相互の関連を捉え直したり発展させたりすることに留意すること。

(3) 生徒が自ら道徳性を養う中で，自らを振り返って成長を実感したり，これからの課題や目標を見付けたりすることができるよう工夫すること。その際，道徳性を養うことの意義について，生徒自らが考え，理解し，主体的に学習に取り組むことができるようにすること。また，発達の段階を考慮し，人間としての弱さを認めながら，それを乗り越えてよりよく生きようとすることのよさについて，教師が生徒と共に考える姿勢を大切にすること。

(4) 生徒が多様な感じ方や考え方に接する中で，考えを深め，判断し，表現する力などを育むことができるよう，自分の考えを基に討論したり書いたりするなどの言語活動を充実すること。その際，様々な価値観について多面的・多角的な視点から振り返って考える機会を設けるとともに，生徒が多様な見方や考え方に接しながら，更に新しい見方や考え方を生み出していくことができるよう留意すること。

(5) 生徒の発達の段階や特性等を考慮し，指導のねらいに即して，問題解決的な学習，道徳的行為に関する体験的な学習等を適切に取り入れるなど，指導方法を工夫すること。その際，それらの活動を通じて学んだ内容の意義などについて考えることができるようにすること。また，特別活動等における多様な実践活動や体験活動も道徳科の授業に生かすようにすること。

(6) 生徒の発達の段階や特性等を考慮し，第2に示す内容との関連を踏まえつつ，情報モラルに関する指導を充実すること。また，例えば，科学技術の発展と生命倫理との関係や社会の持続可能な発展などの現代的な課題の取扱いにも留意し，身近な社会的課題を自分との関係において考え，その解決に向けて取り組もうとする意欲や態度を育てるよう努めること。なお，多様な見方や考え方のできる事柄について，特定の見方や考え方に偏った指導を行うことのないようにすること。

(7) 道徳科の授業を公開したり，授業の実施や地域教材の開発や活用などに家庭や地域の人々，各分野の専門家等の積極的な参加や協力を得たりするなど，家庭や地域社会との共通理解を深め，相互の連携を図ること。

3 教材については，次の事項に留意するものとする。

(1) 生徒の発達の段階や特性，地域の実情等を考慮し，多様な教材の活用に努めること。特に，生命の尊厳，社会参画，自然，伝統と文化，先人の伝記，スポーツ，情報化への対応等の現代的な課題などを題材とし，生徒が問題意識をもって多面的・多角的に考えたり，感動を覚えたりするような充実した教材の開発や活用を行うこと。

(2) 教材については，教育基本法や学校教育法その他の法令に従い，次の観点に照らし適切と判断されるものであること。

　ア　生徒の発達の段階に即し，ねらいを達成するのにふさわしいものであること。

　イ　人間尊重の精神にかなうものであって，悩みや葛藤等の心の揺れ，人間関係の理解等の課題も含め，生徒が深く考えることができ，人間としてよりよく生きる喜びや勇気を与えられ

付録5

　　　　　るものであること。
　　　ウ　多様な見方や考え方のできる事柄を取り扱う場合には，特定の見方や考え方に偏った取扱いがなされていないものであること。
　4　生徒の学習状況や道徳性に係る成長の様子を継続的に把握し，指導に生かすよう努める必要がある。ただし，数値などによる評価は行わないものとする。

「道徳の内容」の学年段階・学校段階の一覧表

		小学校第1学年及び第2学年（19）	小学校第3学年及び第4学年（20）
A	主として自分自身に関すること		
	善悪の判断, 自律, 自由と責任	(1) よいことと悪いこととの区別をし, よいと思うことを進んで行うこと。	(1) 正しいと判断したことは, 自信をもって行うこと。
	正直, 誠実	(2) うそをついたりごまかしをしたりしないで, 素直に伸び伸びと生活すること。	(2) 過ちは素直に改め, 正直に明るい心で生活すること。
	節度, 節制	(3) 健康や安全に気を付け, 物や金銭を大切にし, 身の回りを整え, わがままをしないで, 規則正しい生活をすること。	(3) 自分でできることは自分でやり, 安全に気を付け, よく考えて行動し, 節度のある生活をすること。
	個性の伸長	(4) 自分の特徴に気付くこと。	(4) 自分の特徴に気付き, 長所を伸ばすこと。
	希望と勇気, 努力と強い意志	(5) 自分のやるべき勉強や仕事をしっかりと行うこと。	(5) 自分でやろうと決めた目標に向かって, 強い意志をもち, 粘り強くやり抜くこと。
	真理の探究		
B	主として人との関わりに関すること		
	親切, 思いやり	(6) 身近にいる人に温かい心で接し, 親切にすること。	(6) 相手のことを思いやり, 進んで親切にすること。
	感謝	(7) 家族など日頃世話になっている人々に感謝すること。	(7) 家族など生活を支えてくれている人々や現在の生活を築いてくれた高齢者に, 尊敬と感謝の気持ちをもって接すること。
	礼儀	(8) 気持ちのよい挨拶, 言葉遣い, 動作などに心掛けて, 明るく接すること。	(8) 礼儀の大切さを知り, 誰に対しても真心をもって接すること。
	友情, 信頼	(9) 友達と仲よくし, 助け合うこと。	(9) 友達と互いに理解し, 信頼し, 助け合うこと。
	相互理解, 寛容		(10) 自分の考えや意見を相手に伝えるとともに, 相手のことを理解し, 自分と異なる意見も大切にすること。
C	主として集団や社会との関わりに関すること		
	規則の尊重	(10) 約束やきまりを守り, みんなが使う物を大切にすること。	(11) 約束や社会のきまりの意義を理解し, それらを守ること。
	公正, 公平, 社会正義	(11) 自分の好き嫌いにとらわれないで接すること。	(12) 誰に対しても分け隔てをせず, 公正, 公平な態度で接すること。
	勤労, 公共の精神	(12) 働くことのよさを知り, みんなのために働くこと。	(13) 働くことの大切さを知り, 進んでみんなのために働くこと。
	家族愛, 家庭生活の充実	(13) 父母, 祖父母を敬愛し, 進んで家の手伝いなどをして, 家族の役に立つこと。	(14) 父母, 祖父母を敬愛し, 家族みんなで協力し合って楽しい家庭をつくること。
	よりよい学校生活, 集団生活の充実	(14) 先生を敬愛し, 学校の人々に親しんで, 学級や学校の生活を楽しくすること。	(15) 先生や学校の人々を敬愛し, みんなで協力し合って楽しい学級や学校をつくること。
	伝統と文化の尊重, 国や郷土を愛する態度	(15) 我が国や郷土の文化と生活に親しみ, 愛着をもつこと。	(16) 我が国や郷土の伝統と文化を大切にし, 国や郷土を愛する心をもつこと。
	国際理解, 国際親善	(16) 他国の人々や文化に親しむこと。	(17) 他国の人々や文化に親しみ, 関心をもつこと。
D	主として生命や自然, 崇高なものとの関わりに関すること		
	生命の尊さ	(17) 生きることのすばらしさを知り, 生命を大切にすること。	(18) 生命の尊さを知り, 生命あるものを大切にすること。
	自然愛護	(18) 身近な自然に親しみ, 動植物に優しい心で接すること。	(19) 自然のすばらしさや不思議さを感じ取り, 自然や動植物を大切にすること。
	感動, 畏敬の念	(19) 美しいものに触れ, すがすがしい心をもつこと。	(20) 美しいものや気高いものに感動する心をもつこと。
	よりよく生きる喜び		

付録6

小学校第5学年及び第6学年（22）	中学校（22）	
(1) 自由を大切にし、自律的に判断し、責任のある行動をすること。 (2) 誠実に、明るい心で生活すること。	(1) 自律の精神を重んじ、自主的に考え、判断し、誠実に実行してその結果に責任をもつこと。	自主、自律、自由と責任
(3) 安全に気を付けることや、生活習慣の大切さについて理解し、自分の生活を見直し、節度を守り節制に心掛けること。	(2) 望ましい生活習慣を身に付け、心身の健康の増進を図り、節度を守り節制に心掛け、安全で調和のある生活をすること。	節度、節制
(4) 自分の特徴を知って、短所を改め長所を伸ばすこと。	(3) 自己を見つめ、自己の向上を図るとともに、個性を伸ばして充実した生き方を追求すること。	向上心、個性の伸長
(5) より高い目標を立て、希望と勇気をもち、困難があってもくじけずに努力して物事をやり抜くこと。	(4) より高い目標を設定し、その達成を目指し、希望と勇気をもち、困難や失敗を乗り越えて着実にやり遂げること。	希望と勇気、克己と強い意志
(6) 真理を大切にし、物事を探究しようとする心をもつこと。	(5) 真実を大切にし、真理を探究して新しいものを生み出そうと努めること。	真理の探究、創造
(7) 誰に対しても思いやりの心をもち、相手の立場に立って親切にすること。 (8) 日々の生活が家族や過去からの多くの人々の支え合いや助け合いで成り立っていることに感謝し、それに応えること。	(6) 思いやりの心をもって人と接するとともに、家族などの支えや多くの人々の善意により日々の生活や現在の自分があることに感謝し、進んでそれに応え、人間愛の精神を深めること。	思いやり、感謝
(9) 時と場をわきまえて、礼儀正しく真心をもって接すること。	(7) 礼儀の意義を理解し、時と場に応じた適切な言動をとること。	礼儀
(10) 友達と互いに信頼し、学び合って友情を深め、異性についても理解しながら、人間関係を築いていくこと。	(8) 友情の尊さを理解して心から信頼できる友達をもち、互いに励まし合い、高め合うとともに、異性についての理解を深め、悩みや葛藤も経験しながら人間関係を深めていくこと。	友情、信頼
(11) 自分の考えや意見を相手に伝えるとともに、謙虚な心をもち、広い心で自分と異なる意見や立場を尊重すること。	(9) 自分の考えや意見を相手に伝えるとともに、それぞれの個性や立場を尊重し、いろいろなものの見方や考え方があることを理解し、寛容の心をもって謙虚に他に学び、自らを高めていくこと。	相互理解、寛容
(12) 法やきまりの意義を理解した上で進んでそれらを守り、自他の権利を大切にし、義務を果たすこと。	(10) 法やきまりの意義を理解し、それらを進んで守るとともに、そのよりよい在り方について考え、自他の権利を大切にし、義務を果たして、規律ある安定した社会の実現に努めること。	遵法精神、公徳心
(13) 誰に対しても差別をすることや偏見をもつことなく、公正、公平な態度で接し、正義の実現に努めること。	(11) 正義と公正さを重んじ、誰に対しても公平に接し、差別や偏見のない社会の実現に努めること。	公正、公平、社会正義
(14) 働くことや社会に奉仕することの充実感を味わうとともに、その意義を理解し、公共のために役に立つことをすること。	(12) 社会参画の意識と社会連帯の自覚を高め、公共の精神をもってよりよい社会の実現に努めること。	社会参画、公共の精神
	(13) 勤労の尊さや意義を理解し、将来の生き方について考えを深め、勤労を通じて社会に貢献すること。	勤労
(15) 父母、祖父母を敬愛し、家族の幸せを求めて、進んで役に立つことをすること。	(14) 父母、祖父母を敬愛し、家族の一員としての自覚をもって充実した家庭生活を築くこと。	家族愛、家庭生活の充実
(16) 先生や学校の人々を敬愛し、みんなで協力し合ってよりよい学級や学校をつくるとともに、様々な集団の中での自分の役割を自覚して集団生活の充実に努めること。	(15) 教師や学校の人々を敬愛し、学級や学校の一員としての自覚をもち、協力し合ってよりよい校風をつくるとともに、様々な集団の意義や集団の中での自分の役割と責任を自覚して集団生活の充実に努めること。	よりよい学校生活、集団生活の充実
(17) 我が国や郷土の伝統と文化を大切にし、先人の努力を知り、国や郷土を愛する心をもつこと。	(16) 郷土の伝統と文化を大切にし、社会に尽くした先人や高齢者に尊敬の念を深め、地域社会の一員としての自覚をもって郷土を愛し、進んで郷土の発展に努めること。	郷土の伝統と文化の尊重、郷土を愛する態度
	(17) 優れた伝統の継承と新しい文化の創造に貢献するとともに、日本人としての自覚をもって国を愛し、国家及び社会の形成者として、その発展に努めること。	我が国の伝統と文化の尊重、国を愛する態度
(18) 他国の人々や文化について理解し、日本人としての自覚をもって国際親善に努めること。	(18) 世界の中の日本人としての自覚をもち、他国を尊重し、国際的視野に立って、世界の平和と人類の発展に寄与すること。	国際理解、国際貢献
(19) 生命が多くの生命のつながりの中にあるかけがえのないものであることを理解し、生命を尊重すること。	(19) 生命の尊さについて、その連続性や有限性なども含めて理解し、かけがえのない生命を尊重すること。	生命の尊さ
(20) 自然の偉大さを知り、自然環境を大切にすること。	(20) 自然の崇高さを知り、自然環境を大切にすることの意義を理解し、進んで自然の愛護に努めること。	自然愛護
(21) 美しいものや気高いものに感動する心や人間の力を超えたものに対する畏敬の念をもつこと。	(21) 美しいものや気高いものに感動する心をもち、人間の力を超えたものに対する畏敬の念を深めること。	感動、畏敬の念
(22) よりよく生きようとする人間の強さや気高さを理解し、人間として生きる喜びを感じること。	(22) 人間には自らの弱さや醜さを克服する強さや気高く生きようとする心があることを理解し、人間として生きることに喜びを見いだすこと。	よりよく生きる喜び

付録6

学習指導要領等の改善に係る検討に必要な専門的作業等協力者（五十音順）

（職名は平成29年6月現在）

青柳　慎一	埼玉県久喜市立栗橋西中学校教諭
池下　　誠	東京都練馬区立大泉西中学校主幹教諭
石本　貞衡	東京都練馬区立大泉中学校教諭
井田　仁康	筑波大学教授
伊藤　直之	鳴門教育大学准教授
岩野　清美	和歌山大学准教授
上園　悦史	東京学芸大学附属竹早中学校教諭
梅津　正美	鳴門教育大学大学院教授
小栗　英樹	栃木県宇都宮市教育委員会指導主事
鴛原　　進	愛媛大学教授
草原　和博	広島大学大学院教授
三枝　利多	東京都目黒区立東山中学校主任教諭
鈴木　正博	神奈川県川崎市立柿生中学校教諭
関　　裕幸	東京都立小石川中等教育学校主幹教諭
高田　明典	一般財団法人日本地図センター主幹研究員
館　　潤二	大正大学教授
中尾　敏朗	群馬大学准教授
能戸　威久子	石川県金沢市立内川中学校教頭
橋本　康弘	福井大学教授
藤田　修史	東京都教育委員会統括指導主事
水谷　哲郎	滋賀県草津市立松原中学校教諭
諸富　　徹	京都大学大学院教授

国立教育政策研究所においては，次の者が本書の作成に携わった。

二井　正浩	教育課程研究センター総括研究官
藤島　尚子	北海道函館西高等学校教頭
	（前教育課程研究センター教育課程調査官）
山口　泰宏	筑波大学附属中学校教諭
	（前教育課程研究センター教育課程調査官）

なお，文部科学省においては，次の者が本書の編集に当たった。

合田　哲雄	初等中等教育局教育課程課長
梶山　正司	初等中等教育局教科書課長
	（前初等中等教育局主任視学官）
平野　　誠	大臣官房教育改革調整官
澤井　陽介	初等中等教育局視学官
大内　克紀	初等中等教育局教育課程課学校教育官
濵野　　清	初等中等教育局教育課程課教科調査官
樋口　雅夫	初等中等教育局教育課程課教科調査官
藤野　　敦	初等中等教育局教育課程課教科調査官
嶋田　孝次	初等中等教育局教育課程課専門官
堀江　　真	独立行政法人大学入試センター事業部事業第二課長
	（前初等中等教育局教育課程課専門官）

中学校学習指導要領（平成29年告示）解説　社会編

MEXT 1-1718

平成30年3月31日	初版発行
令和 6 年9月30日	3版発行
著作権所有	文部科学省
発　行　者	東京都千代田区神田錦町 2丁目9番1号 コンフォール安田ビル2階 株式会社東洋館出版社 代表者　錦織圭之介
印　刷　者	長野県松本市新橋7-21 藤原印刷株式会社
発　行　所	東京都千代田区神田錦町 2丁目9番1号 コンフォール安田ビル2階 株式会社東洋館出版社 電話　　03-6778-7278

定価　本体408円＋税
（税込449円）税10%